"눈을 뗄 수 없을 만큼 매혹적이고 개연성 있게 펼쳐지는 악마 이야기, 어떻게 여기에다 광대한 하나님의 사랑과 구원의 전체 계획까지 다 담아낸 걸까? 토스카 리는 천재성이 빛나는 놀라운 작품을 만들어 냈다."

_완다 윈터스-구티에레즈, 《평안을 찾아서》, 《폭풍이 지나간 후》의 저자

"지혜롭고 상상력이 넘치고 재미있고 시적인 이 책은 마지막 페이지를 덮고 난 후에도 좀처럼 머릿속에서 사라지지 않는다. 아름답고 훌륭하다. 베스트셀러가 될 작품."

_소피 버넘, 〈뉴욕타임스〉 베스트셀러 작가

"독자의 관심을 사로잡고 인생에 대한 시야를 넓혀 줄 탁월한 소설. 이제껏 내가 읽은 어떤 소설과도 다른 이 데뷔작에서 저자의 역량이 빛난다."

_제이크 치즘, 리뷰어, armchairinterviews.com

"완전히 매료되었다. 이외에는 달리 표현할 말이 없다. 첫 장부터 눈을 뗄 수가 없었다. 토스카 리는 견고한 신학과 세련된 글쓰기를 결합해 논픽션 현실에 기반을 둔 픽션 작품을 만들어 내려고 했고, 그 결과, 독자의 마음을 사로잡고 놀라움을 선사할 힘 있는 책이 탄생했다."

_그레그 스티어, 국제데어투셰어선교회 실행이사

데몬

Demon: a Memoir

Copyright ⓒ 2007 Tosca Lee
All rights reserved.
Korean translation copyright ⓒ 2011 by Hong Sung Sa, Ltd., Seoul.
Republic of Korea.
Korean translation rights arranged with Tosca Lee through The Steve Laube Agency.

이 책의 한국어판 저작권은 The Steve Laube Agency를 통해 Tosca Lee와 독점 계약한
㈜홍성사에 있습니다. 저작권법에 의해 한국 내에서 보호를 받는 저작물이므로
무단전재와 복제를 금합니다.

악마의 회고록
Demon : a Memoir

데몬

토스카 리 지음 · 홍종락 옮김

홍성사

1

 그가 나를 찾아온 저녁에는 비가 내렸다. 매사추세츠애버뉴의 차량 통행 속도가 느려지고, 도로에는 가로등의 희미한 불빛이 비쳤다. 우산도 없이 서둘러 길을 가던 나는 문자메시지를 알리는 휴대폰 신호음에 걸음을 늦추고, 빗줄기와 상점 차양을 타고 떨어지는 빗물에 맞지 않게 액정을 가리며 휴대폰을 꺼냈다. 일정에 차질이 생긴 상황이었다. 내가 알지 못하는 약속이 잡혀 있었음을 확인하고 혹시나 하여 6시 45분까지 사무실에서 기다리다가 나온 참이다. 회사의 사무 관리자 쉴라가 집에서 보낸 문자였다. 누구와의 약속인지 전혀 모르겠다, 약속이 필의 일정에 있는 것인 듯하다, 실수해서 미안하다, 그리고 저녁 시간 잘 보내라는 메시지였다.

휴대폰을 탁 닫고는 가방에 밀어 넣었다. 이제 화요일인데, 나는 벌써 녹초가 되어 있었다. 낮 시간이 점점 짧아지고 있어서 6시만 되면 해가 졌다. 그 사실에 조바심 나고 신경이 쓰였다. 어딘가 따뜻하고 즐거운 곳으로 가야 할 것만 같았다. 그게 안 된다면 더 어두워지기 전에 집에라도 가야 할 듯했다. 하지만 텅 빈 아파트, 부엌의 더러운 그릇들과 뜯지도 않은 채 쌓여 있는 우편물들을 보고 싶지 않았다. 나는 고개를 숙인 채 빗속을 뚫고 두 블록을 더 걸어서 갈림길을 지나 보스니아카페에 이르렀다. 문에 달린 종이 울려 내가 들어서는 것을 알렸다.

보스니아카페의 친근함이 마음에 들었다. 식당 문을 들어서면 구운 닭고기와 자이로미트(쇠고기와 양고기를 갈아 얇게 빚어 구운 것. 그리스식 밀가루 전병 피타에다 이것을 넣으면 대표적인 그리스 음식인 자이로가 된다—옮긴이) 향내가 나를 감쌌다. 식당 문을 나선 후에도 오랫동안 몸에서 떠나지 않는 그 냄새가 맘에 들었다. 비가 내려 평소보다 빨리 어둠이 찾아온 그날 저녁, 누르스름한 조리대와 깨진 거울, 때 묻은 케첩병이 보이는 카페는 유난히 아늑하게 느껴졌다. 언젠가 성패트릭데이를 기념해 달았던 샴락(아일랜드 국장國章—옮긴이)이 찍힌 판지들이 테두리 색이 바랜 채 주방과 식당을 잇는 창구에 드리워져 있었다. 전면 유리창에는 크리스마스 장식용 전깃불이 달려 있는데, 전구 세 개에 하나씩은 불이 들어오지 않았다. 계산대 위쪽에는 카페 주인이 지역 미인대회 우승자와 찍은 사진과 보스턴 레드삭스에서 활동하다 은

퇴한 프로야구 선수와 찍은 사진이, 한 번도 먼지를 털지 않은 듯한 상태로 액자에 걸려 있었다. 그러나 아무도 그것에 관심을 보이지 않는 듯했다. 나도 마찬가지였다.

입구에 서서 주인 에사드가 보기를 기다렸다. 그러나 나를 아는 체한 사람은 대머리 주인장이 아니었다.

검은 머리의 낯선 남자.

치킨, 스테이크, 자이로, 샐러드? 다른 사람들이 먹는 걸 보고 메뉴를 고를 작정으로 여기저기 식탁을 둘러보던 내게 그가 손짓했다. 나는 주저했다. 혼자 앉아 있던 그 남자가 내가 아는 사람인지 확신이 서지 않았던 것이다. 하지만 모르는 사람임이 분명했다. 그는 다시 열심히 손을 흔들어 댔다. 뒤를 돌아보았지만 입구 쪽에 서 있는 사람은 나뿐이었다. 남자는 갑자기 자리에서 일어나더니 내게로 곧장 성큼성큼 걸어왔다.

"늦었군요." 그는 내 어깨를 움켜쥐고 미소 지으며 말했다. 키가 크고 피부는 구릿빛이었다. 곱슬머리에다 약간 매부리코였지만 지중해 사람 특유의 준수한 외모에는 전혀 영향을 미치지 않았다. 진한 눈썹 아래에서 두 눈이 반짝이고 있었다. 이빨은 새하얗게 빛났다.

"죄송합니다만, 사람을 잘못 보신 것 같습니다." 내가 말하자 그는 빙그레 웃었다.

"천만의 말씀입니다! 당신을 얼마나 오랫동안 기다렸는데요. 영원히 기다려 왔다고 할 수도 있을 걸요. 자, 와서 앉으세요.

식사를 주문해 놓았어요." 그의 목소리를 들으니 부자들이 전용 요트에서 코이바 시가를 피우며 마시는 최고급 코냑 오르다주가 떠올랐다.

"사람을 잘못 보셨습니다. 전 선생님을 모릅니다." 나는 그를 따라 식탁으로 가면서도 한사코 그렇게 말했다. 그 사람을 당황스럽게 만들고 싶지 않았다. 안 그래도 그의 모습은, 맛이 괜찮기는 해도 싸구려 레스토랑에 불과한 그 카페와 전혀 어울리지 않았다. 1분 후에라도 인터뷰 상대건 데이트 상대건 그와 만나기로 한 사람이 들어와서 나와 함께 앉아 있는 모습을 보게 된다면 그는 진짜 자신이 바보 같다고 느끼게 될 것이다.

"하지만 난 **당신**을 알아요, 클레이."

나는 흠칫했다. 왠지 낯익은 듯하면서도 묘하게 관심을 끄는 그의 입에서 내 이름이 나오다니. 그를 꼼꼼히 살펴보았다. 각진 턱, 매끄러운 볼, 더없는 침착함. 내가 정말 이 사람을 만난 적이 있던가. 하지만 아니었다. 확실했다.

에사드의 조카가 치킨샌드위치 하나와 커피 두 잔을 가져왔다. "앉으시죠." 비닐 커버가 씌워진 의자를 가리키며 그가 말했다. 나는 어리벙벙한 채로 주뼛거리며 자리에 앉았다.

"당신은 저 아래 브룩스앤하노버 출판사에서 일해요." 종업원이 가고 나자 그가 말했다. 그는 내 옆자리에 앉아 내 쪽으로 의자의 방향을 돌렸다. 그러고 나서 다리를 꼬더니 근사한 모직 바지에서 보이지도 않는 보푸라기를 떼어 냈다. "편집자죠."

그 순간 몇 가지 생각이 머리를 스쳐 갔다. 그중 유쾌한 생각은 하나도 없었다. 첫째, 이 사람은 재무설계사나 보험설계사일지 몰라. 집에 가면 잔뜩 쌓여 있는 대출 홍보 우편물처럼, 최근 내가 이혼한 사실을 빌미 삼아 상품을 팔아먹으려는 수작일 거야. 아니면 인맥을 쌓아 보려는 저돌적인 저작권 에이전트일 수도 있어.

그러나 작가일 가능성이 가장 높았다.

편집자라면 누구나 열성적인 작가 지망생에게 시달린 사연들이 있기 마련이다. 그들은 아이의 소프트볼 경기를 보러 온 편집자에게 원고를 떠안기기도 하고, 교회 신도석에서 이탤릭체로 된 출력물 더미를 넘겨주기도 하며, 바에서 말을 건 뒤 듣기 좋은 객소리를 늘어놓다가 지나가는 말처럼 자신이 틈틈이 이야기를 쓰는데 마침 차에 원고가 있다고 얘기하기도 한다. 나 역시 그런 사람들을 수없이 만났다. 세탁소 주인, 치위생사, 배관공 등 별의별 직업을 가진 이들이 내가 출판사 편집자라는 말을 듣고 자신이 써놓은 단편소설이나 어린이책, 진행 중인 소설, 시 원고 등을 전해 주려 갖은 애를 썼다.

"있잖아요, 당신이 누구이건 간에……."

"루션입니다."

나는 그가 보여 주려는 원고가 어떤 것이건 우리 출판사에서는 출간하지 않을 것이며, 설령 출간할 만한 원고라 해도 출판업계에서 원고를 받는 정해진 경로가 따로 있으니, 출판사 웹 사이트에서 출간 관련 지침을 확인해 보라고 말할 참이었다. 그리고 자리에서 일어나 나가는 길에 에사드나 그의 조카에게 음식을 주문해서 집으로 싸갈 생각이었다. 그러나 그 생각은 말이나 행동으로 나타나지 못했다. 곧이어 그가 한 말에 말문이 막히고 말았기 때문이다.

"난 알아요, 클레이. 당신, 뭔가 찾고 있지요. 이 깊고 어두운 밤들에 무슨 목적이 있는지 묻고 있어요. 당신, 계절병이 있지요? 현대인들의 병이에요. 전문가들은 계절정서장애라고 합니다만. 그건 장애가 아니란 걸 알아야 해요. 당신의 이혼도 문제의 원인은 아니에요. 그것 때문에 괴로운 게 아닙니다. 정말이에요."

허기가 싹 가셨다. 그가 주문한 치킨샌드위치를 옆으로 치우며 나지막이 경고의 신호를 보냈다. "누구신지 모르겠지만, 장난이 지나치군요."

그는 내 말을 무시한 채 기분 좋은 목소리로 말을 이어 갔다. "이 모든 일이 다 무슨 소용인가 싶은 게 문제지요. 매시간, 하루하루는 어떤 의미가 있을까? 주말까지 일하는 게 무슨 소용이 있을까? 죽음이 나를 따라잡는 그날이 오면 무슨 일이 벌어질 거라는 생각은 왜 드는 걸까? 그때가 되면 모든 일의 의미가 밝혀지거나, 최소한 그 의미를 헤아려 볼 때가 있을 거라는 생각은 또 왜 드는 걸까? 클레이, 당신은 괜찮은 사람이에요. 하지만 그래서 얻은 게 뭡니까? 당신은 외롭고, 나이는 들어 가고, 이 세상을 마감할 미지의 지점으로 하릴없이 떠내려가고 있지요. 거기에 어떤 의미가 있을까요?"

나는 잠자코 앉아 있었다. 완전히 까발려진 느낌, 속을 다 들킨 느낌이었다. 그는 내 머릿속의 생각을 호주머니 속 내용물처럼 다 꺼내 식탁 위에 펼쳐 놓고 있었다. 나는 그의 눈을 쳐다볼 수 없었다. 옆자리를 보니 한 커플이 더러워진 금발의 레게머리를 늘어뜨린 채 메뉴판을 골똘히 쳐다보고 있었는데, 여자는 무릎에 놓은 아기를 어르고도 있었다. 그 너머에는 몸집 좋은 여자가 〈피플〉지를 뒤적였고, 수술복 차림의 한 젊은이는 잠을 못 자 멍한 가운데 시든 샐러드를 꾸역꾸역 먹고 있었다. 그들 중에 내가 처한 기괴한 상황, 이곳에서 진행 중인 이상한 납치극을 알아챈 사람이 있을까 궁금했다. 하지만 그들은 메뉴판이나 잡지에, 혹은 멍한 상태에 빠져 있었다. 뒤쪽 계산대에서는 한 학생이 휴대폰 키패드를 눌러 문자를 보내고 있었다.

"어떤 기분일지 알겠군요. 사과드리지요." 루션은 그렇게 말하며 양손의 긴 손가락들로 무릎을 감싸 쥐었다. 손톱은 매끄러웠고 깔끔하게 손질되어 있었다. 손목에 찬 값비싸 보이는 시계 속의 초침이 넘어가기를 주저하는 듯 보였다. 식당의 창백한 조명 아래에서 시간이 느려진 게 아닌가 싶을 정도였다. "다른 방식으로 만날 수도 있었지만, 그러면 당신의 주의를 끌지 못할 듯해서요."

내가 말했다. "당신 뭡니까? 여호와의 증인이오?" 그렇다면 말이 될 것 같았다. 그의 말솜씨라면 누구에게나 통했으리라. 속왔다는 생각에 화가 났지만 나의 감정적 반응도 적잖이 당황스러웠다.

그는 갑자기 웃음을 터뜨렸다. 조증躁症 환자가 아닌가 하는 생각이 들 정도였다. "세상에." 그는 그렇게 말하며 눈가를 훔쳤다. 나는 의자를 뒤로 밀었다.

그는 순식간에 웃음을 그쳤다. 웃음소리가 귀에 쟁쟁하지만 않았다면 진짜 웃었던 게 아닌 거라고 착각했을 것이다. "당신에게 모든 걸 말해 주겠소." 그가 몸을 앞으로 기울이며 말했다. 그러자 입가의 작은 주름들과 가늘게 뜬 눈 밑의 주름이 보였다. 그의 눈에서는 일식 때 볼 수 있는 후광 같은, 이상한 빛이 흘러나왔다. "내 이야기를 들려주지요. 난 당신에게 큰 기대를 걸고 있어요. 당신을 내 이야기의 저장소로 삼을 겁니다. 회고록이라고 해도 좋겠네요. 당신에게도 꽤 흥미로울 거요. 그걸 글로 써서 출간하는 겁니다."

나는 어설픈 웃음을 내뱉었다. "아니오, 그런 일은 없을 겁니다. 당신이 J. D. 샐린저라 해도 말이오."

이번에도 그는 내 말을 무시하고 말을 이어 갔다. "나도 알아요. 요즘 회고록이 대유행이지요. 유명 인사들이 대필 작가를 써서 사생활을 밝힌 기록에 출판사들은 엄청난 액수의 돈을 지불하고요. 하지만 날 믿어요. 내 회고록 같은 원고는 어떤 출판사도 입수한 적이 없어요."

"이봐요." 이제 내 목소리에는 날이 서 있었다. "당신은 내가 알아볼 만한 유명 인사가 아니고, 난 대필 작가도 아니오. 그러니 나는 다른 곳에서 저녁 식사를 하고 오늘 일은 깨끗하게 잊도록 하겠소." 하지만 내가 일어나려 할 때 그가 내 팔을 잡았다. 아귀힘이 엄청나게 강했고, 코트 소매 위를 잡았는데도 이상하리만큼 뜨거웠다. 맨살을 잡힌 것 같은 느낌이었다.

"당신은 잊지 못할 거야." 그의 눈에 이상한 광기가 어렸다. 그의 입은 나를 바라보는 눈길과 별개로 움직이는 듯했다. 전혀 다른 얼굴에서 나오는 말처럼 느껴질 정도였다. "전부 기억날 거야. 내가 한 말 모두가 말이야. 언젠가는 이 카페 이름도, 내가 널 이 식탁으로 어떻게 불렀는지도, 나에게 처음 느꼈던 덧없는 호기심도 잊어버리겠지. 아니, 네 인생의 아주 기본적인 내용까지 잊어버릴 만한 그 때에도 내 말은 사라지지 않을 거야. 그리고 오늘을 저주하거나 축복하게 되겠지."

기분이 좋지 않았다. 그가 말한 '**덧없는**'이라는 표현이 거슬렸다. ……바로 그 순간, 한껏 늘였다가 손을 놓으면 순식간에 수축하는 고무줄처럼 불쑥 깨달음이 찾아왔다. 이 사람은 작가 지망생이 아니다.

그가 나직이 말했다. "그래. 이제 알았군. 자. 우리끼리 얘기지만, 이제 내가 누군지 비밀을 밝힐 수 있게 된 거야."

이어서 내 머릿속에 뜻밖의 단어들이 튀어 올랐다.

타락한, 어둠의 영.

악마.

위장에서 시작된 떨림이 횡격막까지 진동시킬 기세로 거세졌다. 그러나 그때 그가 내 팔을 놓고 자리에 편안히 앉았다. "자, 저기 에사드 씨가 오시는군요. 당신이 샌드위치에 손도 안 댄 이유가 궁금한 모양입니다." 그러자 정말 대머리 주인장이 손에 커피를 들고 와서는 나보다 더 친숙한 손님을 대하듯 루션에게 미소를 지었다. 두 사람이 농담을 나누는 동안 나는 중간에서 지켜보고 있었다. 내 직감은 나 외의 다른 누구도 알아채지 못하는 진실을 말해 주고 있었다. 나는 뭔가 헤아릴 수 없이 악한 존재와 함께 앉아 있었다. 그러나 두 사람의 대화 내용은 나의 직감을 비웃고 있었다.

에사드가 떠난 후, 루션은 냅킨 통에서 냅킨 한 장을 꺼내어 내 커피 잔 옆에 놓았다. 그 동작이 지나칠 정도로 평범하게 느껴졌다. 그가 한숨을 내쉬었다.

"불안해하고 있군요. 당장 일어나서 자리를 떠야 한다고 생각하고 있어요. 보통의 상황이라면 그 생각이 옳겠지요. 하지만 지금 당신은 안전해요. 내 말 믿어도 좋아요. 편하게 있어요. 보세요. 난 이렇게 인간인 당신처럼 앞으로 몸을 기울일 겁니다. 저기 있는 저 부부가 우릴 보면 뭐라고 생각할까요? 내 가벼운 미소와 뭔가 꾸미고 있는 듯한 눈빛을 보고 재미있는 잡담이라도 나누는 줄 알겠지요."

나는 편안하지 않았다. 아니, 심장이 주체할 수 없이 쿵쾅거리고 있었다.

"왜죠?" 나는 간신히 입을 열었다. 아무도 없는 아파트에서 삭막한 텔레비전 화면으로 세상을 보고 있어야 하는 건데, 당장 그러고 싶은 마음이 간절했다.

루션이 몸을 좀더 앞으로 기울이면서 식탁 위로 손을 쫙 폈다. 손등을 가로지르는 푸르스름한 핏줄이 보였다. 그는 목소리를 낮추어 속삭임보다도 더 작은 소리로 말했다. 그러나 알아듣는 데는 문제가 없었다. "내 이야기가 당신의 이야기와 아주 긴밀하게 연결되어 있기 때문이에요. 따지고 보면 당신과 나, 우리는 서로 그리 다르지 않아요. 우리 둘 다 목적, 의미를 원합니다. 큰 그림을 보고 싶어 하지요. 난 당신에게 그걸 줄 수 있어요."

"당신은 나를 알지도 못하잖습니까!"

그는 냅킨 통을 옆으로 밀었다. 그것이 우리 사이를 가로막는 장애물이라도 되는 것처럼. "천만에. 난 당신의 모든 것을 압니다. 어릴 때 살던 리지뷰드라이브 집. 당신이 스포츠카드를 넣어 두던 낚시 도구함. 동창회가 끝난 후 린지 베넷을 만나러 몰래 집을 빠져나가던 밤은 어떤가요? 창문을 타고 내려오다 팔목이 부러졌잖아요."

나는 눈을 동그랗게 떴다.

"당신 아버지가 돌아가셨을 때도 알고 있어요. 당신이 열다섯 살 때였지요. 술은 끊었지만 메를로 와인 생각은 지금도 간절하다는 것도 압니다. 블루치즈드레싱에다 햄버거를 찍어 먹지요? 대학 시절 친구 피오트르가 가르쳐 줬잖아요. 어딘가로 떠날까 생각하고 있어요. 멕시코를 염두에 두고 있지요? 당신은 계절정서장애가 문제라고 생각하고 있지만 사실은……."

"그만!" 나는 양손을 번쩍 쳐들었다. 그가 당장 떠났으면 하면서도 정작 떠나 버리면 어쩌나 두렵기도 했다. 이 사람, 이 존재가 나를 지켜보고 있고 모든 것을 알고 있다는 생각에 시달리게 될까 봐 두려웠다.

그의 목소리가 부드러워졌다. "염려할 것 없어요. 당신에 대해서만 아는 게 아니니까. 누가 되었건 그에 대한 무수한 사실들을 늘어놓을 수 있어요. 이름을 대보세요. 쉴라는 어때요?" 그가 능글맞게 웃었다. "이것만 말해 두지요. 그녀가 답신 문자를 보낸 곳은 집이 아니에요. 남편은 그녀가 회사에서 늦게까지 일하는 줄 알고 있지요. 에사드는 어때요? 전쟁으로 폐허가 된 보스니아에서 사는 것은 보통 일이 아니었지요. 그는……." 루션이 고개를 옆으로 기울였다. 그러자 보이지 않는 모기 떼라도 나타난 듯 윙윙거리는 소리가 희미하게 들려왔다. 나는 본능적으로 몸을 뒤로 뺐다.

"그게 뭐요?" 내가 따져 물었다. 그 소리가 어디서 났는지 짚어 낼 수가 없었다.

그는 놀란 듯했다. "아. 강제수용소였구나! 미처 몰랐군. 당신은 알고 있었나요? 그리고 당신의 전처에 대해……." 그가 다시 고개를 기울였다.

"안 돼요! 제발, 그만해요." 나는 고개를 숙이고 한 손으로 머리를 움켜쥐었다. 이혼한 지 다섯 달이 지났지만, 그녀의 이름만 나와도 상처가 다시 벌어졌다.

"이제 알겠지요?" 그는 머리를 숙이고 내 얼굴을 빤히 쳐다보며 속삭였다. "난 당신에게 모든 걸 말해 줄 수 있어요."

"이해가 안 돼요."

"인간들의 사례사 연구, 그들의 생애를 처음부터 끝까지 추적해 보는 일이 나의 소일거리지요. 내가 당신에게 갖는 관심은 한때 희한하게도 본능적으로 똥만 쫓아다니는 쇠똥구리들에게 당신이 가졌던 관심과 비슷한 겁니다. 나는 당신을 잘 알아요. 당신의 가족이나 전처보다도 많이. 당신 자신보다 더 많이 말이오."

두려움의 부산물 같은 것이 속에서 솟아올라 분노로 터져 나왔다. "정말 당신 말대로 그런 존재라면, 무슨 목적으로 날 찾아온 겁니까? 내 영혼을 빼앗으려는 거래를 하러 온 겁니까? 나를 유혹하러? 그러면 커피는 왜 주문해 준 겁니까? 왜 메를로 와인이나 잭콕이 아닙니까?" 목소리가 한껏 올라가 있었지만 나는 개의치 않았다. 오히려 내 안의 분노를 느끼며 안도했다.

루션은 가만히 나를 쳐다보았다. "이러지 맙시다. 너무 진부하잖아. 게다가, 여기선 술도 안 팔아요." 그러나 그때 그의 차분함은 사라져 버렸다. 그는 뭔가를 빤히 쳐다보았다. 내가 아니라 내 뒤, 벽에 걸린 시계를 보고 있었다. 그가 그쪽을 가리키며 말했다. 손가락이 굉장히 길었다. "하지만 저길 봐요. 우리와 상관없이 시간은 잘도 가는구면!" 그는 벌떡 일어섰다. 나는 그가 떠나려는 것을 알아채고 퍼뜩 놀랐다.

"아니, 이렇게 그냥 갈 수는 없어요. 이렇게……."

"난 큰 위험을 무릅쓰고 당신을 찾아왔어요." 그는 낮은 무성음으로 말했다. 1미터쯤 떨어져 있었지만 바로 내 귀에 대고 속삭이는 듯한 느낌이 들었다. 그런 다음, 유리문 쪽으로 걸어가 문을 밀어 젖히고는 어둠 속으로 사라졌다. 거울 속으로 그림자가 미끄러져 들어가듯 유리문에 비친 카페 내부 풍경 너머로 가버린 것이다. 문에 달린 종들이 울리며 둔탁한 금속음을 내었고, 충격을 받은 내 얼굴이 유리문 속에서 나를 바라보고 있었다.

빗줄기가 눈을 때리고 머리카락을 적시고 개울을 이루어 목덜미를 타고 내려가 등의 땀과 뒤섞였다. 날씨는 더 추워져 몸이 얼어붙을 정도였지만 셔츠의 젖은 칼라 아래로는 땀이 흐르고 있었다. 노퍽스트리트를 서둘러 내려가는데 가방이 자꾸만 엉덩이에 부딪쳤다. 다리에 쥐가 나서 뻣뻣해져 빨리 걸을 수가 없었다. 악몽 같은 길이었다.

아파트 건물로 들어서자 온기가 확 밀려들어 숨이 막힐 듯했다. 비틀거리며 계단을 올랐다. 열쇠를 가지고 씨름하는 사이 얼었던 귀가 따끔거리며 감각이 돌아왔다. 마침내 집 안으로 들어온 나는 문에 기대어 섰다. 집안은 고요했다. 머리가 욱신거렸고 숨은 여전히 가빴다. 코트에서 카펫으로 물이 뚝뚝 떨어졌다. 그 상태로 얼마나 있었을까, 갑작스런 충동이 나를 사로잡았다.

아직도 얼얼한 손가락으로 가방에서 노트북을 꺼내 부엌 식탁에 올려놓았다. 코트를 그대로 걸친 채 나무 의자에 걸터앉아 화면이 서서히 살아나는 것을 지켜보았다. 회사 서버로 로그인을 해서 내 일정표를 열어 보았다.

 거기, 6시 30분에 약속이 잡혀 있었다. 내용은 간단했다. L.

2

 이틀 동안 나는 사무실과 집 외에는 아무 데도 가지 않았다. 낮에는 모니터를, 밤에는 침대에 누워 천장을 응시한 채 내가 겪은 일을 찬찬히 돌아보았다. 암시에 능한 사람이 충분한 사전 조사로 무장하고 몇 번의 추측까지 운 좋게 다 들어맞는다면 진짜 악마처럼 보이게 가장할 수 있을까? 악의 화신 앞에 서 있다고 믿게 할 수 있을까? 그럴 수 있을 것 같았다. 하지만 누가 왜 그런 일을 하겠는가 생각해 보면 뾰족한 답이 나오지 않았다.

 물론 가장 먼저 떠오른 사람은 오브리였다. 하지만 아무리 괴롭히기 위해서라 해도 그녀가 나에게 그렇게 힘을 쏟으리라 생각하기는 어려웠다. 그야말로 나의 허영에서 나온 생각 같았다. 나는 그녀가 복수심을 품을 만한 행동을 하지 않았다. 그녀가 떠나겠다는 마음을 분명히 드러냈을 때 거의 군말 없이 물러나 주지 않았던가.

쉴라도 잠시 생각해 보았다. 그녀는 내가 근무하는 출판사의 사무 관리자이자 내 대학 룸메이트의 아내다. 그녀에게는 빚진 게 많다. 오브리와의 만남을 처음 주선해 준 사람이 그녀였다. 내 선임자 격인 편집자가 랜덤하우스출판사로 자리를 옮겨서 브룩스앤하노버에 자리가 났을 때 그 사실을 알려 준 사람도 그녀였다. 사무실에서 내 일정표에 자유롭게 접근할 수 있는 유일한 사람이기도 하다. 그러나 우리 부부가 이혼한 후 쉴라와 나의 대화가 정중하면서도 서먹해진 것은 사실이지만, 그녀는 그런 계획을 세울 만큼 용의주도하지도 않고, 실행에 옮길 만큼 모질지도 않았다. 그녀일지도 모른다는 생각은 금세 사라졌다.

그러면 세 가지 가능성밖에 없었다. 첫째는 리처드였다. 그가 그런 수고를 감수할 이유는 전혀 없었다. 이미 원하던 것을 얻었으니까. 그래도 수완 좋은 그가 오브리를 통해 내 신상 정보를 마음껏 얻을 수 있다는 것은 분명했다.

둘째, 루션이 작가일 가능성도 있었다. 하지만 문제가 있었다. 광팬들이 영화배우를 스토킹하는 것처럼 이야기 작가들이 편집자들을 쫓아다닌다는 이야기를 들어 보긴 했지만 다섯 대형 출판사 소속 편집자들이 여기서 열차 한 번만 타면 갈 수 있는 뉴욕 시에 있는데 도대체 누가, 무슨 이유로 내게 그런 과도한 관심을 보인단 말인가.

셋째, 루션이 나름의 다른 이유로 나를 표적으로 삼았을 가능성이었다. 가장 심란해지는 경우였다.

목요일 오후, 나는 에사드에게 전화를 걸어 이틀 전 저녁에 나와 한자리에 앉았던 남자를 기억하느냐고 물었다. "예!" 그의 목소리 너머로 석쇠에서 뭔가 지글거리는 소리가 들려왔다. 양파 익는 냄새가 풍겨 오는 듯했다. "좋은 분이었죠."

"그 사람 알아요?" 물어보면서도 바보 같은 질문이라는 생각이 들었다.

"아뇨, 아뇨. 그때 처음 뵀었지요. 다시 모시고 오세요! 특별한 걸 만들어 드릴게요!"

그럴 마음은 전혀 없었다. 루션이라는 작자가 다시 나를 좇아온다면 경찰에 신고할 작정이었다.

뉴욕 저작권 에이전트 카트리나 던 램프는 세련되고 쾌활한 여성이다. 만날 때마다 진이 쏙 빠지긴 하지만 재능 있는 작가들을 대표하고 있기 때문에 그녀가 근처로 온다는 얘길 들으면 점심 식사를 같이하려고 마음먹고 있었다. 이번에도 그녀가 시내에 이틀 동안 머문다는 소식을 듣고 점심을 같이하려고 퍼즐 조각을 맞추듯 일정표에서 남는 시간들을 이리저리 맞춰 보고 있었다. 그때 컴퓨터 화면 한구석에서 약속 표시가 떴다.

오후 6시. L.

오늘 저녁이었다.

자리에서 일어났지만 화면에서 조금도 눈을 뗄 수 없었다. 눈을 깜빡이면 즉시 그 표시가 사라져 버릴 것만 같았다. 말을 듣지 않는 몸을 간신히 이끌고 사무실에서 나와 복도를 따라 걸었다. 쉴라는 자리에 없었다. 그녀의 의자에 앉아 자판을 쳤더니 화면이 살아났다. 열려 있는 이메일을 닫았는데 메일 제목이 순간적으로 눈에 들어왔다. "꼭 만나야겠어요." 남편 댄이 보낸 것은 아니었다. 그룹 스케줄을 열고 내 일정을 찾아 죽 살펴보았다.

거기에는 없었다.

다시 사무실로 돌아가서 모니터를 보았다.

L.

무슨 뜻일까? 내가 에사드의 식당에 다시 나타나리라 생각한 걸까? 아니면 퇴근 후에 나를 따라오려는 건가? 설마 지금도 나를 지켜보면서 기다리고 있는 건 아니겠지?

책 제목을 결정하는 최종 회의 시간에 나는 유령처럼 앉아만 있었다. 집에서 가져온 샌드위치는 먹지 않고 쳐다보기만 했다. 책상에 놓인 원고도 그냥 페이지만 넘겼다. 그리고 시계를 쳐다봤다.

L에 대한 생각에서 벗어나기 위해 쉴라의 정체 모를 이메일을 떠올렸다. 보낸 사람을 보지 못해 아쉽기도 했다. 그런 메일이 왔다는 것을 아예 모르는 편이 나았을 거라는 생각이 들기도 했다. 루션이 그녀에 대해 흘린 말이 떠올랐다. 댄을 생각하니 사실이 아니었으면 싶었다.

5시가 되자 더 이상 버틸 수가 없었다. 노트북의 전원을 끄고 제안서 한 뭉치와 함께 가방에 밀어 넣은 뒤 코트를 집어 들고 사무실을 나섰다.

거리로 나오긴 했는데 어디로 가야 할지 알 수가 없었다. 한 가지는 분명했다. 에사드의 식당으로 가진 않는다. 하지만 집까지 미행당할 위험을 감수하고 싶지도 않았다. 먼로스로 갈까 하는 생각도 잠시 했다. 작은 레스토랑인 그곳은 와인이 잘 갖춰져 있어서 한때 즐겨 찾던 곳이다. 그러나 그 생각은 금세 사라졌다. 석 달에 걸쳐 지켜 온 금주를 깨기 싫어서라기보다는, 나를 찾는 초자연적인 존재가 한심하게 바라볼 것만 같은 생각이 들어서였다.

그러자 화가 치밀어 올랐다.

그자의 말대로 그자가 정말 그런 존재라면, 내가 맨정신으로 있는 것을 원하지 않을 것이다. 그리고 나는 그자의 생각에 개의치 말아야 할 터였다. 그러나 화요일 이후 나는 그날의 경험을 의심하며 별별 생각을 다했고 혼란에 빠져 몰골이 말이 아니었다.

켄들 역으로 내려갔다. 평소에는 폐소공포증을 유발하는 출퇴근 시간대의 비좁은 지하철이 무척 싫었는데, 오늘은 전깃불과 지하의 온기, 기차를 내리고 타는 사람들의 흐름에 왠지 안도감이 들었다.

지하철 안에서 나는 주위 사람들의 얼굴을 살펴보았다. 역시 평소엔 하지 않던 일이다. 옷차림과 피부색과 시계를 보았는데, 화요일에 만난 지중해 출신 남자와 닮은 승객은 없었다. 붉은색 지하철 안은 사람들로 빽빽했다. 나는 승객들이 초점 없이 멍한 눈을 하거나 휴대폰으로 게임을 하거나 귀에 이어폰을 꽂고 음악을 듣는 모습을 보았다. 아슬아슬하게 열차에 올라타서 책을 펼쳐 드는 사람들도 있었다. 지하철을 타고 다닌 게 언제였던가 싶었다.

지하철에서 내려 계단을 통해 파크스트리트로 나왔다. 어느덧 떼 지어 몰려가는 사람들 틈에 휩쓸렸다. 이런 흐름에 끼어 있으면 종종 상실감을 느끼곤 했다. 다들 갈 곳이 있어 분명한 목적을 가지고 가는데 나는 그렇질 못했다. 사람들이 부러웠다.

그러나 오늘밤은 달랐다.

오늘밤, 나는 지난 사흘에 걸친 불안을 완전히 떨쳐버리기로 마음먹었다. 어찌된 일인지 사흘 동안 나 자신이 합리적이고 지적인 사람이라는 사실을 잊고 있었다. 며칠 동안 어떤 생각을 했든, 내가 이상한 상황이나 현상에 휘둘리는 존재가 아님을 명심하려 했다.

땅거미가 내리기 전의 상쾌하고 차가운 공기를 느끼며 스쿨 스트리트를 내려가 서점으로 들어섰다.

엄청나게 쌓여 있는 책을 보면 근사한 와인을 마신 것 마냥 취기가 오르던 시절이 있었다. 빳빳한 책표지가 빛을 내며 쌓여 있는 신간 코너의 책들은 물론이고, 할인 판매대에 따로 쌓여 있는 책도 너무나 좋았다. 모두가 출판업계에 들어서기 전의 일이다. 지금은 서점에 마지막으로 온 게 언제였는지 기억도 나지 않는다. 그날 오브리와 함께였다는 사실만 기억에 남아 있다.

계단을 올라 1~2층의 중간층을 통해 서점 뒤쪽으로 걸어갔다. 어디로 가는 건지 나도 잘 몰랐다. 그저 입구에서 벗어나야겠다는 생각뿐이었다. 미로처럼 늘어선 책장들 사이를 통과하고 여성학과 성 코너를 지나자 아이러니하게도 영성 코너에 와 있었다. 구석에 자리 잡고 보니 그 줄에 있는 책들이 다룬 주제는 인도자, 천사, 심령 연구 등이었다.

악마에 관한 책도 있었다.

5시 40분. 한 줄기 불안감이 스치고 지나갔지만 여기 이렇게 숨어 있으면 말 그대로 건초더미에 떨어진 바늘 격이라고 생각하며 마음을 달랬다. 곧 6시가 지나갈 것이고, 나는 여기서 심령치료사들에 관한 책들을 읽을 것이다. 7시 무렵이면 차이나타운의 식당에서 저녁을 먹게 될 것이고, 출간 기회를 노리는 작가 지망생들이 어느 정도까지 무리수를 쓰는지 다루는 에세이를 구상하거나, 출판사 기술지원팀에게 더 나은 방화벽을 만들라고 할지 생각하고 있을 것이다.

내가 이곳에 온 데는 또 다른 목적이 있었다. 내 인생에서 오브리를 몰아내기 위해서다. 지난여름에 케임브리지로 이사 오면서 나는 작은 안전 우리에다 스스로를 가두었다는 사실과, 문화와 유서 깊은 교양과 지성의 전통 때문에 사랑했던 도시가 아픈 기억을 떠올리게 하는 장소로 가득한 곳이 되어 버렸음을 깨달았다. 그래서 오브리와 자주 다니던 곳들을 내 것으로 되찾고 나만의 지도에 새로운 핀을 꽂아 나가는 과정을 차근차근 실행에 옮기기 시작했다.

쉬운 일은 아니었다. 오늘도, 서점의 커다란 이중문을 통과하여 커피숍을 지나칠 때 오브리가 즐겨 마시던 두유라떼가 떠올랐다. 그녀가 1.5층 계단을 올라가 여행 코너를 다니며 아프리카, 이탈리아, 몽골을 소개하는 책들을 집어 오던 기억도 났다. 그녀는 그런 책들을 뒤적이며 킬리만자로 정상으로 갈 수 있는 곳, 폼페이 유적을 둘러볼 수 있는 곳, 몽골의 유르트에서 하룻밤을 보낼 수 있는 곳 등 이국적인 장소들을 보여 주었다. 나는 나중에 다 가보자고 맞장구를 쳤지만 그녀를 그런 곳에 데려갈 여유가 생길 리 없음을 잘 알고 있었다. 오늘밤 1.5층의 계단을 오르면서 그녀가 사서 집안 서재에 꽂아 두었던 〈아이위트니스 여행안내서〉 시리즈를 생각했다. 이루지 못한 희망들과 무능한 부양자인 내 모습을 끊임없이 상기시키는 물건이었다. 지금까지 잊고 있던 그 기억이 이제 완전한 형태로 찾아와 뇌리에서 맴돌았다. 병실 냄새를 맡으면, 죽어 가던 아버지가 생각나는 것과 비슷했다.

늘 이런 식이다. 아파트에 아직도 풀지 않은 채 쌓여 있는 상자들을 열면 여분의 타월이나 스웨터에 붙어 있는 오브리의 길고 검은 머리카락이 눈에 띈다. 같이 살 때 그녀의 머리카락은 베개와 이불에도 붙어 있었고 세탁기 먼지거름망에도 엉킨 채 걸려 나왔다. 지금도 나는 그녀의 머리카락이 어디선가 나타날 것만 같고, 그럴 때면 있지도 않은 머리카락을 베개에서 치우는 시늉을 하고서야 자리에 눕는다. 그리고 그녀와 함께 살 때 그랬던 것처럼, 아침에 침대를 빠져나올 때도 이불을 확 걷지 않는다.

책꽂이에서 책 세 권을 뽑아 애머스트대학에 다니던 시절 학교 도서관에서 하던 것처럼 통로 한복판에 자리를 잡았다. 다리를 굽히는데 바지 끝단이 닳아 있는 게 눈에 들어왔다. 순간 깜짝 놀랐다. 산 지 얼마 안 된 바지라고 생각하고 있었기 때문이다. 그러다 문득 생각났다. 이것은 오브리가 골라 준 마지막 몇 벌 중 하나다.

그러자 약간 겁이 났다. 한때 오브리와 자주 다니던 곳을 나만의 영역으로 되찾는 작업을 하고 있었지만, 그녀의 존재가 내 인생에서 완전히 사라지는 상황은 탐탁지 않았다. 이불에 붙어 있던 긴 머리카락들은 이미 사라졌다. 얼마 후면 그녀가 골라 준 옷들도 자선 단체로 넘어가 다른 남자가 입게 되리라.

손에 쥔 책에 애써 주의를 집중했다.

자리를 잡고 《보이지 않는 손―자신의 수호천사 발견하는 법》 첫 번째 장을 한참 읽고 있을 때였다. 어떤 여자가 내 옆으로 지나가려 했다.

나는 사과한 뒤 한쪽으로 몸을 붙여 보려다 그만두고 일어섰다.

"미안합니다." 그렇게 말한 뒤 가방을 한쪽으로 당겨 길을 내 주었다. 그러나 그녀는 지나가지 않고 몸을 굽히더니 내가 바닥에 놓아 둔 두 권의 책을 집어 들었다. 페니 동전 색깔의 긴 곱슬머리가 그녀의 어깨 위로 흘러내렸다. 그녀가 몸을 일으키자 세련된 이목구비와 둥근 입술, 그리고 예상과 달리 티 하나 없는 피부가 눈에 들어왔다. 그녀가 책 제목을 보려고 고개를 이리저리 기울였다. 그러자 코 좌우측에 있는 작은 다이아몬드가 반짝였다. 손가락에는 결혼반지가 없었다.

"이게 뭐지? 《내면의 신을 해방시키라》, 《천사의 음성》이라. 이쯤 되면 분명하네요." 그녀는 책을 도로 건네주며 말했다. "구도자시군요." 그녀가 미소를 짓자 입꼬리가 상당히 많이 올라갔다. 벨벳으로 된 진한 자주색 코트에 가슴이 깊게 파인 옷을 받쳐 입고 있었다. 넓게 드러난 피부 위로 은색 앙크(윗부분이 고리 모양으로 된 십자가―옮긴이)가 걸려 있었다. 그녀는 어디서라도 돋보였겠지만, 다들 검은색 옷을 입는 이 지역에서는 더욱 그랬다. 지난 몇 년 동안 그렇게 아름다운 여인은 처음이지 싶었다.

"아닙니다, 전 공화당 지지자입니다." 나는 어눌하게 말했다.

그녀가 맵시 있게 미간을 찡그렸다. "이 지역에서요? 그럼 수호천사가 많이 필요하시겠군요." 이 여자가 작업을 거는 건가?

"자원하시는 겁니까? 전 도움이 많이 필요하거든요. 보시다시피."

그녀는 목에 걸린 얇은 사슬을 만지작거렸다. 앙크가 교수형 집행인의 올가미에 걸린 시체처럼 춤을 췄다. 그녀는 앳돼 보였으며 손이 가냘팠다. 왠지 피아니스트일 것 같은 생각이 들었다.

"글쎄요, 무슨 인연인지 모르겠지만, 마침 다음 약속 시간까지 여유가 있어요." 나는 주위를 둘러보았다. 차림새가 깔끔한 지중해 태생의 남자는 보이지 않았다. 시계를 쳐다보았다. 6시를 막 지나고 있었다.

"커피라도 마시면서 조건을 상의해 보는 게 어떨까요?"

"좋아요." 그녀가 웃으면서 말했다. 목소리가 가슴에 비치는 햇살처럼 따스했다.

우리는 계단을 내려와서 커피와 핫케이크를 주문했다. 저녁 식사 때까지 버티게 해줄 간식이었다. 어쩌면 저녁을 혼자 먹지 않아도 될지도 모를 일.

뜻밖의 생각이었다. 만약 그렇게 된다면 이혼하고 바짓단이 닳기 시작한 이래로 처음 맞는 진짜 데이트가 될 것이었다.

식탁에서 나는 그녀가 머그잔에 설탕을 세 조각이나 넣는 모습을 호기심 어린 눈으로 지켜보았다. 은빛 목걸이에 달린 앙크가 흔들릴 때마다 그 아래의 피부로 자꾸만 눈길이 갔다.

"요즘 수호천사 사업은 어떻습니까?" 내가 물었다.

"글쎄요, 우선, 급료가 형편없어요." 그녀가 머그잔을 쥐고 말했다.

나는 빙그레 웃었다. "편집 일 얘기 같군요. 그건 그렇고, 제 이름은 클레이튼입니다."

"알아요." 그녀는 담갈색 눈동자로 나를 똑바로 쳐다보며 말했다.

"수호천사의 직관인가요?"

"아니오, 클레이. 난 당신의 모든 걸 알고 있거든요."

나는 딱딱하게 굳었다.

"이름을 말해 주지 않으셨어요." 나는 천천히 말했다.

"아뇨, 말했어요." 그녀는 더 이상 미소 짓지 않았다.

"말씀하셨다고요?" 그녀는 이름을 말한 적이 없다. 그리고 그 순간 나는 그것을 보았다. 그녀의 눈동자 너머에 있는 암흑의 지성을. 내 피부 아래의 모든 모세혈관이 소스라치게 놀라 일시에 팽팽해졌다. 그녀는 손목을 흘긋 보았다. 비싸 보이는 시계가 소매 아래로 엿보였다. "오늘은 일찍 왔네요."

심장이 어찌나 쿵쾅거리는지 몽둥이로 갈빗대를 쳐대는 것 같았다. 한 시간 전에 사무실을 나온 일과 거리에서 주저했던 일, 목적지를 정하지 않은 채 지하철역으로 들어서던 일을 떠올렸다. 이 여자가 날 미행하고 있었나? 지하철에서 꼼꼼히 살펴본 수많은 얼굴 중에 그녀는 없었다. 나는 구릿빛 머리의 여인을 응시하면서 지금 내가 보고 듣는 일을 혼란스러워하고 있었다. 세상에는 가능한 일이 있고 불가능한 일이 있다. 배 속에 곡괭이가 든 듯 두려움이 느껴졌다. "현실일 리가 없어. 이게 어떻게 현실일 수가 있지?"

"현실이에요. 그러니 진정하고 내 말을 들어 봐요."

"진정 못해! 현실일 리가 없어. 아냐! 난 받아들일 수 없어. 누가 당신에게 이 일을 맡겼어? 리처드야? 그놈은 내 아내를 데려갔어. 그런데 뭘 더 원하는 거야?" 몸이 부들부들 떨렸다. 내 마음은 일시에 사방으로 튀어나가고 있었다. 리처드, 오브리, 지중해 출신의 낯선 사람. 그리고 내 앞에 있는 암흑의 존재. 지난번 카페에서 그랬듯 지금도 그자가 티 없는 피부를 덧입고 있다는 게 보였다. "왜 이런 짓을 하는 건지 말해!"

그녀는 내가 알아들을 수 없는 말로 욕을 내뱉었다. 그러고는 내 앞으로 불쑥 몸을 내밀었다. 그 바람에 머리카락이 어깨 아래로 흘러내렸다. 코트의 자주색과 어울리지 않는 구릿빛이었다. 아주 잠시나마 그 모습이 불처럼 보였다. 그녀는 내 손을 잡았다. 그리고 바보나 어린아이, 혹은 둘 다를 대하듯 말했다. "내가 말했잖아. 내 이야기를 들려주기 위해서라고."

혈관에 뭔가를 직접 주사한 것처럼 즉시 온기가 팔에서 어깨까지 뻗어 왔다. 손을 빼내려 했지만 사흘 전 카페에서 그랬던 것처럼 그녀의 손은 꿈쩍도 하지 않았다. 온기가 가슴까지 퍼졌다. 심장 박동이 느려졌다. 여전히 지나치게 빨랐지만 그런 순간에는 어떤 힘도 그것을 단박에 진정시킬 수 없으리라. 나를 휘감았던 근심과 불안, 격렬한 두려움은 상당히 진정되었고, 긴장은 남아 있지만 통제할 수 없을 정도는 아니었다.

"정신 똑바로 차려요. 난 시간이 많지 않아요. 당신에게 말해 줄 게 있어요. 그렇게 흥분하다간 심장 발작이 일어날 거예요. 그럼 당신에게도 내게도 도움이 안 될 거 아니에요." 그녀의 목소리는 최면술사처럼 부드러웠다. 하지만 나는 이것이야말로 바로 속임수가 아닐까 싶었다. 암시의 힘이 내 근육과 혈관에 두루 작용해서 나를 진정시켜 준 것은 아닐까.

바로 그때, 암시가 작동하려면 대상자가 그것을 받아들일 의향이 있어야 한다는 것이 떠올랐다.

내 눈길이 식탁으로, 내 손을 잡고 있는 그녀의 손으로 향했다. 10분 전만 해도 나는 이처럼 그녀와 단둘이 있게 될 가능성을 따지고 있었다. 기대했던 방식은 아니지만 가능성은 현실이 되었고, 내 안의 무엇인가가 산산조각 났다. 오브리와 여행안내서가 불쑥 머리에 떠올랐던 것처럼, 내 기억은 어느새 그날 밤 우리 아파트에서 벌어졌던 상황으로 돌아가 있었다.

그녀가 잠들고 한참이 지난 후, 나는 그녀 쪽의 이불을 들추지 않으려고 조심하면서 살금살금 침대를 빠져나왔다. 그리고 그녀의 이메일로 로그인해서 리처드가 그녀에게 보낸 이메일을 다시 보았다. 내가 모르는 그 남자는 이렇게 적었다. "사랑해, 내일 당신이 남편에게 이별을 통보하는 순간에도 나는 당신을 생각하고 있을 거야. 나중에 만나면 꼭 안아 줄게. 그때가 기다려진다." 그날 밤, 나는 앞으로 모든 것이 달라질 것임을 알아 버렸다.

그리고 지금, 나는 그때와 똑같은 심정이 되었다. 서점 커피숍에서 소란을 부리지 않게 해준 그 부자연스러운 차분함이 아니었다면, 나는 주체할 수 없는 충동에 휩쓸려 미친 사람처럼 고래고래 소리를 지르거나 그녀를 주먹으로 마구 때리거나, 양손에 머리를 묻고 울음을 터뜨렸을 것이다.

그러나 나는 그러지 않았다. 여자는, 아니 악마는 만족한 듯 고개를 끄덕이고는 내 손을 놓아 주었다. 손이 떨어지자 진정되었던 마음이 약간 흐트러졌다.

"당신의 머리가 알게 된 사실에 몸이 적응하는 데 시간이 좀 걸리는 것뿐이에요. 그건 그렇고, 리처드가 날 보낸 건 아니에요. 그는 하늘에서 바위를 불러 내릴 수 없고, 날 보낼 능력도 없어요. 나는 작정하고 여기에 왔어요. 당신에게 할 말이 많아요."

"난 지옥에 가게 되나요? 그래서 당신이 여기 온 거예요?" 물어보면서도 내 목소리가 너무 작아서 부끄러웠다.

그녀는 한숨을 내쉬더니 목덜미를 문지르고는 목을 살짝 돌렸다. 모두가 너무나 인간적인 모습이었다.

"지금 당장은 나도 몰라요."

전혀 위로가 되지 않았다. 내 몸과 감정은 상당히 진정되어 정상에 가깝게 돌아왔다. 하지만 정신은 여전히 지독한 흥분 상태였는데, 약을 먹는 것 같은 전통적인 방식으로 진정된 것이었다면 있을 수 없는 일이었다. 중학교 2학년 견진성사 수업 때 악마에 대해 배운 내용을 떠올려 보려고 머리를 쥐어짰다.

그러자 난파선이 가라앉은 진창에 묻혀 반짝이는 사금파리처럼, 뭔가가 기억의 눈을 사로잡았다. '거짓의 아비'라는 말이었다. "당신이 악마라면, 내가 당신 말을 왜 믿어야 하죠?"

그녀는 내 말을 무시하지 않고 고개를 끄덕였다. "좋은 지적이에요. 신빙성 문제는 지금 당장 짚고 넘어가기로 하지요. 내가 거짓말쟁이가 아니라는 말로 시간을 허비할 생각은 없어요. 그것 자체가 거짓말이 될 테니까. 하지만 분명히 말하는데, 지금 당신에게 거짓말하는 건 내 목적에 도움이 되지 않아요."

"무슨 목적 말입니까? 당신이 하는 말을 내가 왜 관심을 갖고 들어야 합니까?"

"**드디어** 흥미로운 질문이 나왔군요!" 악마의 말은 마치 안도하는 것처럼 들렸다. "첫째, 난 기록을 바로잡고 싶어요. 악마에 대한 몇 가지 신화를 깨트려 버리고 싶어요. 두 번째는 내가 들려줄 이야기가 다른 어떤 이야기와도 다르기 때문이에요. 당신은 내 이야기에 흥미를 느끼게 될 거예요."

"왜요, 내가 구도자라서 그런가요?" 나는 씁쓸하게 말했다.

"내 이야기는 결국 당신 이야기이기 때문이지요."

내 속의 뭔가가 흠칫 놀라며 뒷걸음쳤다. "그런 일이 어떻게 가능한지 모르겠군요."

그녀는 식탁 끝에 팔을 대고 팔짱을 꼈다. "어린 시절 당신은 이야기의 교훈을 믿었지요. 만화책 주인공, 텔레비전에 나오는 배트맨의 고결함을 믿었어요. 아닌가요? 그것은 멀리 떨어진 성난 신을 기쁘게 해주어야 한다고 귀에 못이 박히도록 떠들어 대는 교회의 교훈보다 더 큰 영향을 끼쳤지요. 당신은 원칙에 따라 선하게 살아왔어요. 하지만 당신의 지금 모습은 어떤가요?

선하게 살면 얻게 된다던 아내와 자녀, 성공은 어디 있지요? 내 말이 맞지요? 그렇다는 걸 난 알아요. 그래서 당신은 새로운 의미를 찾고 있어요. 착하게 살아 봤자 고통밖에 남는 게 없다는 걸 깨달았기 때문이지요. 그런데 당신은 그 사실을 받아들이려 하지 않고 있어요."

"그렇지 않아요." 내가 조용조용 말했다.

"당신에게 필요한 것은 상황 판단력, 큰 그림을 보는 눈이에요. 앞서 말했지만, 난 당신에게 그것을 줄 수 있어요. 하지만 내 말을 끝까지 들어야 해요."

그녀가 말하는 동안, 나는 이전과는 전혀 다른 방식으로 그녀에게 끌리고 있었다. 내 분별력과 직감은 그래선 안 된다고 말했다. 어쩌면 가장 큰 유혹은 그녀가 옳다는 점, 바로 이것인지도 몰랐다.

"다른 건 걱정하지 말아요. 그냥 내가 하는 말을 받아 적어요. 단어 하나까지. 하나도 빠뜨리지 말고. 그러면 이것이 현실이고 당신이 제정신이라는 걸 알게 될 거예요."

"모든 단어를 다 기억할 수는 없어요. 내 정신은 산산조각 났다구요. 모르시겠어요?" 그러나 이 말을 하면서도 나는 원하기만 한다면 처음 만난 날 나눈 대화를 토씨 하나까지 그대로 외울 수 있음을 알고 있었다. 머릿속에 떠올리기만 하면 마치 불려나오듯 그날의 모든 대화가 좌르륵 흘러나왔다. 그날 밤에 나눈 대화와 지금의 대화가 경쟁하는 두 선율처럼 내 머릿속에서 뒤얽히고 겹쳐졌다.

"당신은 기억할 거예요."

그녀는 시계를 힐끔 쳐다보고는 찡그렸다. 코트를 챙기는 동안 그녀의 넓게 파인 목덜미에서 앙크가 흔들렸다. 아까는 그 모습에 시선이 사로잡혔지만 이제는 제대로 쳐다볼 수도 없었다.

첫날처럼, 그녀는 간다는 말도 없이 떠났다. **"난 큰 위험을 무릅쓰고 당신을 찾아온 겁니다."** 첫째 날 저녁에 들은 말이 생각났다. 무슨 뜻인지 자못 궁금했다.

그다음 2주 동안 나는 마지못해 일하는 시늉은 했지만 모든 것이 무의미하게 느껴졌다. 나는 집착이라 할 만큼 틈만 나면 시간과 날짜, 일정표를 확인했다. 두 번의 만남을 기록하고 그 글을 읽고 또 읽었다. 하지만 그럴 필요가 없었다. 악마의 약속대로, 그의 말을 한 단어도 잊어버리지 않았기 때문이다. 죽은 것도 아니고 생생하게 살아 있는 것도 아닌 이런 경계 지점에 가둬 놓는 것. 이것이야말로 악마의 진정한 속임수가 아닐까 하는 생각이 들기 시작했다.

그리고 불가사의한 L은 다시 나타났다.

3

 약속 시간에 늦지 않게 집에서 나가려는데 교회가 새롭게 눈에 들어왔다. 이전까지 그곳은 집에서 나가는 길에 있는 배경에 불과했으나 이번은 달랐다. 잠시 후 나는 교회 문이 열려 있는지 확인해 보았다. 토요일이었기 때문이다. 그러나 문은 쉽사리 열렸고 나는 현관 홀에서 잠시 거닐다가 한참을 주저한 끝에 예배당 안으로 들어갔다.
 뒤쪽의 삐걱거리는 자리를 골랐다.
 대뜸 내가 올 곳이 아니라는 생각이 들었다. 교회에 발을 끊은 지 여러 해째였고 절기나 결혼식 때만 몇 번 찾아왔다. 온갖 소리가 귀에 들어왔다. 앞쪽에 몇 사람이 꼼짝 않고 앉아 있거나 무릎을 꿇고 있었다. 악마를 만났으니 오히려 하나님이 임하심을 더 잘 인지하게 되지 않을까 생각했지만 아무 느낌도 들지 않았다.

지난 주, 빈방에 남아 있는 상자들을 뒤져서 견진성사 증서를 찾아보고 싶은 생각이 들었다. 그러나 혹시 오브리의 물건을 발견하게 되거나, 함께 이사 올 때 쓰던 상자 한 쪽에 써놓은 그녀의 글씨라도 보게 될지 모른다고 생각하니 견딜 수가 없었다. 결국, 낡아 빠진 증서 한 장이 무슨 도움이 되겠느냐는 쪽으로 마음을 고쳐먹었다. 그 어떤 것도 지금 상황을 감당하게 돕지 못했을 것이다. 내 기억에 따르면, 피건 목사님은 악마나 마귀에 대해 가르치지 않았다. 아주 모호한 말로 몇 마디 한 것이 전부였다.

하나님도 모호하긴 마찬가지였다. 하나님이라는 존재는 내게 목성의 중력이나 우주의 팽창과 비슷했다. 천문학을 공부하는 사람이나 목성에 사는 사람에게는 그런 문제들이 중요한 의미가 있겠지만, 내겐 모두 이 세계에서 직접적으로 많은 내용을 알게 되기를 기대하기 힘든 것들이었다. 나는 종교란 모순으로 가득한 것이고 그것을 매끈하게 포장하려는 광신자들의 시도는 칡을 재배하려는 것과 같다는 현대의 믿음에 동의했다.

루션이 앞서 적절하게 지적한 대로, 나는 종교 없이도 충분히 착한 사람이 될 수 있었다. 아버지는 혼자 힘으로 내 안에 그런 성향을 키워 냈다. 아버지는 완벽이라는 말과는 거리가 멀었다. 몇 주간 성질을 내지 않다가도 내가 뭘 잘못하는 조짐이 보이거나 성적이 나쁘게 나오면 분통을 터뜨렸다. 침묵은 좋은 조짐이었고 언제나 무소식이 희소식이었다. 그런 환경에서 자라났기에 나는 하나님이 전혀 필요하지 않았다.

교회 문이 열리면서 길게 뻗은 오후 햇살이 비스듬히 들어와 몇몇 신도석을 비췄다. 잠시 후, 데님 재킷을 입은 흑인이 반대쪽에서 들어와 내 옆자리에 앉았다. 백단향과 비누 냄새가 났다. 내 눈길이 시계로 향했다.

오후 4시 15분.

"당신이 저 문을 통과할 수 있을지 궁금했습니다." 내가 말했다. 내 눈은 제단과 그 위에 달린 십자가에 고정되어 있었다.

"루시퍼는 하나님의 보좌가 있는 방에 들어가실 수 있다오. 교회가 내게 문제가 될 거라고 생각했소?" 그의 음성은 굳이 속삭이지 않아도 다른 사람에게는 들리지 않는 포근한 바리톤이었다.

"어떻게 그럴 수가 있나요?"

"안 될 이유는 뭐란 말이오? 우리 가운데 누구도 원래부터 악한 존재는 아니었소."

"원래 천사였다는 말이군요."

"나는 천사였지. 루시퍼는 게루빔(개역개정 성경에서는 그룹cherub이라고 표현—옮긴이)이시오."

나는 약간 혼란을 느끼며 기저귀 차림의 날개 달린 통통한 아기의 모습을 떠올렸는데, 그의 험악한 표정을 보니 무슨 말이 나올지 알 수 있었다. 그는 처음보다 다소 큰 소리로 말했다. "

당신이 생각하는 그런 모습 아니오. 게루빔은 우리 가운데 가장 높은 존재, 가장 강력한 존재이지요. 루시퍼가 창조되었을 때 엘이 그를 완벽하다고 말했다는 걸 알아야 해요."

이제 나는 그의 얼굴을 빤히 쳐다보면서 곰곰이 살폈다. 이마가 넓고 긴 광대뼈가 높이 솟아 있었다. 짧은 콧수염의 각진 선이 윗입술의 굴곡을 그대로 따라가고 있었고, 윗입술과 아랫입술은 완벽한 조화를 이루었다. 턱과 목에는 커다랗고 부드러운 돌에 자라난 이끼처럼 거뭇거뭇하게 수염 자국이 보였다.

그가 말을 이었다. "엘이 루시퍼를 완벽하다고 한 데는 그럴 만한 이유가 있었지. 루시퍼는 그의 걸작이었거든. 강력하고 신의 기름부음을 받았으며 너무나 아름다웠소."

나는 그의 한숨 소리를 들은 것 같았다.

"그럼 세라핌은 뭔가요?" 딱히 아는 바가 있어서는 아니었다. 문학계에 도는 이야기에 따르면, 앤 라이스가 타는 두 대의 리무진 번호판이 '게루빔'과 '세라핌'이었기 때문이다.

"세라핌은 무서운 전사이지만 게루빔이 더 위에 있지. 그리고 천사장이 있소. 가브리엘과 미가엘이라고 들어 봤을 거요." 그가 루시퍼와 본인의 이름을 말할 때도 그랬는데, 이 두 이름을 말할 때도 식별하기 어려운 미묘한 억양이 섞였다. 딱히 말씨가 다르다기보다는 혀를 늘인다고 할까. 다른 나라의 토박이 이름을 우리말로 발음할 수 없는 경우와 비슷한 느낌이었다. 서점의 여자와 카페에서 만난 남자의 말에서도 같은 것을 들은 기억이 났다.

"게루빔과 세라핌들에 대한 자세한 이야기는 하지 않겠소. 그 모든 얼굴과 날개는 묘사하지 않는 게 상책이지. 당신이 우리를 영적 서커스단 비슷하게 생각하면 곤란하니까 말이오."

그의 실루엣 너머로 스테인드글라스에 새겨진 한 성인이 움푹 꺼지고 조각난 눈으로 우리를 쳐다보고 있었다. "당신은요? 당신은 어떻습니까?"

"아, 나 말이오." 그는 무릎 위로 손을 펼쳤다. 손바닥 쪽은 피부색이 조금 더 옅었고, 손금은 진했으며, 손바닥에 박인 굳은살이 괴이했다. 소맷부리 아래로 스테인리스 시계가 힐끗 보였다. "나는 하늘군대의 일원이었소. 번쩍이는 빛, 그저 놀라운 존재였지."

"그럼 그 일은 어떻게 벌어졌습니까? 당신의 변화 말입니다." 질문을 하면서도 혀에서는 비현실의 맛이 느껴졌다.

루션은 팔을 올려 목덜미를 문질렀다. 편두통이 생길 때면 쉴라가 그렇게 하는 모습을 본 적이 있었다. "그 이야기는 처음부터 해야겠소. 하지만 이곳은 말하는 데 도움이 되지 않는군."

"십자가 때문인가요?"

"아니오, 이 사람들의 기도 때문에 골치가 아파서 그렇소."

"십자가는 개의치 않는 건가요?"

"그걸 거북하게 여겨야 할 쪽은 당신들이지. 사람 죽이는 데 쓰던 처형 도구 아니오."

그렇게 생각해 본 적이 없었다.

"있고 싶으면 있어요. 난 갈 거니까." 그는 자리에서 일어나서 들어왔던 한쪽 통로로 걸어갔다. 2주 전의 나였다면 그를 기꺼이 그대로 보냈을 것이다. 아예 교회 앞자리에 진을 치고 앉아 거기서 계속 지낼 수 있는지 알아보았을 것이다. 그러나 이제 나는 이 일이 나와 무슨 관련이 있는지 알아야 했다. 궁금증은 지난 2주 동안 나를 떠나지 않았고 그의 아리송한 대답은 궁금증 해소에 별 도움이 되지 않았다.

우리는 교회 문을 나와 차가운 오후의 햇살을 받으며 눈을 깜빡였다. 그의 짧게 자른 빳빳한 회색 머리카락과 나이를 짐작하게 하는 볼의 검버섯이 햇빛 아래 드러났다. 그는 풍채가 좋았고 다소 거북할 정도로 당당했다. 옷은 편하게 입고 있었는데 무릎 부위가 좀더 부드럽다는 점만 빼면 그날 내가 서점에서 입었던 바지와 다를 바 없었다. 누가 봐도 주말에 산책을 나선 대학 교수나 하루 쉬는 회계사, 또는 여행객 정도로 보였을 것이다.

"그러니까 교회에서 나를 만나려고 지옥에서 튀어나온 거군요." 나는 호주머니에 손을 넣으면서 말했다.

"난 거기 가본 적 없소."

"교회 말인가요?"

"지옥 말이오."

나는 눈을 가늘게 뜨고 그를 쳐다보았다.

"클레이, 당신네는 잘못 알고 있는 게 너무 많아. 인간들의 통념에는 부족한 게 딱 한 가지 있지. 지혜 말이오. 우리 중 누구도 지옥에 간 적이 없소."

"그러니까 지옥은 존재하지 않는 거군요."

"지금은 아니지."

"그러니까 아직은 지옥에 가지 않았다는 말이군요."

나를 쏘아보는 그의 눈초리가 어찌나 험악하던지 심장이 철렁 내려앉았다. 나는 추위로 굳은 어깨를 잔뜩 웅크린 채 걷기 시작했다. 잠시 후, 악마가 내 곁으로 왔다.

"이야기를 시작하려면, 적어도 내 출발점이 당신들보다 무한히 앞선다는 얘기부터 해야겠소."

"말이 안 됩니다." 나는 그를 쳐다보지도 않고 말했다.

그가 말했다. "세계의 시작은 시간의 시작일 뿐이오. 당신네 좋으라고 기록된 성경은 당신들이 역사에 들어서는 시점부터 시작하지. 하지만 나의 처음은 그보다 훨씬 오래 전에 시작되었소."

"천국에서 말이지요."

"아니, 에덴에서."

"뭐요, 에덴동산 말인가요?

"그렇소. 그 동산, 푸른 동산은 에덴에 있었지. 그리고 에덴은 이곳에 있소. 여기." 그는 우리 앞에 죽 펼쳐진 보도 쪽으로 양손을 펼쳤다. "에덴은 그 동산과 첫 번째 인간이 나타나기 전부터 존재했소. 처음에 그곳은 루시퍼의 집, 그리고 내 집이었지."

내 눈썹이 올라갔다.

그가 짧게 웃으며 말했다. "뭐요. 인간 창조 이전에는 세상에 아무것도 없었을 거라고 생각한 거요? 너무 인간 중심으로만 생각하는 거 아니오? 지구가 평평하다고 믿는 건 아닌가? 내 말 잘 들어요. 엘로힘이 에덴을 창조했소. 그는 우리도 창조했지. 루시퍼도 그중 하나였소. 이건 중요하오. 어떤 피조물도 창조주와 동등하지 않다는 뜻이니까. 그게 무슨 의미가 있느냐 하면, 통속적인 신화와 달리 루시퍼는 하나님의 사악한 적수가 아니라는 거지."

"난 루시퍼가 하나님의 숙적인 줄 알았어요."

그가 걸음을 멈추었다. "클레이, 상황을 제대로 이해하려면 그 생각을 버려야 하오. 이건 당신네 인간들이 오래 전부터 지어낸 소위 선악 간의 투쟁 이야기가 아니오. 젠장, 당신네 인간들은 언제나 진실을 지독히도 단순하고 상투적인 것으로 바꿔 버리는 재주가 있어. 진부한 것이야 더 말할 나위도 없고."

우리는 다시 걸었다. 한동안 들리는 소리라곤 우리 발자국 소리, 가끔 마른 낙엽이 바닥을 스치는 소리, 지나가는 행인들에게서 드문드문 들려오는 말소리, 매사추세츠애버뉴를 지나가는 차 소리뿐이었다. 멀리서 30분을 알리는 종소리가 들려왔다.

마침내 그가 말했다. "엘로힘은 인간들이 존재하기 전부터 나의 신이었소. 우리는 그를 엘로힘, 즉 '능하신 하나님과 창조주'라고 불렀지. 하지만 그 이름은 그보다 훨씬 많은 뜻을 함축하고 있소. 당신을 위해 말해 주지. 그 첫 시대부터 우리가 알았던 두려운 이름들은 인간의 혀로는 발음할 수 없소." 그가 어떤 이름들을 말할 때 내 귀에 들어왔던 미묘하고 특이한 억양이 다시 생각났다.

"엘은 에덴에 동산 하나를 만들고 루시퍼에게 모든 것을 아낌없이 주었소. 모든 지배권, 전권을 주었지. 그는 그곳에서 총애받는 첫째 아들로 살았소. 우리가 참새라면 그는 매, 우리가 석영이라면 그는 보석이었지."

"그럼 엘은 당신들을 왜 만들었나요? 당신들이 이렇게 될 줄 알았을 것 아닙니까?"

"나도 당신에게 똑같은 질문을 할 수 있소." 하지만 그는 묻지 않았다. "엘이 우리를 왜 만들었는지, 나는 모르겠소. 엘이 외로웠을 거라 추측해 볼 수도 있겠지. 하지만 그에겐 우리가 꼭 필요하지 않았다는 게 사실이오. 당신은 그의 형상대로 창조된 존재이니 그 질문에 대해 나보다 더 잘 알 수도 있을 거요. 그 점에서 우리는 당신네 같은 특권을 받지 못한 셈이지. 나로 말하자면, 삶의 목적, 이 커다란 계획에서 내가 맡은 역할이 처음부터 분명했소. 엘 앞에 엎드리고 경배하고 찬양하고, 엘의 말씀을 받드는 것이었지."

"상당히 지루했을 것 같군요." 내가 말했다.

"그런가? 자신이 창조된 목적을 성취하는 희열을 상상해 보시오."

상상이 되지 않았다.

"왜 가끔씩 그를 엘이라고 부르는 겁니까? 도전 정신인가요?"

"인간의 언어는 이것을 이해하는 데 전혀 도움이 되지 않소. 엘은 '능하신 하나님'을 뜻하지만 그 의미를 온전히 전달하지 못하오. 엘로힘은 더 많은 의미를 함축하고 있는데, 복수複數의 의미도 있으니 '신들의 하나님'이라고 할 수 있겠지. 그를 무엇이라 부르든 그때 그는 우리의 전부였소. 그가 인간들과 맺는 관계와는 전혀 달랐지. 그는 우리에게 아버지였던 적이 없소. 단지 존재이유랄까, 위대한 개시자, 영원한 존재, 알파와 오메가였지." 악마는 한숨을 쉬었다. "우리의 모습은 가히 장관이었소. 영광스럽고 확신에 차고, 각기 구별된 존재로서 모두 다르면서도 한 가지 목적을 공유하고 있었지. 우리는 찬란하게 빛난다는 말로는 부족할 만큼 광채가 났소. 잘 닦인 수많은 거울처럼 짤막한 무한에 걸쳐 하나님의 셰키나(하나님이 자기 백성과 함께함을 나타냄. '거주'라는 단어에서 유래—옮긴이) 영광을 반사했지. 우린 얼마나 밝게 빛났는지 몰라! 더없이 행복하고 영광스러운 순간이었다오. 이런 것을 헤아릴 수 있는지 모르겠지만, 잠깐의 영원 동안 나는 행복했소."

그의 풍부한 음색에는 마음을 흔드는 뭔가가 있었다. 그와 나란히 걷고 있으니, 아내가 죽기 전까지 누린 30년 동안의 행복한 결혼생활을 회상하는 보통 사람처럼 느껴졌다. 잠시, 그가 안됐다는 생각이 들 정도였다.

"그런데 왜 거기서 돌아선 겁니까?"

그는 고개를 들고 눈을 가늘게 떴다. "나는 더한 것을 약속 받았소."

우리는 브래틀스트리트를 걷다가 철 지난 할로윈 용품을 할인해 파는 가게에 이르렀다. 창문에는 오크, 클린곤, 좀비, 전직 대통령 등 여러 가면이 다채롭게 걸려 있었는데, 대통령 가면이 좀비의 모습과 어찌나 비슷한지 좀비에게 위안이 될 것 같았다. 한쪽 구석에는 요다와 스파이더맨 사이로 붉은 얼굴의 사탄 가면이 보였다. 그 모습을 보고 나는 화들짝 놀랐다. 루시퍼가 제 이름을 듣고 우리 대화를 엿들으러 온 것만 같았기 때문이다.

루션은 그 붉은 얼굴, 이마에서 튀어나온 짤막한 폴리우레탄 뿔 앞에서 걸음을 멈추었다. 어찌나 골똘히 가면을 들여다보는지 저런 물건을 처음 보나 싶을 정도였다.

마침내 그가 입을 열었다. 그의 눈은 유리 진열장 너머, 아니 약국 너머를 바라보는 듯했다. "인간들이 우리 중 하나를 표현한 모습을 처음 보았던 때가 기억나는군. 벨리알이 하도 열심히 끈질기게 권하기에 뭔가 경이로운 것, 놀라운 광경을 기대하고 보러 갔었소. 그런데 웬걸. 내 앞에 놓인 것은 사람의 몸과 새의 발톱이 달린 끔찍한 모습이었소. 더러운 염소처럼 털이 덮여 있고 무시무시한 검은 날개를 달고 있더군. 나는 망연자실했지. 그렇다고 기분이 상한 건 아니오. 하지만 볼썽사나운 그것의 정체가 무엇이냐고 따져 물었지. 벨리알은 재미있다고 박장대소하며 그 앞에 절을 하고는 손으로 가리키면서 이렇게 말하더군. '

보라, 두려운 벨리알이로다!' 터무니없는 소리였지. 그는 언제나 아름다운 존재였거든."

그는 고개를 돌려 곤란하다는 표정을 지었다. "당신네 광기 어린 천재 예술가들에겐 물질세계 너머를 보는 더 높은 통찰력이 있을 거라 생각했소. 하지만 봐요, 악마를 뿔 달린 빨간 괴물로, 우리의 빛나는 별 루시퍼를 기괴한 염소 인간으로 만들어 놓았잖소. 이런 이미지는 지금도 남아 있지. 추하고 망가진 모습으로 하늘에서 쫓겨나 금발의 두 남자가 휘두르는 칼을 피하다 지옥으로 우르르 밀려가는 모습이라니. 새하얀 옷을 입은 근엄한 표정의 빛나는 두 남자는 아마 미가엘과 가브리엘이겠지." 그는 고개를 돌렸다.

나는 농담 삼아 한마디했다. "생각해 보세요. 할로윈에는 마귀로 분장하고 다녀도 돼요. 그래도 아무도 당신의 정체를 못 알아볼 거예요." 그러나 말해 놓고는 곧바로 나의 경솔함을 후회했다.

"한번 생각해 보시오. 당신은 나를 길에서 마주쳐도 그 사실을 전혀 모를 거요. 내가 마음만 먹으면, 당신은 내게 욕정을 느끼게 될 거야." 그는 나를 힐끗 쳐다보았다. 나는 구릿빛 머리카락, 매끄러운 피부 위에서 흔들리며 그 아래 가슴을 가리키던 은색 앙크가 생각나 움찔했다.

"왜 이렇게 늘 다른 모습으로 나타나는 겁니까?" 언제나 그에게 불시에 기습당하는 듯한 느낌이 싫었다.

"이것저것 한번 써보는 느낌이 괜찮소." 그것이 새 신발이나 자전거 정도에 불과하다는 듯한 말투였다.

그의 손에 박인 굳은살이 생각났다. 그의 것이 아닌 누군가의 인생 역정을 보여 주는 증거물이었다. 살아 있는 다른 누군가, 혹은 한때 살았던 누군가의 것인지도 모를 일이었다.

내가 구도자일는지는 몰라도, 모든 문제에 다 관심이 있는 것은 아니었다. 한 블록 더 걸어간 후, 루션은 찻집 앞에서 걸음을 멈췄다. "여기 우롱차가 괜찮소. 당신, 중국에 있을 때 우롱차에 반하지 않았던가?" 그는 찻집 유리문을 밀고 들어갔다.

거의 20년 전에 다녀온 중국 여행. 난 그 이야기를 꺼낸 적이 없었다. 나는 그 나라를 사랑했고, 결혼하고 나서 오브리에게 중국 본토에서 아기를 입양하자고 제안하기도 했다.

물론 이제는 다 지난 일이다.

나는 반항심에서 우롱차가 아닌 디카페인 얼그레이를 주문했다. 악마는 자스민차를 골랐다.

찻집 안쪽 벽에는 학교나 시민 단체, 혹은 개인이 붙인 게시물이 가득했다. 개 봐줄 사람, 레즈비언 룸메이트를 찾는다는 메모부터 필라테스 교육(운동, 재활 치료, 정신 수련을 위해 침대와 매트리스 등 간단한 기구만으로 할 수 있게 고안된 근육강화운동—옮긴이)과 장 세척 광고 전단까지 있었다. 루션은 말없이 잔에 든 티볼을 꺼내 옆의 받침접시에 놓았다. 그때 이상한 직감이 들었다. 그럴 리 없다는 더 이상한 느낌도 있었지만, 하여간 그가 꾸물거리고 있다는 생각이 든 것이다.

"더한 것을 약속받았다고요?" 내가 말했다. 첫날 저녁 그가 카페에서 한 말은 옳았다. 한 구절도, 토씨 하나도 잊지 않았다. 나는 녹음기 같은 기억력이 있는 사람이 아니었지만, 그의 말이 얼마나 집요하게 떠오르던지 그것을 내 의식에서 몰아낼 방법은 글로 적는 것뿐이었다. 지금도, 조금 전까지 길을 걸어오며 들었던 그의 말들이 머릿속에서 메아리치고 있었다. 아마도 책상에 앉아 글로 적을 때까지는 이런 상태가 이어질 것 같았다.

그는 내 질문을 무시했다. 다시 한 번 재촉할까 하던 참에 그가 나로선 도무지 이해할 수 없는 미묘한 행동을 했다. 그는 입술을 오므렸고, 막 떨어진 낙엽처럼 말라서 갈라진 입술에 두터운 주름이 잡혔다. 너무나 평범해 보이는 그의 인간적인 모습에 놀랐고, 그의 실체가 무엇인지 애써 떠올려야 했다.

악마.

주위에서는 만사가 기계처럼 요란한 소리를 내며 착착 돌아가고 있었다. 사람들은 다른 소리엔 신경도 안 썼고, 일상의 톱니바퀴 사이에 들어온 침입자를 알아채지 못했다. 첫날 저녁 카페에서도 그랬다. 식사하던 사람들은 일상의 단조로운 소리에 귀가 멀어 주위에서 어떤 일이 벌어지는지 몰랐다.

"저기 벽에 걸린 시계 소리가 너무 요란하군. 방금 깨달았소. 그런 상태가 얼마나 오래 이어졌는지 당신에게 설명할 수 없다는 걸. 이전의 내 삶 말이오. 재미있지 않소? 그런 걸 설명할 수 없다니. 당신은 달력을 가리키며 생일이 언제라고, 5년 전에 결혼했다고 말할 수 있잖소. 하지만 나는 추측할 수조차 없소. 무한히 긴 시대가 지나갔을 거요. 수천 년. 여러 시대. 아니면 실은 잠깐에 불과했을 수도 있지. 모르겠소. 시간보다 앞서 존재하는 이에게는 한 시대가 하루처럼 지나갈 수도 있지만, 누가 그것을 알겠소? 소설에 등장하는 연인들에 관한 진부한 대사, 상투적인 문구가 있지요. '시간은 아무 의미가 없었다.' 우리가 바로 그런 상태였소. 우리의 처지, 우리가 놓인 상황의 모든 측면, 온전한 존재 목적에 마음을 빼앗겨 황홀해하고 있었지. 그때는 황금기였소. 거기에 비하면 이후의 모든 시대는 희미한 그림자에 불과할 거요." 그는 받침접시에서 티볼을 집어 이음새 부분 양쪽을 눌렀다. 힘 조절을 잘한 덕에 젖은 찻잎 덩어리가 빠져나오지 않고 티볼이 열렸다. "그 모두가 한 번의 눈길로 끝났소."

"'한 번의 눈길'이라뇨?"

"뭔가 새로운 일이 어떻게 시작되던가요? 혼외 정사가 어떻게 시작되는지 아시오?"

"모릅니다."

그는 나를 빤히 쳐다봤다. "그럼 내가 말해 주리다. 한 번의 눈길로 시작되오. 한 번의 생각과 함께. 그 생각을 행동에 옮길 가능성과 더불어. 내 주인을 가장 닮았다고 할 수 있는 당신네들의 나르시스 신화를 보시오. 그도 호수에 눈길 한 번 줬다가 거기에 비친 자신의 모습에 심취하게 되었지." 그는 티볼을 잔에 집어넣었다. 그리고 이제껏 입도 안 댄 차를 한동안 말없이 휘저었다. "클레이, 당신에게 뭔가를 말하고 싶소. 비밀을 하나 말할 거요. 감히 속삭일 엄두도 안 나는 비밀이지. 당신이 오늘 대화를 글로 적으면 다른 대화들과 함께 책의 일부가 될 것 아니오. 지금 말하는 대목을 실은 페이지를 가장 먼저 썩어 버리라고 저주하고 싶소. 이게 모든 일의 중심이 되는 이야기만 아니라면 말이오."

문득 피리 부는 악마가 음악이 아닌 말과 이야기로 나를 유혹해 미지의 종말로 끌고 가는 장면이 그려졌다.

"나는 엘로힘의 과거와 현재와 미래의 모든 면모로 인해 그를 경배하고 찬양하며 황홀경에 휩싸여 있었소. 그때 나는 한 팔을 들어 눈을 가리고 있었지. 셰키나 영광은 우리에게도 너무나 큰 것이었거든. 나는 그 영광, 그 뜨거운 영광을 느끼며 울었고 내 눈물 때문에 숨이 막힐 지경이었소. 그 순간 하나님에 대한 인식이 너무나 크게 다가와 나를 압도했기 때문이오. 언제나 그런 식이었소." 그는 나를 본다기보다는 나를 통해 뭔가 다른 것을 보는 듯했다. "그러나 이번에 팔을 내렸을 때 내 눈에는 눈물이 프리즘처럼, 빛나는 태양 쪽으로 들어 올린 크리스털처럼 맺혀 있었소. 나는 동산의 아름다움, 그것을 채우고 있는 내 동류의 굴절된 아름다움을 멍하니 바라보았소. 그런데 갑자기, 그 눈부신 하늘군대의 나머지 모두보다 더 찬란하게 빛나며 돋보이는 존재가 눈에 들어왔소. 눈물의 렌즈를 통해 보는데도 그 모습에 눈이 멀어 버릴 것만 같았소. 그래서 나는 비늘을 떼어 내듯 눈물을 닦아 냈지."

"루시퍼." 내가 속삭였다.

그가 부드럽게 말했다. "그렇소. 우리의 군주이자 통치자께서 내려와 들판에 자라는 수많은 밀과 같은 우리 사이에서 거닐었소. 눈이 부셨어! 맹세코 말하지만 내 눈이 멀어 버린 줄 알았소. 그런 상태를 헤아릴 수 있겠소? 당신이 그걸 이해할 수 있을까? 그의 머리는 당신네 태양보다 찬란했소. 그의 날개는 수은도 초라해 보이게 할 만큼 순수한 금속 같았고 보석이 알알이 박힌 장신구를 잔뜩 모아 놓은 것처럼 빛났소. 많은 크리스털이 촘촘히 박혀 있는 것처럼 빛나는 그 모습은 번쩍이는 거대한 다이아몬드를 연상케 했지. 그의 손과 발조차도 맑은 얼음처럼 완벽했고, 설화석고처럼 매끄러웠소. 그러나 정말 나를 압도한 것은 그 **능력**, 능력과 매력이었어. 그때 나는 하나님 아래 가장 위대한 존재 앞에 서 있다는, 어떤 면에서 새로운 사실을 알게 되었소. 그 모습이 내 마음을 흔들어 놓았지. 그는 빛이요 영광이요 나의 아름다운 분이었소!" 그는 눈을 감고 말했는데, 한 단어 한 단어가 내 앞에 돌멩이처럼 묵직하게 떨어져 내렸다.

루션은 뺨을 한 손에 기댔다. "그리고 내 군주 루시퍼는 내 마음의 소리를 들으시고 나에게로 눈을 돌리셨소. 그 시선, 그렇게 나를 주목하는 눈길을 오랫동안 직접 받는 것은 감당할 수 없는 일이었지. 나는 황홀경에 사로잡혔소. 그의 눈빛에 마비되었고 그의 완전함에 얼어붙은 듯했소. 이전에 엘 앞에서 백만 번이나 그랬던 것처럼 나는 엎드렸소. 하지만 이번에는 루시퍼에게 엎드린 것이었지. 내 마음은 그를 찬양했소. 그 안에 드러난 창조주의 솜씨나 하나님 밑에서 그가 맡은 직분 때문이 아니라, 순전히 그의 훌륭함 때문이었소. 루시퍼도 그것을 알았고."

"그렇게 해서 악마가 되었습니까?"

"아니오. 유혹을 받는 건 죄가 아니오."

오브리 생각이 났다. 나는 그녀가 선을 넘은 시점을 몰랐다. 불륜을 행동에 옮기기 전, 마음으로 그녀가 나를 배반한 때가 정확히 언제였을까. 어느 순간에 나는 그녀를 잃었을까. 그 시점을 짚어 내려고 기를 쓰면서 스스로를 괴롭힌 바 있었다. 심지어 그녀가 떠난 후에도 전화 영수증, 신용카드 명세서, 발신자 내역을 샅샅이 조사했다. 마지막 한 달간 그녀가 참석한 외부 회의나 출장 일정을 전부 재구성해 보고 분노했다. 부질없는 집착이었다.

악마는 손을 따뜻하게 하려는 듯 찻잔을 감싸 쥐었다. 그런 인간적인 모습이 어딘가 괴이하게 느껴졌다. 그가 말했다. "그 순간 루시퍼가 본 것이 무엇일까, 지금도 가끔 궁금하다오. 자기 앞에 엎드린 하급 천사, 나름대로 아름답기는 하지만 자신과 비교하면 흐릿한 존재를 보았을까? 아니면 나르시스를 제대로 비쳐 주지 못한 호수처럼 내 모습에서 희미하게 자신의 그림자를 봤는지도 모르지. 난 모르겠소. 그가 왜 나를 쳐다봤는지도 모르겠소. 그는 나의 찬사를 느끼고 흡족해한 것 같소. 아니, 그랬다는 걸 난 안다오."

"그걸 어떻게 압니까?"

"느꼈소. 명심하시오. 우리는 당신과 같지 않소. 우리가 뜻을 같이할 때는 한마음을 가진 군대가 되는 거요. 완벽한 군대지. 그래서 그가 엘로힘에게서 시선을 떼고 나를 보고…… 마침내 자신을 쳐다봤을 때 난 그의 마음을 느꼈소. 그렇게 생겨난 파문은, 완전한 의식을 공유하는 우리 사이에 도미노 쓰러지듯 하나둘씩 퍼져 나갔소. 그러나 당신네 도미노의 상아빛 조각들이 쓰러지면서 내는 청아한 소리와 달리, 그 소동의 힘은 노호소리, 우렛소리로 들려왔소. 완벽한 구조가 깨어지는 소리를 천사가 듣는 것이 어떤 일인지, 당신은 이해 못할 거요." 그는 이마를 문지르고 콧날을 꼬집었다. "귀가 먹먹했소……. 귀가 먹먹했어. 루시퍼는 그 광경에 용기를 얻어 떨치고 일어났소. 그의 눈은 무시무시했고 태도는 단호했지. 그 얼굴 표정은 더없이 아름답고 장엄했소! 그 광경은 내 정신의 망막에 새겨져 영원히 지워지지 않을 거요, 완전한 기억을 천형天刑으로 받았다고 할 수 있지."

그는 손을 내리더니 벌떡 일어났다. "뜨거운 물 더 필요하오?"

4

그가 모퉁이를 돌아 카운터 쪽으로 사라지는 모습을 보면서 나는 그가 돌아오지 않을 거라고 확신했다. 하지만 놀랍게도, 잠시 후 그는 작은 물그릇을 가지고 돌아왔다. 그는 내 잔에 물을 채워 주고는 자기 잔에도 한 방울 떨어뜨렸다. 그의 잔에는 더 이상 들어갈 여유가 없었다. 한 모금도 마시지 않았으니까.

나는 내 찻잔을 바라보았다.

그가 그것을 보고 손짓했다. "계속 들어요. 당신이 마시는 걸 보고 싶으니까."

"사람들의 이런 모습을 수백 년간 봤을 텐데요."

"수천 년이오. 하지만 아무리 봐도 질리지 않을 거요. 그렇게 일시적인 것에서 즐거움을 얻는 기분이 어떤 걸까, 궁금해하는 일이 좋으니까."

나는 한 모금 들이켰다. "한 가지 물어보고 싶은데요."

"얼마든지." 그는 고개를 상당히 앞으로 기울이며 자세를 고쳐 앉았다.

"그 부분에 대해서는 내게 말하고 싶지 않았던 것 같은데, 당신의" 여기까지 말하고 나는 잠시 머뭇거렸다. "배경 말이에요. 그런데 왜 그걸 말하는 겁니까?"

그때 문득 이상한 느낌이 들었다. 어린 시절 어둠이 무서워 쫓기듯 지하실 계단을 허겁지겁 뛰어오를 때면 으레 시달리던 느낌이었다. 느낌은 이런 생각과 겹쳐졌다. '그의 패거리가 여기 있는 건가? 그가 이렇게 내게 오는 사실을 그들도 알고 받아들인 걸까?'

"당신, 지금 그와 함께 있습니까?" 나는 충동적으로 물었다.

"뭐요, 지금 말이오?"

나는 고개를 끄덕였다.

그는 나를 야릇하게 쳐다보았다. "진심이오? 세상에, 그렇구먼. 아니오, 물론 아니지. 당신도 그렇고 그도 그렇고, 나 역시 한 번에 한 장소에만 있을 수 있소. 정말이오. 텔레비전을 너무 많이 봤군." 그는 시계를 쳐다보았다. 시간을 재는 듯했다. 갑자기 불안해졌다. 보통 때는 내 불편함을 잘 감지하던 악마가 자기 생각에 빠져 있는 듯했다. 마침내 그는 팔짱을 끼고 말했다. "사람들이 떠들어대는 이야기를 들으면 모든 일이 천치 같은 짓처럼 보인다니까. '루시퍼는 교만했고 하나님처럼 되고 싶었다. 그가 반란을 일으켰을 때 천사의 삼분의 일이 그를 따라갔다.' 나는 이런 유의 이야기를 셀 수 없이 들었소. 당신네들 교회에서도 들어 봤지. 하지만 당신이 알아야 할 게 있소. 우리 모두가 교만했다는 거요. 그리고 루시퍼, 그는 하나님의 동산의 통치자였소. 그가 충성의 맹세를 받는 군주처럼 우리에게 손을 내밀었을 때, 그에게 충성을 바치는 것이 너무나 자연스럽고 옳게 보였어. 한동안, 혹은 시간의 경계가 없었으니 달리 얼마가 되었건 그동안, 우리는 엘을 잊었소. 그리고 그때 나는 루시퍼의 생각을 너무나 분명하게 들었소. 마치 주먹을 치켜들고 목소리를 높여 소리친 것 같았지. '너희가 나를 찬양해선 안 될 이유가 무엇이냐? 내게 엎드려 절하지 않을 이유가 무엇이냐? 나는 너희의 완벽한 군주가 아니냐? 나는 너희보다 백만 배나 강한 힘과 천 배나 더한 아름다움과 측량할 수 없는 힘을 가지지 않았느냐? 지금 보아라! 나는 하늘로 올라갈 것이다. 엘의 별들 위로 내 왕좌를 올릴 것이니라. 나는 거룩한 산에 앉을 것이니라. 영광의 구름 위로 올라갈 것이니라. 내가 바로 지극히 높은 자처럼 될 것이다.'"

그는 다시 내게서 눈길을 거두었다. 그의 일부가 그곳, **당시의** 에덴으로 돌아가 있음을 알 수 있었다. 그의 입술 끝이 약간 올라갔지만, 그 미소는 유쾌한 것이 아니었다.

"한순간 전, 영원의 한 조각만큼 전이었다면 나는 그것이 신성모독이요 천국으로부터 독립을 선언한 저주받을 야망임을 **알**

앗을 거요. 알았을 거라고! 그러나 그 순간 그의 논리는 완벽했소. 그런 피조물에게서 어찌 그보다 못한 것이 나올 수 있겠소? 엘로힘의 가호 아래 있을 때, 그는 정말 그럴 자격이 있는 존재로 보였소. 그는 신처럼 보였소. 얼마나 매력적이었던지 나는 그가 하나님**이길** 원했소." 루션은 티볼을 집어 들고 자기 찻잔에 집어넣었다. 받침접시로 물이 튀었다.

"그는 그것을 알았나요?"

"어떻게 모를 수 있었겠소? 대놓고 말한 것은 아니지만, 그를 따르는 우리도 뭔가 더 위대한 존재가 될 거라는 생각이 넌지시 전제되고 있었소. 그는 신이 될 테고 우리도 그와 같이 될 거라는 생각이었지.

하늘군대의 다수는 이 균열로 생겨난 부조화의 우렛소리에 충격을 받고 서 있었소. 그래도 나는 많은 다른 천사들처럼 그 앞에 엎드렸지. 그 행위와 더불어 한 부대의 운명이 정해졌소. 아직 창조되지 않은 시간이 우리에게만 유령처럼 똑딱이기 시작한 거요. 당시에는 우리도 그것을 몰랐소. 푹 빠져 있었던 거요. 우리는 에덴 안의 그 빛나는 영토에 자리 잡은 루시퍼의 왕좌로 달려갔소. 그곳은 더 뻗어 나가야 할 통치의 자리였고, 우리는 떨치고 일어나 새 질서를 열어 갈 준비를 했소. 그 왕좌를 옮길 작정으로 그것을 붙잡았지. 손에 잡히던 감각이 아직도 생생하군. 이해가 되오, 클레이? 아냐, 그럴 리가 없지!"

그가 무슨 일을 하려는지 미처 알기도 전에 그는 내 손을 잡았다. 그의 손바닥에 닿은 내 피부가 얼얼했다. 나는 흠칫 놀랐지만 그는 서점에서처럼 내 손을 꽉 쥐었다. 나는 잡힌 손을 빼낼 수가 없었다.

"그 황금의자는 뜨겁게 불타는 영광, 루시퍼의 영광이었소. 그것에 손대는 순간 나는 낙인이 찍혔소." 그가 내 손을 더욱 세게 쥐면서 말했다. "뜨거운 다리미에 손이 달라붙듯, 살과 금속이 붙어 버린 거요. 하지만 나는 손을 놓기는커녕 더욱 강하게 붙들었소. 하얗게 불타는 내 살을, 내 변형의 행복한 대가를 만끽했소."

손이 얼얼하더니 통증이 느껴졌다. 그의 양손은 인간의 것이라 할 수 없을 만큼 뜨거웠다. 그 순간 나는 그것을 느꼈다. 아드레날린처럼 내 혈관을 타고 흐르는 권력의 황홀감. 내 심장의 울림이 점점 더 빠르게 들려왔다. 조금 지나자 심장발작을 일으킬 것만 같았다.

마라톤을 완주할 수 있을 것 같기도 했다.

악마의 목소리가 멀리서 들려왔다. "나 역시 평범한 천사 이상의 존재가 될 것 같았소. **이것이** 나를 바꾸어 줄 거라 생각했소. 타는 듯한 아픔은 고통이 아니라 **연금술**이었소!"

트랙 조명, 벽에 붙은 전단지들, 이국적인 차茶가 담긴 통들이 의식의 주변부로 밀려나 희미해졌다. 대학 시절 장애물 경주를 하다 사타구니 주변의 근육이 손상된 적이 있었다. 그때 충격이 너무나 크고 다친 부위로 피가 몰리는 바람에 기절할 뻔했다.

지금 기분이 그때와 비슷했다. 속이 메슥거리지 않고 시야가 터널처럼 좁아지지 않는다는 점이 다를 뿐이었다. 오히려 시야가 넓어지더니 무대 양편으로 미끄러져 들어가는 커튼처럼 현실이 의식의 가장자리로 밀려났다.

멀리서 뭔가 스치는 소리가 들려왔다. 소리는 천 개의 날개가 부딪치는 것마냥 커졌다. 마치 사방 16킬로미터 너비의 대형 조류 사육장에 들어선 기분이었다. 그곳에는 날개 달린 거대한 피조물들이 가득했다. 그들의 몸이 사방에 빽빽이 들어차서 가끔씩 눈에 들어오는 빛 조각 외에는 아무것도 보이지 않았다.

루션의 말이 들려왔다. "우리의 열정이 나를 도취시켰소. 우리는 다른 신을 갖게 될 터였소. 그는 우리 가운데서 거닐던 분, 하나님의 총애를 받은 분이었소. 우리와 같은 영으로서 삼층천三層天까지 올라가 출입하도록 허락받았으나 거주 허락은 받지 못한 분이었소. 그리고 우리는 그와 함께 떨치고 일어나 그곳에 침입하여 그의 왕좌를 세울 생각이었소. 새로운 신의 어전에 들어가 그 옆에서 허리를 펴고 당당하게 거닐며 자랑스러워할 것을 기대했지."

악마가 불러일으킨 환상과 더불어, 나는 비범한 형체가 소음을 뚫고 올라와 거대한 위용을 드러내는 광경을 보았다. 아니, 느꼈다. 그의 몸 때문에 빛이 가려져야 할 것 같은데 희한하게도 빛은 더욱 강해지는 듯했다. 나는 그 거대한 형체가 태양빛을 반사하는 거울처럼 자신의 광채를 아래에 있는 무리에게 비추고 있음을 알았다.

'보라, 루시퍼의 빛이다!'

대학 시절 심심풀이로 잠깐 손을 댔던 그 어떤 약물과도 다른 황홀감에 도취되어 몸이 붕 떠오르는 듯했다. 어떤 불법 합성 마약도, 어떤 순수 코카인도 비길 바가 아니었다.

그때 내 손을 쥐고 있던 손이 갑자기 풀렸다. 진공청소기 코드가 다시 말리듯 나는 순식간에 식탁으로, 나 자신에게로 돌아왔고, 깜짝 놀라 숨이 막히면서 어찌할 바를 몰랐다. 목숨이 위험할 만큼 깊은 물속에 들어갔다가 물 밖으로 고개를 내민 사람처럼 폐 깊숙이 숨을 들이마셨다. 찻집의 전깃불이 수술실 불빛처럼 밝게 느껴져 눈이 부셨다. 딱딱한 의자가 아래에서 내 몸을 강하게 끌어당기는 것처럼 꼼짝도 할 수 없었고, 팔다리는 며칠간 견인치료를 받은 양 뻣뻣했다. 이유는 모르지만 왈칵 울고 싶어졌다. 내 인간의 껍데기와 배 속에서 인간의 감정과 다른 세계의 감정이 뒤섞여 요동치고 있는 것이 또렷하게 느껴졌다.

내 앞에서는 루션이 티볼로 찻잔 바닥을 훑고 있었다.

"뭐죠, 그게 뭐였습니까?" 식탁에 토하지 않을 것 같다는 생각이 들자 나는 물었다.

"기억. 역사. 한때 있었던 일이오." 그는 손을 저으며 말했다.

나를 둘러싼 처량한 인간의 껍데기 속에는 붕 떠오르는 듯한 느낌이 그대로 남아 있었고, 섬광이 지나간 후 잔상이 남듯 빛을 발산하는 형체가 시야에 남아 있었다. 기분이 좋지 않았다.

발가벗겨진 기분이었다. 울고 싶은 충동은 모멸감이 되었다. 농락당한 심정이었다. 내 허락도 없이 마약을 넣은 음료수를 먹이고 인간으로서는 감당할 수 없고, 다시는 바랄 수도 없는 상태에 이르게 만든 것 같았다. 매개체가 마약이 아니라 그라는 점만 다를 뿐이었다.

그가 침착하게 말했다. "내 사과하리다. 내가 그에게서 느꼈던 일체감을 당신도 이해하고 알고 느껴야 할 것 같아서 그랬소."

'그 도취 상태, 그게 그거였구나.' 몸서리가 쳐졌다. 그의 말이 사실이라면 나는 방금 악마와의 교제를 대리 경험한 것이다. 나는 자리에서 일어섰다. 생각보다 다리가 멀쩡했다.

"자, 진정해요." 루션이 양손을 벌리며 말했다. 그러나 나는 재킷을 집어 들고 단호하게 문밖으로 나왔다.

거리로 나서자 곧 내가 바보같이 굴고 있다는 생각이 들었다. 연인과 말싸움을 하다 홧김에 뛰쳐나온 사람처럼, 이제라도 돌아가야 하지 않을까? 혹시 이것이 끝은 아닐까? 그자가 다시는 나타나지 않고 이대로 모든 게 끝나는 건 아닐까? 이런 생각이 밀려왔다.

그런 생각은 전혀 위안이 되지 않았다. 오히려 두려움이 느껴졌다. 이것이 끝이라면, 전에는 몰랐지만 이제는 떨쳐 버릴 수 없게 된 질문들에 대한 답이 담긴 **그 무엇**, 더 큰 세상으로 가는 문도 닫혀 버릴 것이다. 그렇게 되면 그의 말대로 이것이 나와 무슨 상관이 있는지 알 수 있는 기회도 사라질 것이다. 그 점이 무엇보다 신경이 쓰였다. 안 그래도 그것 때문에 초조해지던 터였다. 이제 나는 어떻게 될까? 뭔가 더 있다는 걸 알면서, 거기에 접근할 수 있는 수단을 스스로 던져 버렸음을 깨닫고 찜찜하고 답답한 상태로 방황하게 될까? 그가 한 말에, 글로 적어 머리에서 몰아내기 전까진 밤새도록 머릿속을 맴도는 그의 말에 끝없이 시달리게 될까?

무슨 말을 어떻게 해야 할지 모른 채 찻집으로 돌아갔다. 그러나 안쪽 식탁은 비어 있었고, 카운터에 있던 아가씨 중 하나가 찻잔과 물 항아리, 버려진 티볼을 쟁반에 담고 있었다. 찻집을 다시 나서는데 그 대신 그의 말이 나를 따라왔다. 그리고 등 뒤에 달라붙은 망령처럼 천국의 환상과 마귀의 환상을 속삭였다.

5

　양손이 화끈거렸다. 내 눈을 멀게 하고 날개를 녹여 버릴 듯 이글거리는 왕좌에 그을려 양손이 화끈거렸지만 손을 놓지 않았다. 나는 강했다. 강할 뿐 아니라 이곳보다 다섯 배나 중력이 강한 곳에서 온 것처럼 몸이 가벼웠다. 그리고 루시퍼가 있었다. 그는 더 높은 하늘들로 치솟고 있었다. 너무나 밝은 그의 빛 때문에 다른 천사들은 날개가 거의 반투명 상태인 듯하고 그들의 몸은 하얀 불꽃처럼 보였다. 우리도 변화되었다는 생각이 들 정도였다. 그런 훌륭한 피조물과 일체감을 느낄 수 있다는 사실이 너무나 감사해서 어찌할 바를 몰랐다. 새롭고 놀라운 일이었다. 이 새로운 자기 인식에 내 불멸의 가슴은 벅차올랐다. 나 혼자만이 아니었다. 나는 똑같이 경이감에 사로잡힌 세라핌들, 대천사들과 손을 맞잡고 소리를 질러 댔다. 우리는 그의 영광을 목격했다. 무릎을 꿇었다. 이제는 돌이킬 수 없고 충성의 맹세를 철회할 수도 없다. 우리는 돌이킬 수 없는 언행으로 이전까지 만족하며 누리던 삶을 내던져 버렸다.

루시퍼가 자석이라도 되는 듯 그에게 이끌려, 우리는 그의 뒤를 따라 하늘로 날아올랐다. 단 하나의 의지, 루시퍼의 의지가 우리를 사로잡고 있었다. 하늘을 가리는 그의 넓은 날개, 별들을 초라하게 만드는 그의 광채, 하늘로 꿰뚫고 올라가는 그 강력한 힘. 그가 우주의 전부였다.

그런데 그 순간 뭔가 일이 벌어졌다. 더 높이 날아오를수록, 하나님의 동산의 정상에 가까이 다가갈수록 피할 수 없는 상황이 벌어졌다는 생각은 더욱 뚜렷해졌다. 그것은 전염병처럼 내 몸을 타고 올라 뼛속에 통증처럼 자리 잡았다. 나는 스스로에게 말했다. 익숙하지 않은 영역에 들어와서 그런 것뿐이야. 이제까지 이렇게 하늘 높이 올라와 하나님의 보좌가 있는 방에 서 본 자는 루시퍼뿐이었잖아.

그러나 그것이 전부는 아니었다. 뭔가 잘못되었다. 나는 영광스러웠지만 벌거벗은 느낌이었다.

우리의 날개가 일제히 퍼덕거리는 소리가 요란하게 울리는 사이, 이상한 것들이 눈에 띄었다. 세라핌들이 질투에 찬 눈으로 나를 바라보고 있었다. 그중 하나는 왕좌에서 내 양손을 떼어 내려고 나를 잡아당기고 있었다. 그 세라핌은 왕좌를 더 잘

잡고 있는 내 자리를 차지하여 루시퍼에게 잘 보이기를 바라고 있었다! 나보다 상급 천사였지만 그것은 문제가 되지 않았다. 야망의 무정부 상태에 빠진 지금, 계급 질서는 내게 의미가 없었다. 나는 그가 미웠다. 이전에는 한 번도 누군가를 치려고 손을 들어 본 적이 없지만 나는 그를 공격해 날개의 일부를 찢었다.

그는 분노로 일그러진 얼굴을 하고는 맹수가 발톱을 휘두르듯 손톱으로 나를 할퀴어 댔다. 그의 적수가 될 수 없었던 나는 울부짖으며 손을 놓고 말았지만 분노로 제정신이 아니었다. 그를 쫓아가 발을 붙들고 그가 아래로 떨어져 버리기를 바라며 잡아당겼다. 나는 새롭고 기이한 말들로 그를 저주했다. 사악한 말들이었다. 어느새 주위의 다른 천사들도 시끄럽게 떠들어 대고 있었다. 각기 동료를 누르고 새로운 신의 총애를 받기로 마음먹은 터라 가장 가까운 자들에 대해 질투에 사로잡혔고 눈에는 적개심이 가득했다. 한때는 영광스러웠던 반역이 우리 마음속에서 완전히 자라나 가증한 모습으로 튀어나왔다. 우리의 열정, 우리의 야망이 폭력으로 터져 나왔다. 더 높이 올라갈수록 폭력은 더욱 심해졌고, 마침내 모든 천사의 얼굴에는 위협이, 모든 세라핌에게는 자신의 강한 힘에 대한 오만함이, 모든 대천사의 눈에는 광기가 서리기에 이르렀다.

우리는 새로운 질서를 발견했고 우리의 신을 지명했으며 세상에 혼란을 가져왔다.

별들은 그것을 참지 않았다. 우리가 이층천二層天 너머로 올라가기 전에 하늘이 빛났다. 다시 분노가 느껴졌다. 그러나 나의 분노가 아니었다. 우리 반역자 무리들에 퍼져 있던 혼란스러운 분노와는 전혀 다른, 의로운 분노였다. 하늘군대가 우리에게 다가오고 있었다. 내가 한때 사랑했던 얼굴들이었다. 나는 그들을 알았다. 그리고 그들의 순결하고 거룩한 능력에 깊은 인상을 받았다. 그들은 우리보다 수가 많았고 나는 처음으로 그들이 가진 힘의 위력을 절감했다. 한때는 나도 그 힘의 일부였건만. 나는 나를 치려고 치켜든 동류의 손들을 보고 두려움을 느꼈다.

두려움이 더욱 컸던 것은 이전에는 두려웠던 적이 없었기 때문이다.

왕좌가 우리 손에서 떨어져, 뒤얽혀 있는 우리의 팔과 날개와 머리를 지나 아래로 멀어져 검은 바다의 빛나는 한 점이 되어 버렸다. 루시퍼의 노호가 내 귀에 울렸다. 나는 겁에 질린 채 한동안 그것을 지켜보았다. 황금 왕좌는 점점 작아지다가 마침내 사라져서 에덴으로 다시 떨어져 버렸다. 나는 초기의 에덴과 너무나 친숙했기에 그곳에 떨어진 왕좌의 모습을 그려 볼 수 있었다. 왕좌는 잊혀진 조화를 나타내는 빛나는 돌들 사이로 산산이 부서져 흩어졌다. 우리 계획이 남긴 물리적 잔해였다. 그러나 광명의 땅 에덴은 어두워져 있었다. 빛은 한 조각도 보이지 않았다. 삼층천 앞에 정렬한 하늘군대의 손들을 피해 더 낮은 곳으로 달아나면서 나는 깨달았다. 이제 빛의 원천은 루시퍼뿐이다. 아무리 멀어도 그렇지, 그 동산의 밝은 돌들은, 우리 군주의 반사된 거대한 광채는 어디 있는가?

　나는 이렇게 멀리 떨어진 곳에서 지구를 본 적이 없었다. 이런 식으로 지구를 내려다본 적도 없었다. 그러나 뭔가 끔찍하게 잘못되었다는 것을 알 수 있었다. 나는 암흑이 그늘진 땅을 삼키고 잉크처럼 그 위를 덮고 육지 위로 솟아올라 땅으로 뻗어 나가는 광경을 보았다. 마침내 암흑은 땅을 통째로 삼켜 버렸고, 동산은 역청 바다에 잠긴 듯 보였다.

　내 세계는 장막으로 덮여 버린 지구처럼 어두워졌다. 우리가 한 일이 검은 망토처럼 다른 모든 것을 가려 버렸다.

　루시퍼는 방향을 바꾸어 천사들의 맹공격으로부터 멀어졌다. 반역자인 나는 달리 갈 곳이 없었기에 그 뒤를 좇아가다가 잠이 깼다. 잠에서 조금씩 깨어나면서 그가 무리를 이끌고 멀어져 가는 모습을 보았다. 길게 늘어선 별들의 밝은 빛, 혜성 하나와 반짝거리는 그 꼬리.

　하룻밤 사이, 천국을 차지하려는 야망과 에덴의 어둠이 내게 집보다, 엉클어진 침대시트보다 더욱 실제적인 것이 되었다. 꿈에 보였던 세라핌의 얼굴은 내가 기억하는 어떤 두려운 모습보다 끔찍했다. 내 몸은 땀에 절어 냄새가 났고 팔에서는 소금기가 느껴졌다. 처음 맛보는 더없이 끔찍하고 적나라한 감정 체험이었다. 불륜을 저지른 배우자를 바라보는 고통도 이렇게 괴롭진 않았다.

내가 찻집에서 나와 버린 것에 대한 루션의 복수인 듯했다. 그렇다 해도, 딱히 그에게 따질 방법은 없었다. 그를 언제 다시 만나게 될지 알 수 없었기 때문이다.

다음 날 아침, 책상에 자리를 잡고 앉아 펜으로 뭔가 끼적거리고 있을 때였다. 문득 심상치 않은 느낌이 나를 사로잡았다. 노트북 컴퓨터를 열고 전원을 켜고 내 일정표를 올렸다.

저녁 10:30. L.

밤 12시. L.

그리고 다시, 새벽 1시와 4시 사이에도 세 번이나 약속이 잡혀 있었다.

L.

L.

L.

6

 물이 바위를 돌아 흘러가듯 파크스트리트 역에서 사람들이 나를 둘러갔다. 호기심 어린 눈으로 힐끔 쳐다보고 가는 사람들도 있었고, 내 눈을 똑바로 쳐다보는 사람들도 있었다. 나도 그들을 빤히 쳐다보았다. 그중에서 나를 알아보는 눈이 있을까 봐 두려우면서도, 한편으론 없을까 봐 두렵기도 했다.
 '내가 미쳐 가는구나.'
 50대의 한 여성이 가던 길을 멈추고 나를 살피더니 친절하게 물었다. "혹시, 길을 잃으셨나요? 도움이 필요하신가요?"
 '너냐, 루션, 이 악마?' 나는 그녀의 눈에서 어두운 번득임, 그 희미한 그림자를 찾다가 몸을 확 뒤로 빼고 말았다. 그녀가 내 소매에 손을 대려 했던 것이다. 그녀는 고개를 가로젓더니 가

버렸다. 그때 내 시선이 트렌치코트 차림의 남자에게 쏠렸다. 저 사람, 비싼 시계를 차고 있나? 아니면 저기, 곱슬머리 걸음마쟁이와 함께 있는 젊은 엄마인가. 혹시 지하철노선도를 보고 있는 저 여행객인가……. 아니면 눈 밑에 주름이 있는 저 여자? 손이 거칠었다. 뉴베리스트리트에 있는 여관에서 일했을까? 피곤하고 지쳐 보였다. 그녀에게도 악마가 찾아갔을까?

마침내 몇 걸음 떨어진 곳에서 나를 보고 있는 청년이 눈에 들어왔다. 희미한 콧수염 자국으로 입술 언저리가 지저분했다. 컴퓨터만 붙들고 사는 사람처럼 낯빛이 창백했다. 청량음료와 스낵으로 끼니를 때우는 사람에게서 볼 수 있는 얼굴이었다. 뒤통수에서 튀어나온 갈색의 짧고 억센 꽁지머리는 단추를 채우지 않은 긴 재킷의 구겨진 칼라로 반쯤 가려져 있었다. 마른 체형에 비해 재킷이 커서 어깨에 느슨하게 걸려 있었다. 중고 상점에서 막 옷을 사 입고 나온 것 같은 비쩍 마른 모습이 거지처럼 보일 수도 있었겠지만 왠지 록밴드 멤버 같은 묘한 매력을 풍겼다. "동물은 맛이 좋아"라고 적힌 빛바랜 티셔츠와 그의 침착한 모습이 어우러져 내는 효과인 듯했다. 나는 그 나이 또래일 때 누더기 청바지 차림으로 씩씩하게 다니는 사람들을 보면 주눅이 들곤 했다. 평가라도 하듯 상점 계산대의 스캐너처럼 위아래로 훑어보는 눈길을 받으면서, 그 점에 있어선 성년이 된 지금도 달라지지 않았다는 것을 알았다. 갑자기 내가 걸치고 있는 에디 바우어 재킷과 편한 가죽신이 허세에 불과하고 격에 맞지 않다는 생각이 들었다.

"여기 하루 종일 서 있을 거예요?" 그가 물었다. 재치 있게 받아칠 말을 궁리했지만 하나도 떠오르지 않았다. 고등학생 시절 네이션 사일즈가 날 놀려 댈 때도 그랬다.

나는 그를 따라 계단을 올라가서 트레몬트스트리트로 나왔다. "이제 네이선 걱정은 안 해도 돼요." 그의 말에서 평범한 인간의 모습과는 어울리지 않는 이상한 말씨를 느낄 수 있었다. "몇 년 전에 죽었거든요."

내 꿈을 강탈해 간 녀석에게 욕을 퍼부어 주려던 나는 그 말을 듣고 멈칫했다.

"몰랐어요." 네이선 사일즈 같은 사람들은 나로선 여전히 건드릴 수 없는 존재였다. 플란넬 셔츠와 전투화 차림의 그들은 사회에 맞설 준비가 되어 있었다. 위험한 상황에 가장 대비가 덜 된 이들은 화이트칼라였다.

악마가 어깨를 으쓱했다. "알아야 할 이유라도 있나요?"

"어쩌다가?" 나는 약물과다, 알코올중독, 오토바이 충돌 사고를 떠올렸다. 칼부림이었을까.

그는 첫날 저녁 에사드의 식당에서 보았던, 보이지 않는 곤충 무리를 향해 고개를 기울였다. 나는 몸서리를 쳤다.

"뱃놀이 사고였네요. 미주리 강에서. 물에 빠져 죽었고 아내가 남았군요. 아, 자녀가 셋. 더 알고 싶은 게 있나요?"

"아닙니다." 나는 멍하니 있다가 다시 말했다. "아뇨." '가족.

아이들. 네이선 사일즈도 행실을 바로잡고 똑바로 살았구나. 그런데 나는 결혼생활을 5년도 이어 가지 못했어.' 죄책감이 들었다. 행실이 어떻건 네이선은 죽었다. 세상일은 왜 늘 그렇게 되는 걸까?

"세상일이란 게 원래 그래요." 그런 말을 하기에 그는 너무 어린 모습이었고, 진짜 나이가 몇이건 상관없이 지나치게 무심한 말투였다.

"그만 해요! 내 생각 좀 그만 읽으라구요! 그리고 그 꿈은 어떻게 된 겁니까? 어떻게 그럴 수가 있어요?" 내가 그에게 따지는 소리를 듣고 한 커플이 걸음을 멈추고 우리를 쳐다봤다. 내가 늘 멀리하던 사람들, 지금 내 모습이 바로 그랬다.

"다른 수가 있었을 것 같아요? 다른 도리가 없었다고요. 당신이 **알아야** 해요. 다른 수가 없었어요." 그는 첫날 저녁 카페에서도 비슷한 말을 했었다. 그 말의 메아리를 지금 들었는데, 그와 더불어 첫날 대화의 파편과 조각들이 스치고 지나갔다.

"다음번에는 그냥 내게 말해 주는 게 어떻습니까?" 그렇게 말했지만 머릿속에는 첫날 들었던 말이 계속 되풀이되고 있었다. 헤드폰을 끼고 소리를 지르는 심정이었다. 머리를 쥐어뜯었다. 그야말로 히스테리에 빠지기 직전이었다. 그동안 통 잠을 자지 못했다. 지난 2주 동안 체중이 많이 빠져서 바지가 헐거워졌다. 평소 같으면 좋아했겠지만 상황이 상황인지라 다소 걱정되었다. 게다가 직장 일이 너무 밀려 일자리가 위태로워지는 것은 아닌가 하는 생각도 들었다. 편집 회의에 마지막으로 출간 제안서를 제출한 지가 두 달이 훌쩍 넘었고, 편집 회의를 통과한 제안서들을 진행시켜 판매 및 마케팅 부서 담당자가 참석하는 출간회의에 내놓는 일도 늦어지고 있었다. 에이전트들과 작가 지망생들이 보낸 출간 의뢰서와 원고 샘플이 책상에 엄청나게 쌓여 캐비닛에 다 안 들어가는 자료를 보관하려고 내 서가에 공간을 만들어 낼 수밖에 없었다. 받은메일함에는 100통이 넘는 이메일과 열네 개의 음성메일이 있었고, 이번 주말 전까지는 읽고 들어 보리라는 망상에 사로잡혀 계속 재저장하고 있었다. 설상가상으로, 오늘 아침에는 가슴과 겨드랑이와 등에 오돌토돌 발진이 난 것을 보았다.

"클레이, 당신에게 할 말이 너무 많아요. 시간은 너무 적구요."
그의 말과 함께 이전에 나눈 대화들의 메아리가 잦아들었다. 고개를 가로젓는 그의 모습에서 젊음이 느껴지지 않았다.

"그거 알아요? 당신, 시간에 집착하고 있어요."
"당신도 그렇게 될 거예요. 그렇게 되어야 할 겁니다."
"무슨 말이에요?"
"갑시다. 멋진 날이군요."

보스턴커먼공원은 계절의 마지막 따뜻한 날을 즐겁게 보내려는 사람들로 생기가 넘쳤다. 유모차를 밀고 가는 커플들. 부자 티를 내며 개 산책을 시키는 명문가 사람들, 누비이불을 두르고 웅크린 채 졸고 있는 커플들이 있었다. 남녀 혼성 축구 경기가 잔디밭에서 벌어지고 있었다. 사방에 낙엽이 없는 곳이 없었는데, 나무들이 밤새 가을의 퍼레이드를 하며 곳곳에 빨강, 노랑, 오렌지 색 종이 조각을 남겨 놓은 것 같았다.

보스턴커먼공원은 작년 7월 4일 이후로는 안 와 봤다. 그때 댄과 쉴라, 오브리와 나는 불꽃놀이를 잘 보려고 풀밭에 자리를 잡고 앉았다. 그날 오브리는 쌀쌀맞았고, 그녀의 우울한 모습 때문에 나도 짜증이 났었다. 그리고 이틀 후, 나는 리처드가 보낸 이메일을 발견했다.

이제 나는 다시 이곳에 왔다. 악마, 아니면 재능은 있지만 제정신이 아닌 최면술사와 함께. 그가 악마가 아니라고 생각할 여지는 거의 없었지만, 그래도 나는 실낱 같은 가능성이나마 포기할 수 없었다. 작년 7월 4일의 기억은 내 새로운 생활만큼이나 현실과 거리가 먼 일처럼 느껴졌다.

우리는 군인기념비 쪽으로 걸어갔다. 퍼블릭가든 방향이었다. 에덴의 암흑, 빛의 불꽃같은 루시퍼, 밝은 천체들의 은하수를 이루며 뒤를 따르던 천사들이 지금도 눈앞에 아른거렸다. 그러나 이야기를 더 듣기 전에 알고 싶은 게 있었다.

"첫날 저녁에 당신은 큰 위험을 무릅쓰고 찾아왔다고 했어요."

"그랬죠."

"어떤 위험입니까?"

루션은 설명하는 데 몹시 힘이 드는지 무겁게 한숨을 내쉬었다. "내가 위험을 감수했다는 걸로 충분하지 않나요?"

나는 대답하지 않았다.

"이것이 대단히 이례적인 일이라는 데는 당신도 동의할 겁니다." 마침내 그가 입을 열었다.

'정말 점잖은 표현이군.'

"좋게 보지 않을 겁니다. 내가 당신과 이렇게 말하는 거."

"누가 말이지요?"

"그들 중 누구라도. 우리. 이 정도면 충분히 말했어요. 이런 대화는 내 뜻에 도움이 안 돼요."

"당신의 뜻? 내 뜻은 어떻고? 그거 알아요? 나는 밤새도록 하늘에서 떨어졌어요. 그리고 녹초가 되어 버렸지."

"원하는 게 뭡니까, 클레이?" 피곤하다는 목소리였다. 그것을 듣자 부아가 치밀었다.

"이유를 알고 싶어요! 이 일이 당신에게 위험하다고 했잖습니까. 게다가 나는 이 일이 내게 어떤 파장을 몰고 올지 전혀 모릅니다. 그렇다면 적어도 당신이 왜 이 일을 하는지는 알려 줘야 할 것 아닙니까."

"이미 말했잖아요. 당신은 안전해요. 당신 말대로 어떤 '파장'이 생긴다면 그것은 모두 당신이 만들어 내는 일일 뿐이에요. 내가 이 일을 하는 이유도 이미 말했어요. 같은 질문에 두 번씩 답하는 데 우리 시간을 허비하지는 않을 거요."

나는 그가 다시 대답하면 약간의 세부 정보라도 더 얻기를 바라고 있었다. 그가 말한 이유들을 도저히 이해할 수 없었기 때문이다. 악마가 왜 회고록을 출간하고 싶어 한단 말인가? 왜 내 손을 거쳐서? 앞서 그는 내 영혼을 담보로 거래를 하러 온 거냐는 내 첫 번째 반응을 비웃었다. 그러나 다시 물어본다고 그가 짜증을 내도 그냥 물러설 순 없었다. 뭔가 더 있을 거라는 느낌을 피할 수 없었다.

"나는 루시퍼가 당신을 이끌고 가는 건 봤지만, 목적지는 보지 못했어요."

악마는 내 옆에서 터벅터벅 걸어갔다. 그의 창백한 피부와 검은색 부츠는 세련된 빨간 머리나 당당한 흑인의 모습과는 딴판이었다. "우리는 그가 우리만의 공간, 그가 만든 곳으로 우릴 데려갈 줄 알았어요. 그렇게 단시간에 그가 정말 신이라도 된 것처럼, 그가 우리를 아끼고 그 동산을 재건하고 우리 가운데 거닐기라도 할 것처럼 생각한 거지요. 그러나 그는 우리를 어디로도 이끌지 않았어요." 그는 고개를 들어 나무 꼭대기를 바라보았다. 나뭇가지들이 나이든 사람들의 숱 적은 머리 같았다.

"달리 갈 곳이 없었어요. 우리는 두려워하며 지구 가장자리를 떠다녔어요. 두려움과 침묵이 우리를 감쌌지요. 나는 에덴을 갈망했어요. 에덴은 어두운 물 아래 가라앉았고 그 안에 있던 보석들의 아름다운 깎은 면에는 어둠만이 비쳤지요. 에덴이 그리웠어요. 에덴을 이전처럼 되돌려 받을 수만 있다면 가진 것이 무엇이든 내어놓았을 겁니다."

오브리가 아파트를 떠나던 날이 기억났다.

"그러나 가장 끔찍한 일은 따로 있었어요. 엘이 에덴으로 내려와 물 위로 몸을 펼쳐서 슬픔으로 떨며 그곳을 품은 거예요. 그 슬픔이 내게 전해졌어요. 그것이 내 존재를 흠뻑 적셨어요. 내 옆에는 대천사들이 우울한 얼굴로 모여 있었어요. 우는 이들도 있었어요. 이전에 본 적이 없는 눈물이었어요. 어둡고 후회에 사로잡힌, 기쁨을 빼앗긴 눈물이었어요. 슬픔과 두려움, 그리고 끔찍한 생각뿐이었어요. 내가 신이라면 모든 것을 되돌려 놓을 텐데. 모든 것을 다 지워 버리고 원래대로 되돌려 놓았을 텐데."

"왜 그럴 수 없었죠? 하나님이 왜 그럴 수가 없었나요?"

갑자기 소년은 히스테리컬한 웃음을 터뜨렸다. 입술을 벌리고 이빨을 드러내더니 침을 튀기며 이렇게 말했다. "내가 그 이유를 말해 주지요. 우리는 저주받았기 때문이지요! 물론 그때는 몰랐죠. 내가 어떻게 알았겠어요? 선례가 없는 일이었는데. 그 이전에는 잘못이 존재하지 않았거든요. 최초의 탈선은 루시퍼 스스로 만들어 냈어요. 그전까지 우리는 창조 질서에 따라 창조주를 경배하라는 한 가지 법만 지키고 살았어요. 그런데 어느 순간, 루시퍼의 왕좌가 수천 개의 조각으로 산산이 부서진 것처럼 확실하게, 우리는 그 질서를 깨뜨렸어요."

"아담이 첫 번째 죄인인 줄 알았습니다."

"당신네 인간들은 언제나 자기가 모든 일의 첫 번째라고 생각하고 싶어 하지요."

나는 그의 노골적인 조롱을 무시했다. "당신이 사죄했다면 어떻게 되었을까요?"

"사죄라." 그는 길가에 침을 퉤 뱉었다. "내가 하나 알려 주지요. 사죄라는 게 재미있는 거예요. 절반은 진실하지 못하지. 사죄가 진실한 경우에도, 이미 저지른 일을 되돌릴 길은 없어요. 이런, 내가 당신의 고양이를 치어 죽였군요. 너무 미안해요. 하지만 고양이는 이미 죽었고 입에서는 내장이 흘러나오고 있어요. 새 고양이를 사다 줄 수야 있지만, 그렇다고 해서 달라질 게 있을까요? 내가 당신의 새 고양이를 치어 죽일 기회가 생겼다는 것이 변화라면 변화겠지요. 오브리가 사과했다면 상황이 나아졌을까요?"

나는 대답하지 않았다.

"또 있어요. 우리는 뭔가 일을 저질렀다는 것만 알았지 그것이 결코 돌이킬 수 없는 일인 줄은 전혀 몰랐어요. 그때까지는. 그러니까 후회만 있었지요. 검은 타르처럼 달라붙은 후회가 산酸처럼 나를 갉아 먹었어요.

엘의 영이 마치 온 세상이 죽어 버리기라도 한 듯, 죽음을 알리는 유령 밴시처럼 떨면서 울고 있었죠. 그 소리를 참을 수가 없었어요. 그것은 정말이지 끝도 없고, 벗어날 가망도 없는 고통이었어요. 그 영이 흑암 위에 떠 있는 모습을 보고 있을 수 없어서 시선을 피했는데 그 소리는 어떻게 할 수가 없었지요.

그러나 그보다 더 끔찍한 일은 엘이 우리를 외면했다는 거예요." 루션은 삐져나온 머리 한 가닥을 귀 뒤로 넘기려고 했다. 머리카락이 다시 내려와 볼을 간질이자 그는 그것을 무지막지하게 뽑아 버렸다. 새빨개진 관자놀이 옆쪽 부분이 새하얀 두피 때문에 돋보였다. 그는 그것이 얼마나 괴이한 행동인지 모르는 듯했다. "나는 그 이유를 몰랐어요. 우리가 엘과의 사이에 건널 수 없는 간극이 생겨나게 한 줄 몰랐어요. 우리가 아는 건 하나뿐이었어요. 엘은 우리를 차마 바라보지 못했어요. 아, 그러나 우주의 모든 것이 잘못되었고 그 돌이킬 수 없는 드라마에서 한몫을 했다는 사실을 어느 누가 감당할 수 있겠어요? 이전의 나는 언제나 순간순간을 살았어요. 그때는 그것밖에 없었기도 하지요. 그런데 이제 끝이 보이지 않는 거예요. 후회가 배고픈 벌레처럼 나를 갉아 먹었어요. 내가 인간이었다면 미쳐 버렸겠지요."

'안 미친 거 맞아?' 나는 그의 이상한 웃음을 떠올렸지만 이 말만 하고 말았다. "그래도 끝이 오기는 했군요."

그가 어깨를 으쓱했다. "그런 상태로 보낸 기간이 한 시대뿐이었을 수도 있지요. 그러나 내게는 영원처럼 느껴졌어요."

우리는 말없이 걸었다. 이런 얘기를 들을 때 뭐라고 말하던가? 안 됐군요?

나는 대화 상대가 누구인지 잊어버릴 뻔했다.

악마는 언덕 아래를 가리켰다. "봐요! 개구리 연못이에요. 겨울이 오면 저기로 스케이트 타러 가야지."

루시퍼에 대한 짧은 지식을 갖추게 되었지만, 나는 그가, 아니면 그녀건 그것이건, 하여간 그 마귀가 그 후 아무것도 안 하고 있는 모습이 상상이 되지 않았다. 내가 루션에게 그것에 대해 물어보자 그는 젊은 머리를 가로저었다. "루시퍼는 혼자 지내면서 에덴을 외면했어요. 장난감을 망가뜨리고 던져 버리는 아이 같았지요. 에덴은 그에게 무엇이었을까요? 에덴이 여전히 완전한 곳이었다 해도, 그에겐 망가진 거나 마찬가지였을 거예요. 그의 눈은 하늘을 향하고 있었으니까요. 그 나날……, 그 밤들 동안 우리도 에덴과 마찬가지로 루시퍼에게 없는 것이나 다를 바 없었어요. 그 모두가 하룻밤의 일이자 몇 년간의 고통이었어요. 그동안 루시퍼는 하늘로 고개를 쳐들고 눈을 가늘게 뜬 채 하나님을 바라봤어요." 악마는 눈을 가늘게 뜨고 태양을 바라보았다. "우리는 루시퍼의 빛 가장자리에 모여 있었어요. 그를 제외한 나머지 세상은 모두 암흑이었거든요. 그의 분노가 무서워 감히 더 가까이 다가가지 못하고, 어둠이 무서워 더 멀리 떨어지지도 못한 채 그렇게 있었어요. 그러는 사이, 엘의 영은 내내 지독하게 떨고 있었지요.

　루시퍼는 날이 갈수록 대담해졌어요. 독한 말, 거친 말로 엘을 비난했어요. 나는 하늘군대가 우리를 잡으러 올 거라고, 엘이 우리를 멀리 쫓아 버릴 거라고, 아니, 우리를 소금처럼 들판으로 흩어 버릴 거라고 생각했어요."

　"그가 당신들을 없애 버릴 거라고 생각했나요?"

젊은이가 어깨를 으쓱했다. "나에겐 죽음에 대한 개념 자체가 없었어요. 뭔가 끔찍한 일이 벌어질 거라는 생각은 했지요. 그 무렵에는 그것이 차라리 낫다고 생각하기도 했어요. 그러나 엘은 슬픔에 빠져 있었어요. 루시퍼는 그 모습에 분노했구요."

"그는 왜 두려워하지 않았나요? 총애 받던 천사잖아요. 잃을 게 가장 많았잖아요."

"그랬지요. 이전에 엘은 총애하는 천사의 목소리를 무시한 적이 한 번도 없었어요. 엘의 침묵이 이어지자 루시퍼는 더욱 악의에 찼어요. 그런 적개심은 본 적이 없었죠. 그에 비하면 우리의 폭력 봉기는 애들 싸움 같았어요."

애들 싸움? 꿈에서 본 세라핌의 끔찍한 얼굴이 어른거렸다.

"루시퍼는 고함치며 돌아다녔어요. 우리는 행차에 나선 왕의 뒤로 늘어진 외투자락처럼 그의 뒤를 따라다녔고요. 그러다 우리를 잊어버렸다고 생각했을 무렵, 그가 침묵을 깨뜨렸어요."

우리는 찰스스트리트로 다가가고 있었다. 바로 다음 순간, 이후 몇 주간 뇌리에서 떠나지 않고 거듭거듭 떠오르게 되는 일이 벌어졌다. 조깅에 나선 한 여자가 우리 쪽으로 달려오고 있었다. 그녀는 금발머리에 검은 색 러닝팬츠를 입고 팔에 핑크색 엠피쓰리 플레이어를 달고 있었다. 요즘 나의 유일한 사회생활이 반대 방향에서 오는 여자들을 감상하는 것이라 생각하니 기분이 묘했다.

그나마 그들이 서점의 악마들이 아니라는 보장도 없었다.

그녀가 우리를 지나치려는 찰나, 루션이 발을 헛디디더니 한 손으로 내 어깨를 붙잡았다. 그는 여자가 가던 길의 길목을 가로막게 되었다. 너무나 이상한 사건이었다. 지금까지 그는 언제나 완전히 안정된 모습만을 보여 주었다. 조깅하던 여자는 깜짝 놀랐다. 자칫하면 무릎을 부딪칠 뻔했기 때문이다. 하지만 제때 간신히 몸을 피해 충돌을 모면할 수 있었다. 루션도 내 어깨를 붙잡은 덕분에 넘어지지 않았다. 그 때문에 하마터면 나도 같이 넘어질 뻔했다. 나는 비틀거리며 악마의 손을 밀쳐 내면서 여자의 얼굴에 어린 경계심과 혼란을 보았다. 그러나 우리가 몸의 균형을 바로잡자, 그녀는 루션이 자신을 공격한 것도 아니고 다치지도 않았다고 생각했는지 그냥 앞으로 달려갔다.

루션은 눈을 가늘게 뜨고 그녀의 뒤를 응시했다. 그리고 내가 이해할 수 없는 말로 뭔가를 중얼거렸다.

"왜 그런 거요?" 내가 따졌다. 펑크족 같은 모습만 해도 마음에 들지 않았는데 행동까지 펑크족처럼 해야 했던 걸까?

"당신이 그녀를 원했어."

그 말은 상당히 진실에 가까웠다. 나는 입을 다물었다.

이후 몇 주, 몇 달 동안 나는 이 대화를 거듭거듭 떠올리고, 루션의 가늘게 뜬 눈도 잊지 못하게 된다.

퍼블릭가든 정문 바깥에서 수염 난 남자가 전자기타를 치고 있었다. 기타는 앰프에 연결되어 있었는데, 커먼공원 소프트볼 경기장에서 들었던 음악이 바로 그것이었음을 알 수 있었다. 찰스스트리트를 지나가면서 내가 물었다. "모든 걸 망쳐 놓은 사람에게 퍼부으려고 아껴 둔 특별한 저주가 있나요?"

"우리는 지금 루시퍼 얘기를 하고 있어요. 오브리가 아니라. 그리고 엘은 루시퍼를 저주하지 않았어요." 그는 코트 주머니에서 담배 한 개비를 꺼냈다. 그가 담배에 불을 붙이는 모습이 이상해 보였다. 그가 뭔가를 섭취하는 광경을 본 것은 그때가 처음이었다.

"그는 우리를 쓰러뜨리지도 않았어요."

"그럼 무엇을 했습니까?"

"숨을 골랐지요." 그가 내뿜은 연기가 앞으로 떠가다 솟구치더니 기이한 안개처럼 퍼져 나갔다. "그리고 그 첫 소리를 듣고 우리는 무뎌지지 않는 예리한 지각력으로 알았어요. 뭔가 벌어지려는구나. 뭔가 다른 일이 벌어지겠구나."

"어떻게 알 수 있었죠?"

"이걸 어떻게 설명한다?" 그는 중얼거리고는 근처 쓰레기통에서 떨어져 나온 던킨도너츠 컵을 걷어찼다. "그건 뭔가를 품고 있는 소리였어요. 말하기 직전의 주저하는 듯하면서도 기대에 찬 소리. 그 소리는 소리굽쇠의 높은 진동처럼 우주 곳곳으로 울려 퍼졌어요." 루션이 손가락을 튀기자 보이지 않는 에너지의 물결이 공기 중으로 전해졌고 담뱃재가 튀어 땅바닥으로 떨어졌다.

우리는 방향을 바꾸어 작은 길로 들어서서 줄로 막아 놓은 꽃밭과 둥그런 관목들 쪽으로 향했다. 내가 꿨던 악몽, 타락한 천사들의 모습이 멀어지다 희미해졌던 기억이 났다. 그리고 다시 잠이 들었던 것이다. 그다음에 무슨 일이 벌어졌는지 몰랐다. 알아야 했다. 너무나 분명한 욕구였다. 나는 발걸음을 멈추고 말했다. "보여 주세요."

그는 눈썹을 치켜 올렸다. 뭔가 다른 그럴싸한 말을 기대하는 모양이었다.

"보여 주세요." 내가 다시 말했다.

그는 입에서 담배를 빼어 휙 던져 버렸다. "인간은 정말 이해할 수 없어." 그리고는 내 윗팔을 잡았다.

전날 밤의 경험은 잠이라는 따스한 그릇 속으로 주입된 것이었다. 그러나 이번엔 롤러코스터가 덜컹대며 출발할 때처럼 가슴이 철렁하는 느낌과 함께 시작되었다. 첫 번째 고개의 정상에 이르렀다고 느꼈을 때, 내 앞에 우주가 쫙 펼쳐졌다. 마치 깔때기의 좁은 쪽에 서서 **모든 것**이 열려 있는 바깥을 내다보고 있는 것 같았다. 나는 그 거대함, 내 앞에 무한히 확대되는 공간, 별들을 인식했다. 그리고 어찌된 일인지는 모르지만 그 각각이 엘에게 알려진 이름이 있음을 알았다.

에덴이 있었다. 지난 밤 그 꿈을 꾸었을 때, 아니 꿈에서 보았을 때, 암흑은 움직이는 물체였고, 바위들과 번쩍이는 돌들을 향해 뻗어 가는 살아 있는 타르였다. 이제 에덴은 수의처럼 검고, 시체의 얼굴에서 보는 눈처럼 공허했다. 흐느낌 같은 소리가 들리면서 나 자신의 목소리를 알아들을 수 있었다. 슬픔에 싸인 에덴은 폐허가 되어 있었다. 슬픔의 기념물이 된 그곳을 둘러싼 어둡고 무시무시한 그 무엇이 물 위에서 진동을 일으키고 있었다. 엘의 영이었다.

나는 그 장면을 더 이상 견딜 수 없어서 빠져나오고 말았다. 그리고 잔디밭에 몸을 구부린 채 헉헉거렸다.

악마가 위에서 물었다. "그거 들었어요? 울부짖는 소리?"

"아무 소리도 안 들렸어요."

"인간의 귀라는 게." 사교계에 처음 나서는 금발 여자가 다른 여자의 염색한 금발을 두고 그런 투로 말하지 싶었다.

"내가 뭘 놓쳤나요?"

"물 위로 움직이는 것을 보지 못했어요?"

나는 고개를 가로저었다.

"뭔가 보기는 했어요?"

"어두운 에덴. 그리고 공간요."

그가 눈을 굴렸다. "이봐요, 당신이 놓친 건 말이에요." 펑크족 차림을 한 사람과 전혀 어울리지 않는 말들이 나왔다. "그의 손의 느낌이에요. 엘의 손 말이죠. 그것이 거대한 폐허가 된 세상을 덮고 있었어요. 마치 정을 집어 들기 전, 조각가의 손가락이 대리석 조각을 훑으면서 내면의 눈으로 조각을 해보는 것처럼 말이에요. 당신은 그의 감각이 깊은 곳의 표면을 훑는 느낌을 놓쳐 버린 거예요. 호박에 갇혀 버린 벌레처럼 폭력의 혼란

속에 폐허가 된, 루시퍼가 아끼던 동산에 대한 기억이 애초에 존재하지 않는 것 같은 분위기를 놓쳤다구요. 당신은 망가진 에덴이 새로운 것에 대한 잠재력으로 꿈틀대는 동산으로 변하고 있는 것을 놓쳤어요. 그리고 엘의 말도."

나는 환상에서 너무 빨리 빠져나온 것을 후회했지만, 어차피 루션은 내가 그 상태로 오래 머물기를 허락했을 것 같지 않았다.

"엘의 말이라니요?"

"그는 빛을 불러냈어요."

"'빛이 있으라' 한 것처럼 말이에요?"

"그래요."

"'빛이 있으라.' 당신은 세상이 정말 그런 식으로 시작되었다고 말하고 있군요." 나는 무릎에 손을 얹고 말했다.

"우리는 실제로 무슨 일이 벌어지는지 잘 알 수 없었어요. 내가 아는 건 하나 뿐이었어요. 그 음성, 그 사랑스럽고 두려운 음색을 듣자마자 울고 싶었어요. 그때 비로소 내가 그 음성을 얼마나 갈망했는지, 그것이 내게 얼마나 강하고 마음 든든한 것이었는지 깨달았어요. 그리고 우리가 한 짓 때문에 얼마나 불안했는지 몰라요."

"이미 빛이 있었다고 했잖아요. 루시퍼가 빛을 발산했다고 했어요."

"엘이 부른 것은 새로운 빛이었어요. 내 주인의 것과 달랐어요." 이 말과 함께 그는 다리 너머 워싱턴 동상 쪽을 바라보았다.

동상 너머에는 고층 건물들이 이빨처럼 하늘 쪽으로 튀어나와 있었다. "알다시피 빛은 여러 가지예요. 에너지도 그중 하나고."

"태양 말인가요?" 나는 몸을 곧게 일으켜 세웠다. 인내심이 다해 가고 있었다. 그는 내가 원하지 않는 부분에서는 구체적이었고, 내가 구체적인 정보를 원할 때는 사람 미치게 할 만큼 애매모호하게 말했다. 본인도 그 사실을 알고 있을 것이었다. 그 점이 가장 짜증스러웠다.

"그 외에도 여러 가지가 있어요. 하지만 당신은 요점을 놓치고 있어요. 분명히 말하는데, 이것이 요점이에요. 이전에 우리는 그런 말, 그렇게 아름답고도 끔찍한 말을 들어 본 적이 없어요. 그건 능력의 말 이상의 것이었어요. 창조와 생명이 불어넣어진 말이었어요. 한번 생각해 봐요. 우리 가운데 누가 그런 행위를 본 적이 있겠어요? 우리는 우리의 시작을 기억하지 못해요. 그러니까 그것이 우리가 처음 목격한 창조의 모습인 거죠. 당신들, 지진을 '신의 행동act of God'이라 하지요."

"그러니까 그 빛은……."

"엘이 그때 처음 만들어 낸 찬란한 빛이 하늘로 퍼져 나간 겁니다. 그 무렵 그 어느 때보다 오만해졌던 루시퍼조차도 경외감에 사로잡혔어요. 말문이 막혔어요. 그는 절대로 할 수 없었을 일이었거든요."

"루시퍼는 여전히 빛을 내고 있지 않았나요?" 그의 이야기에서 모순을 찾아낸 것 같았다. 그렇다고 해서 꿈이나 환각 같은 다른 현상들까지 설명되지는 않지만, 그래도 그의 말에 모순이 있다고 생각하니 희망과 약간의 절망이 교차했다. "그가 타락하고 저주받았다면, 왜 여전히 빛을 내고 있었을까요?"

우리는 옅은 파랑색 가로등과 난간이 있는 다리에 이르렀다. 악마는 난간 기둥 하나에 좁은 어깨를 기대고는 팔짱을 꼈다. 뒤쪽의 호수에는 갈색 단풍나무와 느릅나무, 그리고 기다란 가지가 활 모양으로 휘어 물 표면까지 닿은 버드나무가 비쳤다. 그가 말했다. "당신이 알아야 할 게 있어요. 루시퍼의 겉모습은 달라지지 않았어요. 엘에게 독설을 퍼부어 댔지만, 그는 여전히 낮은 하늘들을 비추고 있었어요. 여전히 찬란하게 빛났지요. 모세가 시내산에서 내려온 후 어땠는지 생각해 보세요. 엘의 존전에 서 있었던 그는 몸에서 빛이 났어요. 진흙으로 만들어진 흠투성이 인간이 엘의 임재 앞에 고작 40일 있었는데도 빛이 났다구요. 진흙은 그리 좋은 거울 재료도 아니잖아요." 그가 싱거운 미소를 지었다.

"그러니까 우리의 아름다운 분, 완벽한 걸작품인 그가 셰키나 영광을 무한히 반사하며 빛났다는 것을 생각해야 해요. 우리는 숨을 쉬지 않지만, 지금도 그 앞에 서면 숨이 멎을 것 같아요."

"그러니까 이것은 다른 종류의 빛이다 이거지요."

"그래요. 그리고 루시퍼는 에덴의 잔해를 지켜보기 위해 낮은 하늘들의 주변부로 물러가면서, 세상에서 빛을 가져갔어요. 빛은 그의 소유였으니까요. 그런데 엘이 이 새롭고 눈부신 빛을 만들어 어둠을 몰아내고 칠흑 같던 수면조차 줄마노의 깎은 면처럼 그 빛을 받아 빛나자, 루시퍼는 깜짝 놀랐어요. 그는 그것을 개인적인 모욕으로 받아들였어요."

"대체된 느낌을 받은 거로군요."

"그래요. 하지만 엘의 일은 끝나지 않았어요. 그는 이전에 하지 않았던 일을 했어요. 시간을 구획한 거예요. 너무나 환상적이고, 신화적으로 들리지 않나요?" 그는 잠시 말을 멈추고 내 주름진 이마를 살폈다. "측정 가능한 시간이 막 시작된 거예요. 알겠죠?"

마침내 내가 말했다. "모르겠는데요. 7일 천지창조설을 믿게 하려는 거라면, 악마의 가방에서 몇 가지를 더 꺼내 묘기를 부려야 할 걸. 그건 설화예요."

물론, 루시퍼의 타락도 설화였다.

머리에 나 있던 딱지를 막 발견한 그는 관자놀이를 긁었다. "나도 알아요. 온갖 신학자들은 물론 과학자들까지 이 문제로 논쟁을 벌이지요. 하루가 나타내는 시간은 얼마였을까? 하나님께는 천 년이 하루 같다고 하지 않았는가? 하루를 24시간으로 보는 건 너무 문자적인 해석 아닌가? 하나님이 진화를 창조하신 것이 분명하다. 그들은 강사들을 교회와 신학교와 대학들로 보내어 그 문제로 논쟁을 벌여요." 루션은 대략 케임브리지 방향으로 손짓을 했다. "하지만 그들이 깨닫지 못한 게 있어요. 인간들이 창조를 수량화하려고 아무리 노력해 봤자, 창조는 합리성이나 수학, 이성 같은 것으로 파악되지 않아요. 차라리 엘을 수량화하는 게 나을 걸요. 내가 그 문제로 시간을 허비하는 일은 없을 거예요."

내 사무실에서 도로 맞은편에 있는 매사추세츠공대를 생각했다. 하버드대학 신학부의 학자들을 생각했다. 그리고 분명히 깨달았다. 악마의 회고록을 출판하는 것이 차라리 쉽지, 루션과 나눈 대화를 과학이나 종교에 소양을 갖춘 사람에게 들려주기는 어렵다는 사실을. 그러자 인간의 무리에서 떨어져 나온 약하고 병든 자처럼 소외감이 느껴졌다.

"이제 잘 들어요." 루션은 반짝이는 눈으로 나를 바라보며 말했다. 그 눈 속에서 구름 한 점이 방금 태양을 가리고 지나간 듯한 어둠이 보였다. "그는 그것을 낮이라 불렀는데, 그건 이런 의미예요. 그 시점 이전에는 날이 없었어요. 내가 아는 한, 우리가 반역한 시점은 무한히 긴 시대 전일 수도 있고 한 시간 전일 수도 있었어요. 그것이 영원처럼 느껴졌던 것은 오로지 고통 때문이었어요. 그런데 이제 완전히 새롭고 혁명적인 것, 하루가 생긴 거예요. 말 그대로 모든 시간에 해당하는 발명품이죠. 무기력하게 시들어 가던 우리에게 이것이 어떤 의미였는지 이해할 수 있겠어요? 우리의 안도감과 두려움을 상상할 수 있을까요?"

나는 어설프게 대답했다. "그런 것 같아요. 개념적으로는, 어쩌면." 그리고 다시 말했다. "아뇨, 모르겠어요."

다리 반대쪽 끝에서 한 커플이 손을 잡고 웃고 있었다. 청동 가로등 너머에선 사람들이 조깅을 즐기고 있었다. 현대의 일상과 종교적 선사先史시대의 이야기가 동시에 펼쳐지니 도무지 현실 같지가 않았다. 지난 몇 주 동안 너무 긴장한 내 정신이 양극단 사이에서 현실을 가늠하는 분별력을 잃어버리지 않을까 두려워지기 시작했다. 어쩌면 벌써 미친 건지도 몰랐다. 약을 먹고 정신병원 침대에 묶여 있는 것인지도 몰랐다. 이 악마는 내가 몽상으로 만들어 낸 존재가 아닐까. 언제부터인가 내가 정신분열증을 앓게 된 것은 아닐까.

이런 생각들을 하다 보니 가슴이 답답해지기 시작했다. 뜨거운 증기가 꽉 들어찬 사우나실에서 숨쉴 때와 비슷한 느낌이었다. 순간 멍해지면서 어지럼증이 일었다. 다리 난간을 붙들었다. 사람들의 시선을 끌지 않으려 멀쩡한 척하려니 심장이 마구 방망이질 쳤다. '이렇게 죽는 거구나. 뭔가 잘못되었다는 것을 깨닫고도 괜찮은 척하다가.'

"당신이 이러는 거요?" 나는 간신히 물었다.

"아뇨." 그는 나를 빤히 쳐다보았다. 실험실 쥐의 우리 안에 담배 연기를 불어넣거나 쥐에게 빨간 물감을 주사한 후 결과를 지켜보는 과학자의 모습 같았다.

"몸이 안 좋아요. 뭔가 잘못되었어." 천천히 가쁜 숨을 들이쉬다 보니 문득 수면 부족이라는 생각이 들었다. 오늘 먹은 음식을 모두 따져 보았다. 시리얼, 커피……, 또 커피. 형편없는 식사였다. 나는 녹초가 되었고 저혈당 증세를 보였다.

루션이 차갑게 말했다. "참 한심하고 따분한 일이겠어요. 휴식과 음식, 수면의 균형을 계속 유지해야 한다는 건. 자. 뭔가 먹을 걸 찾아봅시다."

우리는 말 탄 조지 워싱턴의 청동 동상을 지나고 퍼블릭가든의 철제 대문을 통과해서 알링턴스트리트에 들어섰다. 걷는 것이 도움이 되는 듯했다. 움직임이 응고된 혈액을 휘저어 준다고 할까. 뉴베리스트리트로, 수제 샌드위치와 수입산 소다수를 주는 커피숍으로 방향을 잡았다. 왼쪽으로 방향을 틀어 다음 횡단보도를 찾았다. 나는 루션의 발소리가 반걸음 뒤에서 들린다고 생각하고 있었다.

횡단보도를 절반쯤 건넜을 때, 타이어가 도로를 움켜쥐는 날카로운 급정거 소리와 함께 오른쪽에서 뭔가 쿵 하는 소리가 들렸다. 그 소리에 깜짝 놀라 차가 오는 쪽으로 어정쩡하게 돌아섰다. 누군가 비명을 질렀다.

나는 아니었다.

도로 쪽으로 반 블록 정도 아래에 차 한 대가 막 멈추어 섰다. 첫 번째 차 뒤로 두 대가 더 급제동하여 사고를 간신히 면했다. 인도의 행인들은 두 손으로 입을 가리고는 얼어붙은 채 서 있었다. 퍼블릭가든에서 나오던 많은 사람들도 일제히 걸음을 멈추었다.

한 남자가 차에서 내렸는데, 떨리는 손에 휴대폰을 들고 있었다. 여기저기서 구급차를 불렀다. 차량 흐름이 멈추었다. 누군가가 길이 뚫려 있는 바깥 차선으로 차량을 유도하기 시작했다. 바깥 차선을 지나는 운전자들의 고개가 사고 지점을 향해 돌아갔다.

나는 후들거리는 다리를 이끌고 전면 유리창에 투명한 거미줄같이 금이 간 차를 향해 뛰어가다 멈추었다. 아스팔트에 쓰러져 있는 형체가 보였다. 가슴이 서늘해졌다. 그가 바로 내 뒤에 있는 줄 알았는데.

구경꾼 한 사람이 911로 전화했다고 소리쳤다. 한 남자가 보도 연석으로 달려가더니 카메라폰으로 사진을 찍는 사람에게 고래고래 소리를 질러 댔다. 말 탄 경찰관 한 명이 퍼블릭가든에서 달려 나왔다. 말의 걸음은 우아하고 느렸다.

가든 쪽 구경꾼의 무리가 점점 불어났다. 피코트를 입은 한 젊은 여성이 도로에 모여 있는 작은 무리 쪽으로 서둘러 다가가면서 내 시야가 가려졌다. 간호사라고 했다.

'일어나!' 분노와 두려움이 동시에 일었다. 저 사람 뭐하는 거야? 소란을 피우는 건가? 죽은 체하는 건가? 악마도 죽을 수 있나? 운동화 한 짝이 5미터쯤 거리를 두고 아스팔트에 떨어져 있었다.

그는 운동화를 신고 있지 않았는데.

나는 사람들을 헤치고 도로에서 시신을 둘러싼 사람들의 무리로 다가갔다. 가슴이 쿵쾅거리는 소리 외에는 아무것도 들리지 않았다.

그가 아니었다. 섬뜩한 요가 자세로 벌려져 있는 다리는 여자 것이 분명했다. 머리 아래에 잉크 얼룩처럼 고여 있는 피는 도로 위에서 까맣게 보였다. 피로 얼룩덜룩해진 머리카락은 꽁지머리가 풀려 핏빛의 황금 손가락처럼 얼굴 한쪽에 달라붙어 있었다. 박살난 핑크색 엠피쓰리 플레이어는 여전히 그녀의 팔에 묶여 있었다.

어디선가 종소리가 울려왔다. 교회 종소리였다. 커먼공원 건너편에 있는 파크스트리트교회에서 나는 소리일 수도 있고, 길모퉁이의 알링턴스트리트교회에서 나는 소리일 수도 있었다. 나는 비틀대며 뒤로 물러섰다. 점점 불어나는 군중 속에 루션이 있는지 두리번거렸지만 그는 사라지고 없었다.

7

 속이 메슥거렸다. 두려움 때문이었다. 깜빡 잊고 총기 금고를 잠그지 않았는데 이웃집 아이가 그 안에 있던 권총을 훔쳐 누군가를 쏘았다는 사실을 알고 나서 느낄 법한 두려움. 술에서 깨어난 후 창녀와 콘돔도 없이 성관계를 가졌음을 기억하는 순간에 찾아올 법한 두려움. 늘 있는 일이라고 가볍게 여기다 위험을 자초했음을 깨닫고 느끼는 두려움이었다.
 이제 한 여자가 죽어서 길바닥에 누워 있었다.
 나는 보도 연석 쪽으로 뒷걸음질 쳤다. 타이어 고무, 피, 오줌이 뒤섞인 소름 끼치는 냄새가 났다. 피코트 차림의 여자가 심폐소생술을 시도하고 있었다. 한참을 씨름하던 그녀는 결국 쪼그리고 앉아 팔을 무릎에 대고 늘어뜨린 채 가쁜 숨을 몰아쉬었다.

 소방차에 이어 구급차가 한 대 도착했고 사이렌이 울렸다. 의료진은 시신을 그대로 내버려 두었다. 경찰은 도로를 차단하고 충격을 받은 차량 운전자를 데려갔다. 구경꾼들에게는 질문을 해댔다. 그 모든 일이 너무 되는 대로 이루어지는 듯 보였다. 나무블록 빼기 놀이처럼 혼란스럽고, 날카로운 돌로 집도하는 수술처럼 원시적이었다. 나는 이 도시, 놀라운 비상 대응 체계와 현대 의료에 대한 확고한 믿음이 있었다. 그런데 한 여자가 방금 아스팔트에서 죽었다.

 구급차가 떠나고 주위가 조용해진 뒤에도 나는 그곳에 머물렀다. 경찰관들에게 시선을 고정한 채 뭔가 말할 용기를 내려고 했다. 나는 안다고. 누가, 무엇이 그 여자를 죽였는지.

 자꾸만 그 눈이 생각났다. 그 조숙한 10대가 일부러 넘어질 뻔한 뒤에 그녀를 바라보던 가느다란 눈, 혼잣말처럼 중얼거리던 그의 입술.

 아무것도 먹을 수가 없었다. 나는 주류 판매점을 찾아 메를로 와인을 한 병 샀다. 스크루캡이 달린 병이었다. 병을 종이 봉지째 코트에 집어넣고 집으로 향했다. 평범한 주정뱅이처럼 지하철 안에서 남의 시선일랑 아랑곳없이 길게 몇 모금을 들이켰다. 씩씩거리며 집으로 걸어가면서 아무 건물에다 대고 소리를 질렀다. 루션의 이름을 부르며 살인자라고 외쳤다. 지나가던 사람들이 멀찍이 돌아 나를 피해 갔다. 나는 루션이 보여 준 히스테리컬한 웃음으로 답해 주었다.

가슴속을 죄어 오는 차가운 공포를 느끼며 잠에서 깼다. 불안발작 증세를 자주 겪어 본 터라 나를 끌고 들어가려는 옛날의 그 소용돌이를 느낄 수 있었다. '그 생각 하지 마. 일어서. 움직여.'

메스꺼움을 느끼며 후들거리는 다리를 이끌고 아파트 문을 열었다. 비틀대며 계단을 내려가 현관에 있는 우편함으로 갔다. 이중 유리문으로 쏟아져 들어오는 아침나절의 눈부신 햇살을 애써 외면했다. 무엇이, 혹은 누군가 거기 서서 다 안다는 듯한 눈으로 안쪽을 들여다보는 모습을 보고 싶지 않았다. 다른 사람의 신문을 한 부 빼왔다.

집 안으로 들어와 문을 단단히 걸어 잠근 후, 부엌 조리대에 〈글로브〉를 펼쳐 전국 면을 넘기고 도시와 지역 면에 이르렀다. 거기, B2면에 간략한 제목이 있었다. "차에 치어 여자 사망."

> 어제 오후 4시 48분 경 알링턴스트리트에서 한 여자가 차에 치어 현장에서 사망했다. 희생자와 운전자의 신원은 조사 중이라 공개되지 않았다.

그 면의 나머지 부분을 샅샅이 뒤졌지만 더 이상의 내용은 없었다.

몹쓸 것에 전염된 기분이 들었다. 루션의 어두운 말과 이미지와 영향력, 사악한 기질에 노출되어 오염된 듯했다. 그의 첫 번째 출현은 깜짝 놀랄 만큼 뜻밖의 일이었지만, 이제 내 삶에서 그의 존재는 일상의 여러 일보다 더 실제적이고 정상적인 것이 되어 버렸다. 어제만 해도, 나는 자청하여 물질세계에서 벗어나 낯선 영적 영역으로 들어갔었다.

악마가 내 삶에 침투할 수 있다는 건 무슨 뜻일까? 이후 내가 기꺼이 그를 만났다는 사실은 어떤 의미가 있을까? 그가 하늘과 하나님 이야기를 할 때도 죽음이 따라다녔다는 사실은 어떤 의미일까?

무엇보다, 그 소리가 잊히지 않았다. 사람의 몸이 차량 앞유리에 던져지는 소리. 몸이 우두둑 으스러지는 불쾌한 소리. 그 소리는 음침하게 둔탁했고, 소음기消音器를 통해 발사된 총처럼 뭔가로 가린 듯했다.

누군가 노크했다. 나는 화들짝 놀랐다. 등에서 땀이 배어나온 게 느껴졌다. 그놈일까? 그자가 이곳에 올까? 노트북을 켜서 일정표를 열어 놓는 건데. 망할 놈의 L을 보고 싶은 생각은 없었지만, 일정표를 확인한다면 누군지 보러 나가야 할지, 아니면 그대로 떨면서 가만히 있어야 할지 판단할 수는 있었을 것이다.

나는 움직이지 않았다. 벨소리는 나지 않았지만 그것이 문제가 될까? 내가 문을 열어 주지 않으면 그놈이 강제로 문을 열고 들어올까? 건물 세입자들의 이름과 전화번호가 적힌 종이가 집안 어딘가에 있었다. 누군지 대신 봐 달라고 이웃에 부탁할 수 있을 것이다. 하지만 안 될 일이었다. 어리석은 생각이었다. 그들에게 무엇을 보라고 말해야 하는지도 모르지 않는가. 그는 걸스카우트 쿠키를 파는 열두 살짜리 여자아이 모습으로 나타날 수도 있었다.

"계세요?"

나는 대답하지 않았다.

"클레이? 저예요, 러소 부인요. 안 계시나요?"

숨을 내쉬고 힘없는 다리를 끌며 문까지 갔다. 자물쇠를 열고 문을 당겨서 열기 시작했다. 그녀의 짧은 회색 머리와 부드러운 올리브빛 피부와 눈가의 잔주름을 볼 생각을 하니 안도감이 밀려왔다. 그때 불쑥 무서운 생각이 들었다. 루션이 내가 아는 사람의 모습으로 등장할 수도 있을까?

또다시 배 속의 소용돌이가, 차가운 손가락들이 가슴속을 움켜쥐는 느낌이 들었다. 내 안의 작은 음성이 말했다. '공황 상태는 망상이야. 문을 열고 상대를 마주해. 정체가 무엇이건, 그녀건 그것이건 상관없어.'

각오를 단단히 하고 문을 죽 당겨서 활짝 열었다.

머핀 한 접시. 모양을 보니 블루베리 같았다.

같이 쓰는 2층 복도 맞은편에서 러소 부인이 막 문을 닫으려다 소리를 듣고 다시 나왔다.

"어머나, 안에 있었군요!" 그녀는 미소를 짓고 매트에 놓아둔 쟁반을 집어 들었다. 나는 정말 러소 부인이 맞는지 확인하려고 그녀를 지켜보았다. 그녀는 내가 이사 들어온 날 라자냐를 가져다주었고, 가구 배치를 도와주었다. 가구라고 해봐야 크레이트 앤배럴에서 세일로 산 물건 두어 개와, 할아버지가 열한 살 생일 선물로 만들어 주신 책상이 전부였다. 가구 배치가 끝나자 러소 부인은 방을 둘러보더니 '우아한 스파르타식'이라고 했다. 그녀의 남편은 병원 치료 후 생긴 합병증으로 목숨을 잃었다. 보통 사람 같으면 병원을 고소할 법한 상황이었지만 나는 그녀가 그랬을 거라고 생각하지 않는다. 세상에는 돌이킬 수 없는 일이 있다며 하나님의 뜻을 자주 말하는 여인이라면 그러지 않을 것 같았다. 그녀가 자녀들과 손자들을 보러 갈 때면 내가 그녀의 우편물과 신문을 받아 놓았다. 그녀는 언제나 뭔가를 구웠고, 그럴 때면 따스하고 편안한 냄새가 복도로 흘러나왔다. 방금 받아 든 쟁반에서도 바로 그 냄새가 나고 있었다. 위가 요동을 쳤다.

"클레이, 괜찮아요?"

"아팠습니다." 거짓말은 아니었다. 탈수증 때문에 상태가 말이 아니었으니까. 분명 안색이 창백하고 눈은 그늘지고 퀭할 것이다. 입 냄새도 상당히 심할 것이다.

불쑥 이렇게 묻고 싶어졌다. '악마에게 시달려 본 적 있으세요?'

"그랬어요? 그래서 지난 이틀 동안 자꾸만 생각났던 거구나." 그러면서 그녀는 내 볼에 손등을 갖다 댔다. 그녀가 움직일 때마다 잘 다린 하얀색 셔츠에서 소리가 났다. 목에는 두 줄짜리 진주 목걸이가 반짝이는 미소처럼 걸려 있었다. 그녀는 화장을 했고 립스틱은 새 벽돌색이었다. 손에서는 저겐스로션 같은 향이 났다.

"음, 열은 없네요."

그녀에게 모든 것을 말해 버리고 싶었다. 카페에서의 첫 번째 만남부터 꿈과 사고, 그 끔찍한 사고에 이르기까지 전부 다, 어머니 품에서 눈물을 쏟듯 털어놓고 싶었다. 그러나 떠오르는 대로 내 입에서 길게 한 문장만 터져 나오면 저 보모 같은 표정은 경계나 그보다 더한 것으로 바뀌리라. 러소 부인은 문 뒤로 사라질 테고, 그나마 비교적 정상적인 지금의 상태도 깨질 것이다. 보스니아카페에서의 첫날 저녁 이후 내 삶에서 평화가 깨져 버린 것처럼.

'무슨 평화?' 나는 그전에도 평화롭지 못했다. 그러나 불만스러운 삶, 목표 없는 삶이었어도 지금보다는 나았다.

"정말 괜찮으세요?" 그녀는 얼굴을 찌푸렸다. 한 손은 허리께로 가고 있었다. 깔끔하게 다림질된 옅은 다갈색 바지를 보니 외출하려던 참이라는 것을 알 수 있었다. 나는 고개를 끄덕였다. 자꾸만 눈물이 나오려 해서 화가 났다.

"좀 누워야 할 것 같습니다. 감사합니다, 러소 부인. 머핀 잘 먹겠습니다." 그녀는 뭔가 더 말하고 싶은 눈치였지만, 나는 희미한 미소를 지으며 다시 고맙다고 말한 후 문을 닫았다. 내 무례한 성급함 때문에 그녀의 마음이 상하기 않았기를 바랄 뿐이었다.

누구에게 찾아가야 할지 하루 종일 생각했다. 사실대로 말해도 미치광이 취급하지 않을 사람. 답은 하나였다.
한 명도 없다는 것.

이틀 동안 문을 걸어 잠근 채 집 안에만 있었다. 소파에서 토막잠을 잤다. 일정표에서 무엇을 보게 될까 봐 두려워 노트북은 켜지도 않았다. 러소 부인이 준 머핀을 먹었다. 광장 공포증에 시달려 본 적은 없지만, 이대로 가면 절대 집을 나서지 않는 사람들처럼 되기 십상이라는 생각이 들었다. 그들 중에 악마에게 쫓겨 다닌 사람은 없을까 궁금했다.

둘째 날, 나는 퍼블릭가든에서 벌어진 일을 합리화하기 시작했다. 루션은 정말 발을 헛디뎠던 거다. 그가 뭐라고 중얼거린 것은 그저 자신을 탓하고 인간의 몸을 저주한 것뿐이다. 어쩌면 감탄의 말이었는지도 모른다. 그녀는 매력적인 금발의 여자 아니었던가. 그 시점에 갑자기 사라진 것도 큰 의미는 없다. 그는 언제나 내가 준비되어 있지 않을 때, 방심하고 있을 때 사라지지 않았던가.

어떻게든 다른 설명을 찾고 싶었다. 진실은 너무나 섬뜩했다.

둘째 날 오전, 아파서 못 나가겠다고 사무실에 전화하고는 책상 서랍에서 메모 더미를 꺼냈다. 이제까지 악마와의 만남을 요약한 기록은 공책 두 권의 일부, 공책 표지 안에 끼워 둔 몇 장, 그리고 재활용 상자에서 꺼낸 이면지 몇 장이 전부였다. 마지막 기록은 거친 글씨로 허겁지겁 갈겨썼다. 사고 당일의 커먼공원과 퍼블릭가든에 대해 쓰기 시작했는데 미처 마치지 못했다. 루션의 이상한 행동과 이어진 사건들을 현실과 조화시킬 수 없었기 때문이다.

또 다른 이유는 그날 엄청 취했기 때문이다.

소파에 누워 그때까지 쓴 메모를 읽어 나가다 보니, 상황을 장악하고 있다는 묘한 자신감이 일기 시작했다. 다른 것은 몰라도 내가 적어 놓은 문장에 대해서는 그런 느낌이 들었다. 합리적으로 설명하기 어려운 사건들을 잘 포착하여 담아낸 것처럼 말이다. 그 마지막 한 쪽의 기록이 지금까지의 모든 경험에 질서와 형체를 부여했고, 일련의 사건들이 이야기로 바뀌는 위안을 안겨 주었다.

펜을 집어 들었다. 이성과 의미와 제정신을 찾고자 글을 쓰기 시작했다.

8

거짓으로 가득한 일상적인 세계와 단절한 채 작은 아파트에서 사흘을 보낸 후, 나의 현실 부정은 무모한 체념으로 시계추처럼 넘어가 버렸다. 강박적인 반추, 악몽들, 두려움에 시달리다 기진맥진한 고갈 상태에 이르니 결국 상황이 단순하게 정리되었다. 이혼 이후의 과도기적인 삶으로 돌아가지도 않고 다시는 정상적인 생활을 되찾지 못할지 모르지만 이런 식으로 격리된 채 계속 그늘에서 살 수는 없었다. 유령처럼 지내면서, 아파트 문의 엉성한 자물쇠 뒤에 움츠리고 있는 내 모습에 진력이 났다.

루션은 나를 죽일 힘이 있었다. 그것은 충분히 입증되었다. 그것이 그가 원하는 바라면, 내가 할 수 있는 일은 없었다.

그러나 그것이 그가 원하는 바는 아닌 것 같았다.

무슨 이유인지 몰라도, 그는 어떻게든 내게 자신의 이야기를 하고 싶어 했다. 그 이야기가 글로 적혀서 출간되기를 원했다. 두 가지 모두 내키지 않았지만 나는 둘 다 이루어 줄 힘이 있었다.

열이 뚝 떨어지듯 두려움이 사라졌다.

다음 날 아침, 코트 깃을 세우고 고개를 푹 숙였다. 거리를 걸으며 누구의 눈도 들여다보지 않았고, 늘 가던 지하철역 부근의 베이글 빵집도 들르지 않았다. 그러면서도 어느 정도 각오는 했다. 모르는 사람이 내 이름을 부르거나 사무실 현관 로비에서 손짓을 할지도 몰라. 엘리베이터 문이 닫히면 그 안에 있던 사람이 아는 체를 하거나.

그런 일은 벌어지지 않았다.

쉴라의 책상을 지나칠 때 그녀는 내게 몸이 어떠냐고 물었다. 눈 밑에 주름이 보였지만 그녀의 옅은 미소에는 여전히 매력적인 데가 있었다. 그녀는 어려운 일이 있을 때 더 예뻐 보였다. 언제나 그랬다. 한때 그 모습이 내 마음을 끌었고, 댄이 처음 그녀와 데이트를 시작했을 때 질투심을 느꼈었다. 어머니가 돌아가셨을 때도 그녀는 아름다웠다. 장례식에서 눈물을 흘리는 마돈나였다. 하지만 오늘 그녀의 미소는 너무 많이 써먹은 대사처럼 식상했다. 나는 위염 때문에 고생 좀 했는데 나아졌다고 중얼거렸다. 그녀와 이야기하고 싶지 않았다.

쉴라가 뒤에서 불렀다. "저기, 클레이. 9시 약속 상대가 사무실에서 기다리고 있어요. 일찍 왔더군요."

나는 망설였다. 이틀 동안 일정표를 열어 보지 않았던 터라 만날 상대가 누구인지 알 수 없었다.

아니, 생각나는 상대가 있기는 했다.

방향을 바꿔 화장실로 들어갔다. 손이 다시 떨렸다. 도로에서 달리던 타이어가 미끄러지는 소리, 쿵 하고 부딪치던 소리가 다시 들려왔다. 손가락과 볼에는 아침의 냉기가 남아 있었지만 목덜미는 축축했다.

허세는 여기서 끝이었다. 그를 오랫동안 피해 다닐 수는 없었다. 지난 번, 딱 한 번, 그와 같이 있던 자리에서 나와 버렸지만, 그는 내 꿈속으로 침투하지 않았던가. 심호흡을 하며 왔다 갔다 하면서 어떻게 할까 생각하다 보니 나를 아파트 감옥에서 벗어나게 한 것과 같은 결론에 도달했다. 이유는 모르지만, 나는 그가 간절히 원하는 일의 열쇠를 쥐고 있었다.

가방을 다시 멨다. 그 안에는 지난 금요일에 집에 가져갔다가 손도 대지 않은 제안서들이 가득 들어 있었다. 사무실로 성큼성큼 발걸음을 옮겼다. 약간 열린 문 사이로 힘찬 여자 목소리가 흘러나오고 있었다. 아는 목소리였다. 악마는 아니었다. 적어도, 외형적으로는 그랬다.

"클레이!" 카트리나가 창문 쪽에서 돌아서면서 전화를 탁 닫았다. 그녀의 코트가 내 책상 앞 의자에 걸쳐져 있는데, 뒤집힌 버버리 태그가 인형의 멍한 미소처럼 눈에 확 띄었다. "좋아 보이네요. 체중이 줄었나요?"

내가 가방에 든 짐을 부리는 동안 그녀는 오는 길에 기차에서 어떤 일이 있었고, 새로 입주한 도심의 아파트는 어떻고, 최근에 신나는 새 제안서들이 들어왔고, 유망한 작가들의 목록이 점점 늘고 있다는 이야기를 했다. 나는 노트북에 전원 연결은 했지만 켜지는 않았다.

"가져오신 게 뭐든 한번 보지요." 그녀는 피곤하게 하는 타입이긴 했지만 시원찮은 물건을 가져오는 법이 없었다. 나는 뭔가 빨리 진행할 수 있는 원고들이 필요했다.

그녀가 잠시 주저했다. 그녀는 내 캐비닛과 서재에 쌓여 있는 제안서, 문의서, 뜯지도 않은 원고들을 가늠해 보고 있었다. 평소보다 일이 밀렸거나 인기가 높아졌다는 뜻이었다.

"새 편집 보조를 구하지 않았나 봐요." 그녀는 버버리코트가 깔린 의자에 팔짱을 끼고 앉아 세련된 콧날 너머로 나를 응시했다. 다른 부분처럼 코도 손을 댄 것 같았다. 콧구멍은 자판기의 동전구멍처럼 보였다. 그나마 뭔가에 흥분해서 벌렁거릴 때만 콧구멍 같아졌다. "어떻게 지내세요, 클레이? 진짜로요."

나는 자리에 앉아 한숨을 쉬고 산처럼 쌓인 종이 더미 쪽으로 손짓을 했다. "몸이 안 좋았습니다. 일이 밀렸어요. 다음 시즌을 채우려면 지금 당장 견실한 프로젝트를 다섯 개는 만들어 내야 해요. 여기 있는 일거리를 다 제 시간에 마치지는 못할 겁니다. 그러니 혹 보여 줄 원고가 있으시면 다음번에……"

"아시잖아요. 그럴 거예요." 그녀는 잠시 멈추더니 코치Coach

가방 상표를 나타내는 C자로 뒤덮인 가방에 불쑥 손을 넣었다. "아시다시피 전 원고를 많이 가져오지 않아요." 그녀는 가방에서 몇 묶음을 꺼냈다. "관심 가지실 만한 게 두 개 정도 있어요."

"오늘 오후에 읽어 보겠습니다." 진심이었다. 이번 주나 다음 주까지 편집 위원회에 가져가야 할 프로젝트를 최소한 하나 이상 만들어 내야 했다. 미심쩍은 사마리아인이 제공하는 식사를 받는 심정으로 그녀가 건네는 원고를 받았다.

그녀는 마법의 가방에서 적은 분량의 다른 종이를 꺼냈다. "그리고 낯설고 자그마한 고아가 하나 있어요. 대단히 실험적인 글이에요. 솔직히 말해, 집을 찾아 주는 데 어려움을 겪고 있어요."

그녀는 두 쪽짜리 글을 건넸다. 제안서치고 너무 짧은 출간문의 원고 같았다. 쌓여 있는 원고 더미 위에 그것을 올렸다. 그런데 제목이 시선을 사로잡았다.

《악마의 회고록》

내 눈은 그다음 줄로 내려갔다. "L. 리전 소설 작품."

그녀가 말했다. "어둡고 까칠하긴 하지만, 머리에 쏙쏙 들어올 거예요. 현실에 대한 기존 생각에 심각한 의문을 품고 싶지 않다면 읽지 마세요."

심장 박동이 빨라지면서 그 소리가 내 귀에 크게 들려왔다.

"최대한 빨리 보도록 하지요. 아파서 며칠 쉬었다가 지금 출근한 겁니다." 나는 이렇게 중얼거리며 어느새 표지를 지나 첫 쪽으로 넘어가고 있었다. 거기 인쇄된 첫 번째 글을 보자 대번에 피가 얼어붙었다.

> 멈추지 말고 읽어요. 당신이 알아야 해요.

"음, 어때요?" 카트리나가 코트를 집어 들면서 말했다.
"누구, 저자가 누구라고 하셨죠?" 내가 눈을 깜빡이며 물었다. 그녀가 무표정한 얼굴로 나를 바라봤다.
"조수가 출간 의뢰 원고 더미에서 찾아냈어요. 잠재력이 있는 원고 같더군요."
그다음에 내가 무슨 말을 했는지 모르겠다. 땀에 젖은 손으로 원고를 꼭 쥔 채 그녀를 문까지 배웅했다. 그녀는 가던 길을 멈춰 쉴라와 얘기를 나누었다. 화제가 개인적인 것으로 넘어가자, 나는 문을 닫고 손에 든 종이를 책상으로 가져갔다.

> 멈추지 말고 읽어요. 당신이 알아야 해요. 이 이야기는 결국 당신에 대한 거니까.

나는 의자에 털썩 주저앉았다.

> 무슨 생각 하는지 알아요. 그건 사실이 아니에요. 내 말을 끝까지 들어요. 난 당신에게 거짓말을 해서 얻을 게 없어요. 당신은 내게 대단히 중요해요.

꼼꼼한 논리로 지탱해 오던 용기가 꺾여 버렸다. '저리 가버려.' 머릿속에서 어린아이 같은 목소리가 들려왔다. 그러면서도 그것이 내가 정말 원하는 바가 아니란 것을 잘 알고 있었다.

> 당신이 알고 싶은 것을 말해 주겠어요. 당신을 괴롭히는 질문에 답해 주지요. 먼저 내 말을 끝까지 들어 주기만 하면 돼요. 처음부터 끝까지. 내 이야기를 하게 해줘요. 전부 다.
> 나는 생각 없는 괴물이 아니에요. 내가 하는 일에는 이유가 있어요. 당신이 나에 대해 안다고 생각하는 바가 정말 맞는 건지 다시 생각해 봐요. 이제 겨우 첫 부분을 얘기했잖아요. 당신은 아직 제대로 아는 것이 하나도 없어요.
> 시간이 많지 않아요. 자연적인 본능 때문에 날 멀리하지 말아요. 그것들은 믿을 게 못돼요.
> 결국 인간의 속성일 뿐이니까요.
> 약속하지요. 당신은 결국 원하는 것을 얻게 될 거에요.
> 우선 희귀한 선물을 하나 줄게요. 받아요.

맛보기 단락 하나, 제목, 그리고 카트리나의 연락처. 이것이 전부였다. 편집자의 눈으로 다시 한 번 읽었다. 그랬다. 모호하기는 했지만 흥미로운 프롤로그로 오해할 법한 내용이었다.

종이를 옆으로 치웠다. 말없이, 기계적으로 컴퓨터를 켜고 회사 네트워크에 접속했다. 일정표를 열었다. 오전 9시, 카트리나.

그게 전부였다.

    스크린을 응시하고 있으니 글자가 나타났다.

    9시 30분. 밖으로 나와요. 기다리고 있어요. L.

미친 짓. 지난 몇 주 동안 내가 알았던 전부였다. 코트를 걸쳤다.

9

 택시는 가로수가 늘어선 사무실 건물 동쪽에서 기다리고 있었다. 내가 빤히 보고만 있자 운전사가 뒤로 몸을 뻗어 문을 열었다. "타쇼. 얘기를 꼭 해야겠어."
 "내가 꼭 해야 하는 건 없는데요."
 "그냥 타라니까!" 내가 꼼짝도 하지 않자 그는 좌석 뒤로 몸을 더 쑥 내밀었다. 혈색이 좋고 건장한 모습이었다. 머리털을 박박 밀었는데 눈썹도 밀었을지 모른다 싶었다. 눈썹 빛깔이 어찌나 옅은지 빛이 비치지 않으면 잘 보이지도 않았다. 두꺼운 스테인리스스틸 시계가 가죽 항공재킷의 주름진 소매 밖으로 나와 있었다. "그녀를 늦추려고 했던 거요. 놀라게 하면 걸음이 느려질 거라 생각했지."

그날 퍼블릭가든에서 그가 이상하게 비틀거렸던 일이 다시 생각났다.

"그래서 그녀가 죽지 않도록 막으려 한 겁니까?"

"그럴 생각이었지."

"왜 그랬나요?"

"우리가 함께 있는 시간을 방해받고 싶지 않았거든."

"그녀의 목숨을 구하고 싶었던 체할 생각도 없군요."

그가 잠시 뜸을 들였다. "그럴 생각 없어."

나는 그의 말을 믿었다. 그가 한 사람의 목숨보다 자기 목적과 사적인 편의를 우선시한다는 말은 잔인한 사실이었다. 그가 대담하게 사실을 인정하고 나서자 내 안에서 뭔가 돌이킬 수 없는 자각이 느껴졌다. 이놈을 벗어나기는 글렀구나. 이전 생활로 돌아갈 수도 없겠구나. 오브리와 함께하던 시절도, 그녀와 헤어진 후 되는대로 지내던 시절도 돌아오지 않겠구나.

알아야 할 게 있었다. 나는 목적을 이루기 위해 살인도 마다하지 않을까? 그렇지는 않다. 나의 정보원, 선생, 무엇이 되었건 그가 살인 사건의 공범이라는 사실을 묵인하게 될까?

차에 올라탔다.

"그녀를 쫓고 있었지요."

"위치를 제공했을 뿐이야."

"왜요?"

"그건 내 임무가 아니었어."

"그럼 누구 임무였지요?"

그의 턱 근육이 경직되었다. 핸들을 잡고 있는 손은 운전보다 싱크대 수리나 사람 치는 일에 더 적합해 보였다. 그 모습은 손가락이 가느다란 빨간 머리 여자나 카페에서 바지에 묻은 보푸라기를 떼어내던 까다로운 남자와 잘 조화되지 않았다. 그때 백미러를 들여다본 그의 눈동자 뒤로 어두운 그림자가 보였다.

"이야기 상대가 누군지 잘 생각하고 말해. 우리도 나름의 지휘 계통이 있다는 걸 기억하고. 계급과 위계가 있단 말이야. 당신네들 표현대로 하자면 나는 '말단 직원'이라서 명령을 수행해야 할 입장이라구. 그걸 꼭 상기시켜 줘야겠나?"

"당신은 전쟁 중인 것과 같다고 말했어요."

"우린 전쟁 중이야!" 이어서 조금 낮은 소리로 말했다. "전쟁 중이라고."

우리는 말없이 찰스 강을 따라 달렸다. 강 한복판에는 연못 표면에서 미끄러지는 벌레처럼 조정 팀이 수면을 스치듯 나아가고 있었다.

"죄 없는 사람을 죽이는 건, 당신에게 너무 진부한 짓으로 보이는데요." 사고 다음 날 신문에서 후속 기사를 보았었다.

> 미시건 주 출신 새라 마셜은 35세였다. 유족으로는 남편과 어린 아들이 있다.

나머지 기사는 알링턴스트리트에 횡단보도를 설치한다는 내용이었다.

"클레이, 죄 없는 사람은 없어."

"나도 누군가의 차량 앞유리에 치어서 끝나는 건가요?" 깨어진 차량 앞유리에 묻었던 피가 다시 떠올랐다. 피와 금발 머리카락.

"말했잖아. 지금 당장 당신은 내게 아주 중요하다고. 그뿐이 아니야. 그들은 당신에게 관심이 없어."

"그들이라니, 누구 말인가요?"

"군대."

나는 잠시 머뭇거리다 물었다. "왜 관심을 안 갖나요?"

"아무 위협이 안 되니까."

"조깅하던 금발 여자는 위협이 되었나요?"

"약속했잖아. 곧 알게 될 거라고."

나는 다시 가죽 의자에 기대앉아 기다렸다. 하지만 아무 설명도 없었다.

"어디로 가는 겁니까?"

"보여 주고 싶은 게 있어." 그 말과 함께 그는 속도를 내어 메모리얼드라이브를 달렸다.

알루미늄 빛 하늘을 내다보았다. 태양이 광택 없는 달걀노른자 같았다. 루션의 이야기는 천체의 창조와 하루가 왔다 가는 대목에서 중단되었다.

내 생각을 직접 듣기라도 한 듯 악마가 고개를 끄덕였다. "그 다음에 엘은 잊혀진 가구에서 먼지 묻은 천을 벗기듯 에덴을 덮고 있는 어둠을 걷어 냈지. 반역 이후 줄곧 그곳은 물에 잠긴 형체 없는 황무지였어. 그는 그 물들을 분리시켜 물의 차양을 하늘에 펴 놓았어. 그리고 깊은 물을 나누고 물 아래에 있던 에덴을 끌어올렸지.

루시퍼는 타이탄들이 쓰러지듯 에덴의 거대한 돌들이 어두운 바다 속으로 떨어진 이후 처음으로 그 행성에 관심을 갖기 시작하셨어. 내 심장은 빠르게 뛰었어. 루시퍼가 무슨 생각을 하시는지 알았거든. 엘이 제2의 신을 인정하는 것의 장점을 깨달았다고 생각하신 거야. 어쩌면 엘이 우리를 위해 지구를 회복시켜 준 건지도 모른다 싶더군. 아니, 새롭고 더 나은 곳으로 만들어 준 것 같았어. 우리는 그곳에서 다시 행복하게 될 거고. 우리의 별께서는 결국 승천하시겠구나. 우리가 엘로힘의 보좌가 있는 방에 들어가지 못한다 해도 더는 문제가 되지 않았어. 중요한 것은, 영원히 멈추지 않을 내 팽팽한 혈관 속으로 밀려드는 안도감이었어. 엘이 우리를 다시 받아 줄 거라는 안도감."

"하지만 어떻게 그럴 수가 있어요, 당신이 말했잖아요……."

"알아. 그때 그런 생각을 했다면 나도 그게 안 될 일이란 걸 알았겠지. 엘의 의롭고 완전한 성품이 달라지지 않는 한, 그는 우리를 다시 받아 줄 수 없어. 게다가 우리도 달라졌지. 변했어. 아니, 그것은 진실을 밋밋하게 돌려 말한 거야. 우리는 망가졌어.

그것이 진실이지. 불과 며칠, 혹은 한 시대 전에 망가졌던 지구보다 더욱 심하게. 그래도 우리는 희망을 품고 근처에서 떠다니며 지구가 어떻게 되는지 보려고 기다렸지. 루시퍼는 엘이 자신을 위해 무엇을 창조할지 보려고 묵묵히 기다리셨어. 지구는 결국 그의 것이었으니까."

그는 한동안 잠잠하다가 부드럽게 말했다. "지구는 정말 굉장했어. 상상을 초월했지. 우리는 이미 루시퍼의 동산을 봤잖아. 우리는 기대하는 바가 있었어. 물론 엘이 그것을 재현할 이유는 없었지. 그는 그렇게 하지 않았어. 그것, 새 에덴은 전혀 다른 작품이었어. 땅과 물, 깊음과 산. 우리는 엘이 다음번에 무엇을 할지 넋을 잃고 지켜보았어. 비상한 지성을 동원하여 온갖 상황을 다 예상해 보았지. 하지만 땅에서 솟아나는 푸른 것들은 우리에게도 예상 밖이었어. 파죽지세로 밀려온 녹색의 파도가 얼마나 의외였는지 알아야 해."

"당신에겐 완전히 새로운 일이었군요." 그건 혼잣말에 가까웠다.

"물론이지! 바위 동산이 아니라 푸르게 우거지고 생명으로 충만한 새 세계였어! 그런 정교한 복잡함을 누가 상상할 수 있었겠어? 우리는 경외심에 사로잡혔어. 또 다른 이유도 있었지. 녹색의 이상한 그것들은 모두 창조하고 번식할 힘을 지니고 있었거든. 자기와 똑같은 것들을 조그맣게 만들어 낼 힘이 있다니. 상상해 보라고!"

나는 수가 딱 정해진 종족에게 번식이 얼마나 기이한 개념이었을지 생각해 본 적이 없었다.

"나는 나뭇잎 뒤쪽의 잎맥에, 과일과 꼬투리 안에서 자라나는 씨앗에 마음을 빼앗겼어." 루션은 핸들에서 손을 뗐다. 마치 잎 하나하나를 손가락으로 만져 보고, 안에 담긴 씨앗이 드러난 꼬투리 하나하나를 만져 보려는 듯했다. 옛날에 그는 틀림없이 그렇게 만져 봤을 것이다. "수술의 점착성 꽃가루. 기이했어. 놀라웠지. 당신네 공상과학 소설에 비할 바가 아니었어. 내가 꿈도 꾸지 못한 것들이었어. 루시퍼의 얼굴을 살피니 그도 나처럼 놀라시더군.

하늘에는 새롭고 낯선 천체들이 있었고 그것들이 천 년 이상 움직일 경로가 미리 그려졌지. 한때 가만히 고여만 있던 어두운 물이 새 달의 인력으로 움직였어. 나는 달빛과 사랑에 빠져 부드러운 빛 아래서 혼자 거닐었지. 해변에 서서 조류가 모래밭에 해골 같은 보물들을 남기는 광경을 지켜보고 마음이 가라앉았어. 세계의 리듬이 이렇게 말하는 것 같았거든. '평안하라. 내가 스스로 있는 자임을 알라.' 나는 그것을, 그 안의 모든 것을 갈망했고 그 일부가 되고 싶었어."

차는 메모리얼드라이브를 빠져나와 마운트오번에 접어들었다. 나는 우리 사이를 나눈 유리벽을 응시했다. 흠집 난 그 표면에서 얼룩덜룩 희끄무레한 달 표면이 보였다. 그때 렉서스 한 대가 불쑥 앞에 끼어들었다. 루션은 브레이크를 밟고 핸들 너머로 보란 듯이 주먹 욕을 날렸다.

내가 깜짝 놀라서 말했다. "그러지 말아요. 총을 가졌을지도 몰라요!"

"저 사람, 총 없어." 그는 그렇게 말하고 다시 주먹 욕을 날렸다.

렉서스가 속도를 내며 앞서 간 지 얼마 되지 않아, 악마의 말이 이어졌다. "새로운 천체들은 우리에게 큰 의미가 있었어. 모래시계와 그 안에 담긴 모든 모래의 창조를 보는 것 같았거든. 모래시계 안의 모래는 측정이 모두 끝났어. 그것은 닫힌 체계이고 양이 정해져 있지. 그리고 작동을 시작했어. 이제 하늘은 전과 다르게 보일 테지. 한때 하늘에는 절묘하게 흩뿌려진 엘의 별들이 보였지만, 이제는 거대한 시계의 톱니바퀴와 추가 유한한 시간을 알리고 있었지."

"시간이 유한하다고 누가 그럽니까?" 나는 백미러에 비친 그의 모습을 살폈다. 한쪽 관자놀이에 희미한 상처 흔적이 있었다. 다른 누군가의 역사가 고스란히 담긴 얼굴이었다. 그것이 악마에게는 탈색을 하고 미리 찢어서 나오는 명품 청바지와 비슷하지 않을까, 하는 생각이 들었다.

"시작이 있는 것들은 끝도 있지. 시간이 시작되었다는 것은 하나의 끝이 시작되었다는 뜻이기도 해. 그러니까 그 거대한 모래시계는 당신네가 (핵전쟁의 위험을 알리려고—옮긴이) 만들어 낸 '운명의 날 시계'처럼 재깍재깍 가고 있는 거지. 모래의 개수는 한정되어 있고, 모래시계가 움직이면서 순간순간이 지나가고 한 알 한 알이 영원히 사라져 가지. 나는 알았어. 그때 작동을 시작한 것들은 모두 중대한 의미가 있고 피할 수 없는 것들이었어. 이후 순간순간이 지나갈 때마다 나는 불안해졌어. 계기판에 있는 시계 보여?" 그가 그것을 두드리며 말했다. "당신 귀에는 저 소리, 매초마다 똑딱대는 죽음의 소리가 들리지 않지. 하지만 나에겐 들려."

이제까지 나는 시간과 시계에 대한 그의 집착을 병적인 것으로 치부했었다. 그러나 이제 시간에 몰두하고 강박적으로 확인하는 이유를 알 것 같았다. 그가 찬 손목시계는 하나같이 비싼 것들이었다. 시간이 귀중한 것임을 말하려는 것일까? 작년에 별거와 이혼을 겪은 후 내가 한 일은 하루하루, 한 주 또 한 주, 한 달 또 한 달, 직장과 전철을 오가는 일상을 되풀이하면서 시간을 보내는 것뿐이었다. 고통이 끝나기를 기다렸다. 상황이 명료해지고 방향 감각이 생기기를 기다렸다. 무엇인가 나를 무기력 상태에서 밀어내 줄 날을 기다렸다.

그리고 그날은 찾아왔다.

악마는 한 손으로 핸들을 잡고 운전을 하면서 다른 손으로는 그 굵직한 손가락과 도무지 어울리지 않는 꼼꼼한 섬세함으로 시계를 어루만졌다. "물론 그때는 몰랐지. 마음이 편하진 않았지만 다른 것을 생각할 겨를이 없었어. 에덴에는 날마다 새롭고 놀라운 일이 생겨났거든. 다음 날 엘이 다시 말하자 물이 가득 찼어. 대기도 그렇고."

"물고기로 말인가요? 물고기와 새로?" 주일학교에서 고사리 같은 손으로 종이로 만든 땅에 동물들을 풀로 붙이던 기억이 선명하게 떠올랐다. 이 순간까지 잊고 있던 장면이었다.

"그래. 우리는 그런 것을 본 적이 없었어. 영적인 존재가 아니라 이상하고 이질적인 피조물이 물에서 헤엄치고 하늘을 날아다녔어. 너무나 기묘하고 다양했지. 루시퍼조차 놀라움에 넋이 나가 눈을 부릅뜨고 지켜보시더군. 한때 공유했던 한마음의 흔적으로 그때 알았지. 그는 이 이상한 신세계와 그 안에 있는 모든 것을 탐내고 계셨어. 신이 되고 싶어 하셨지만, 그 순간 자신이 신이 아닌 이유를 기억하셨던 것 같아.

그러나 그때, 뼈아픈 한 방! 엘은 이전에 한 번도 한 적이 없는 일을 했어. 그것들을 축복했지. 이전에는 한 번도 들어 본 적이 없는 말이었어. 루시퍼도 그런 말은 듣지 못하셨어. 기름부음 받은 자였는데 말이야. 탐나는 말이었어! 그때, 엘은 그 피조물들에게, 그 저속하고 이상한 새것들에게 자기와 같은 것들을 창조할 특권을 주었어. 상상해 봐!" 백미러에 비친 그의 눈이 이글거렸다. "그것들은 신이 아니었어. 영적 존재도 아니고 그냥 피조물에 불과했다구. 그런데 창조의 힘을 부여받았어."

이렇게 흥분하는 모습은 처음이었다.

"우리에겐 그런 힘이 없었어! 그것들은 축복을 받았지. 우리는 그런 복을 받지 못했어. 이해가 돼?"

"조금요." 동생이 태어날 때 첫째의 심정을 생각해 보았다. 여동생이 태어났을 때 여섯 살의 나는 어떤 기분이었던가.

차가 정지 신호를 받고 섰다. 그는 움켜쥔 주먹을 가슴에 대고 있었다. "그날 새로운 것이 또 하나 솟아났어. 이번에는 내 속에서 말이지. 그 뿌리는 내 달라진 마음의 토양 속으로 파고들었지. 밤이 되자 질투심의 덩굴손이 내면을 휘감아 조여드는데 숨이 막힐 지경이었어. 루시퍼의 얼굴을 보니 나만 그런 게 아니었더군.

또 하루가 지나가고 이전보다 더 새롭고 색다른 피조물들이 생겨났어. 다리로 걸어 다녔고 상당수는 날개도 없이 땅 위를 돌아다녔어. 어느 모로 보나 그것들은 비참한 신세일 수밖에 없었지. 헤엄만 치고 살거나, 날지 못하고 땅 위에서만 돌아다니거나, 날기만 하고 헤엄은 칠 줄 모르는 저주 어린 한계 속에 평생 살아야 했으니까. 나는 그것들이 비참하길 원했어. 그러나 그것들의 특이함과 다양함이 우리를 매료시켰어. 그리고 그것들은 뭔가를 먹었어." 그가 가볍게 웃었다. 허탈한 웃음이었다. "처음 보는 현상이었어. 끔찍하면서도 흥미로웠지. 얼마 살지도 못할 몸을 위해 초록의 살아 있는 것들을 먹어 치우는 모습이라니. 매혹적이었어. 소름끼치도록. 우리는 그것들이 먹는 모습을 몇 시간이고 지켜보았어. 눈을 뗄 수 없었지. 동물들이 왕성한 식욕으로 한입 가득 초록의 잎과 가지, 과일과 씨앗을, 심지어 바다의 작은 플랑크톤까지 삼키는 모습. 식욕을 이해하지 못하는 우리에겐 너무 이상하고 새로웠어. 아무리 봐도 질리지 않았어."

카페에서의 커피, 서점에서의 핫케이크, 나를 지켜보던 악마의 모습이 생각났다. 찻집에서도 그는 자기 잔에는 손도 대지 않고 잔을 들어 입술에 대는 내 모습만 뚫어지게 쳐다보았다. 혹시 독이라도 탔나 싶어질 정도였다.

그가 웃었다. "그래. 이제 내가 당신이 뭔가를 먹는 모습을 물리지 않고 쳐다본 이유를 알게 되었군."

그 말이 왠지 발을 보고 성욕을 느끼는 것처럼 비정상적으로 느껴졌다. "그럼 당신은 왜 안 먹습니까?"

그의 표정이 서서히 일그러졌다. 그의 눈에 독기가 어리는 것이 백미러로 보였다. "그 모두가 진흙 같은 맛이거든. 네놈들의 재료인 진흙 말이야!"

나는 깜짝 놀라 입을 다물고 의자에 바싹 기대앉았다. 그는 앞에 펼쳐진 도로만 뚫어지게 쳐다보면서 계속 차를 몰았다.

우리는 완만하게 경사진 넓은 마당을 갖춘 집들이 있는 주거 지역으로 들어섰다. 집집마다 에워싼 강철 울타리 사이로 대문에서 현관까지 차도들이 보였고, 강철 대문에 단단히 빗장을 지른 집들을 오래된 느릅나무들이 가리고 있었다. 이 벨몬트 지역은 낯익은 곳이었다. 대학 시절, 친구의 친구 집에서 열린 파티에 참석하러 온 적이 있었다. 나는 집의 엄청난 크기에 놀랐고, 프랑스제 탁상시계들, 중국풍의 접는 책상들, 마호가니 식기 찬장에 압도되었다. 그런 물건들은 '가보'와 '부자 가문'이라는 단어를 속삭이는 듯했고, 현대식 보안 설비 계기판이나 모니터 등과 어우러지면서 시대착오적인 느낌을 주었다. 퀸앤Queen Anne 양식 테이블 위에 물방울이 맺힌 맥주병을 올려놓은 것을 보고 나는 오래된 오크 제품에 흉한 고리 자국이 생길까 봐 일부러 치우기까지 했다.

몇 년 동안 이 근처에 올 일이 생길 때마다, 이곳을 찾아와 박공 지붕들과 기둥이 늘어선 주랑 현관들, 어두운 덧문과 마름모꼴 유리를 끼운 창들을 부럽게 바라보았었다. 그리고 빨리 출판사 일을 접고서 쓰고 있는 원고 중 하나를 꺼내 완성하리라 다짐했다. 그날이 오면 십만 불 단위의 선인세와 영화 계약금을 받아 이곳에 집을 구할 생각이었다. 아이들은 잔디밭에서 놀거나 차고 앞에서 전동차를 몰고, 차고에는 우리 가족의 차 두 대가 주차되어 있겠지. 한 대는 SUV, 또 한 대는 아우디 세단. 아이들이 크면 전용 아이스하키 링크를 갖춘 이 지역 사립학교에 갈 수 있을 것이다.

나는 정말 그 원고를 끝마쳤고 '귀향' 시리즈로 세 권을 내기로 계약했다. 그러나 그 집은 사지 못했다. 첫 번째 책이 3,500부도 팔리지 않았고 2권까지 나온 후 시리즈는 취소되었다. 그렇게 빨리 절판되지만 않았어도 좀더 반응이 좋았을 거라 확신했지만, 안 팔린 책들이 너무 빨리 반품되었고 그 자리는 더 많이 팔리는 다른 책들로 채워졌다.

루션은 담쟁이덩굴로 뒤덮인 튜더 양식의 위엄 있는 벽돌 건물 앞에 차를 세웠다. 곡면으로 된 입구, U자를 뒤집어 놓은 것 같은 문, 뾰족탑과 가파르게 세운 지붕, 측면에 달린 작은 탑을 보고도 나는 놀라지 않았다. 거의 20년 전에 방문했던 바로 그 집이었다. 성공이 무엇인지, 오브리의 기대에 부합하는 생활이 어떤 것인지 알려 준 집, 나의 부족함을 철저히 보여 주는 증표였다.

악마는 운전대에 팔을 걸친 채 눈을 가늘게 뜨고 승객 창을 통해 그 집을 바라보았다. 나는 그의 말을 기다렸다. 내가 여기 왔었다는 것을 안다고 뽐내겠지. 내가 다나 브래들리와 2층 침실에서 섹스한 이야기를 들려준 뒤 그녀가 죽었다거나 마비되었다거나 컬럼비아에서 납치되었다는 뜻밖의 소식을 터뜨릴 거야. 그러나 그는 말이 없었다. 그것이 오히려 더 불안했다.

"여긴 왜 온 겁니까?" 마침내 내가 물었다.

그는 의자에서 돌아앉더니 나를 바라보았다.

"당신에게 이 얘기를 해야 할지 오랫동안 생각했어. 오락가락했지. 지금도 확신은 없어. 하지만 보라고. 우린 여기 왔고, 나는 모든 걸 말해 주겠다고 약속했어."

그는 내가 알았다는 표시를 해주길 바라는 듯했다.

"세상은 당신이 보는 바와 달라. 저 집을 봐. 최상류층의 거대한 집이잖아."

"그렇군요." 나는 조심스럽게 말했다.

"내가 말하고 싶은 건 말이지. 저 집, 차들, 오래된 가구와 인테리어 장식, 심지어 풍경까지, 한마디로 온 물질세계가 겉모습에 불과하다는 거야. 그 아래에는 전혀 다른 영역이 있어.

당신이 두 세계가 어떻게 다른지를 이해하는 건 중요해. 일시적으로 아름답게 꾸민 모든 겉치장 아래에는 틀림없는 진실의 층이 있어. 영적 영역, 화장을 지운 세계 말이야."

그 집을 다시 바라보는데, 무거운 벽돌이 사라지기 시작하더니 귀신 영화의 한 장면처럼 속이 다 들여다보였다. 그리고 위의 두 층이 소리 없이 무너지면서 가운데가 내려앉아, 구부러진 다리와 갈퀴발 달린 위엄 있는 고가구와 탁자, 콘솔테이블이 아래로 굴러 떨어졌다. 루션이 환상과 꿈을 통해 내 두뇌를 주무르는 일은 전에도 있었지만, 눈을 시퍼렇게 뜬 채 말도 안 되는 일을 보고 있자니 당황스럽기 그지없었다. 나는 자리에 앉은 채 움찔거렸는데 의자도 투명해져 있었다. 어느새 우리는 택시 안이 아닌 도로에 서 있었다. 포장된 도로가 아니라 흙과 돌뿐인 마당 앞이었다.

환상 속에서, 깨어 있는 환각 속에서 그는 내게 몸을 돌리고 말했다. "나는 당신이 저 집에 대해 감탄하는 내용을 다 알아. 집 뒤쪽의 거대한 데크, 둥근 천장, 크리스털 빛의 내부 설비와 오래된 오크 목재 바닥. 그 웅장함, 신분의 상징, 그 모든 것에 든 비용. 하지만 내 눈에 그 모든 것은 당신네들이 만든 알록달록한 화장지와 다를 바 없어. 밝게 색칠되어 있지만 약하고 금세 색이 바래고 쉽게 찢어지고, 얼마 못 사는 당신네들의 생애만큼도 버티지 못하지."

나는 눈을 감았다. 다시 눈을 떴을 때는 집과 단아한 꽃밭과 뾰족탑과 철문 대신 벽돌과 돌무더기와 마른 흙과 돌만 남아 있었다. 내 앞쪽으로 3미터 정도 떨어진 땅에는 퀸앤 테이블의 쪼개진 다리가 떨어져 있었는데, 구부러진 그것은 그 짧은 순간 한 세기라도 지난 듯 낡아 있었다.

그때 우리 옆으로 차가 한 대 지나갔고 어느새 우리는 다시 택시 안에 있었다. 우편배달부가 청동 우편함 앞에 차를 세우고 있었다. 집은 든든한 유산을 갖춘 예의 부유한 상태로 돌아가 있었다. 잘 손질된 잔디는 확고한 특권을 말해 주고 있었다.

악마는 창문에 댄 머리를 뒤로 약간 기울였다. "당신은 돈과 취미, 그리고 일시적인 만족을 약속하는 매혹적인 오락거리들을 평생 추구해 왔지. 하지만 나는 그 너머를 본다구. 인간들은 의미를 찾아 깊이 파고든다고 주장하지. 그러나 내가 볼 때 그들은 표면에 떠다니는 것에 만족하고 말아."

그는 내게 뭔가를 주었다. 이유는 모르겠지만, 그가 내게 이것을 보여 준 것은 일종의 특권을 부여한 것과 같다는 것을 알 수 있었다. 그런 것 없이도 그는 내게 자신의 이야기를 일관성 있고 더 쉽게 전할 수 있었을 것이다. 그 이유가 궁금했다. 나를 심란하게 만들려고? 나는 정말 심란해졌다. 내 꿈을 완벽하게 구현한 건물이 눈앞에서 파괴되는 광경을 보니 거북하기 짝이 없었다.

그가 한 손가락을 들고 말했다. "비범한 분별력이 있는 사람, 잠시 엿보는 정도라 해도 세상을 볼 줄 아는 재능이 있는 사람, 천사에 가까운 통찰력이 있는 사람이 가끔 나타나지. 불안한 일이야."

"왜요?"

"그건 그림자들이 가득한 방을 들여다보고 있는데 그중 하나가 앞으로 나와 내 얼굴을 똑바로 쳐다보는 것과 같으니까. 인간들은 그렇게 똑똑히 봐서는 안 돼."

"천사나 악마만 진실을 알고 있다고 생각하는 건가요?" 내 질문에는 방어적인 태도가 없지 않았다.

그는 똑바로 앉더니 기어를 넣고 차를 움직였다. "아냐. 우리가 그것을 더 잘 볼 수 있게 생겨먹은 것뿐이야. 우리는 당신네처럼 부들부들하고 흐늘흐늘한 눈이 아니라 진실의 홍채를 통해 세상을 보기 때문이지. 우리에게 그것은 흐리게 보이지도, 가려지지도 않아."

"나는 이 일이 나와 무슨 상관이 있는지 알고 싶어요."

"지금 그 얘기를 하려는 참이야."

바로 그때 계기판의 쌍방향 무전기가 정전기로 지직거렸다. 아무 소리도 들리지 않았지만, 루션은 머리를 옆으로 기울였다. 예전의 그 보이지 않는 벌레 떼였다.

우리는 컨트리클럽 지역을 천천히 지나가고 있었는데, 루션이 갑자기 욕설을 해대며 차를 돌렸다.

"사무실에서 헬렌이 당신 어디 갔느냐고 묻고 있대. 돌아가면 진찰 약속이 있었다고 말해."

"그건 거짓말이에요."

"당신 일정표에 들어 있어."

"내 일정표에 그런 건 없……." 화가 나서 말을 멈추었다. "곧장 사무실에 데려다줄 작정이었다면 여기까지 왜 온 겁니까?" 업무 시간에 나와 있는 것 때문에 마음이 불편하긴 했지만, 막상 돌아간다고 하니 안도감만 드는 게 아니었다.

"당신이 자리를 비운 것에 대해 그렇게 말들이 많을 줄 몰랐어."

"당신은 상황을 다 아는 줄 알았는데요."

"난 소리를 들어. 관찰하고. 다 아는 게 아니야." 그는 한숨을 내쉬며 이마를 문질렀다. 내게 말하는 것 자체가 골치 아프다는 듯한 행동이었다.

"시간이 약간 남았어." 그는 손목시계를 확인하고는 계기판의 시계가 멈추기라도 한 듯 톡톡 두드렸다. "그러니까 잘 들어. 세계는 새로웠어. 모든 동물은 풀을 먹었어. 살을 찢어 먹는 건 아직 없었어. 우리는 창조 세계에 마음이 사로잡혔고 놀라워했어."

"풀만 먹었다고요?" 커먼공원에서 그가 입었던 티셔츠가 생각났다. 거북하게 꺾인 팔에 달려 산산조각 났던 핑크색 엠피쓰리플레이어도 떠올랐다.

"설계상 그렇다는 거야. 원래는 고기를 먹도록 만들어지지 않았다는 거지. 물론 당신네는 죽게 만들어진 존재도 아니었지."

"무슨 말인가요?"

"그 얘긴 나중에 하지. 당장은 엘로힘에 대해 더 알아야 해. 그는 궁극적인 창조력이야. 다양성의 창시자지. 당신네 인간들은 창조 세계의 화려함을 놓쳐 버렸어. 수백 년, 아니 수천 년간. 하지만 우리는 그것을 놓치지 않았어. 루시퍼조차 놀라움에 눈을 떼지 못했어. 빛, 땅, 물, 생명. 그건 별것 아닌 것 같은데도 매력적이었지. 사치스러웠어. 이런 생명의 교향곡으로 가득한 땅은 본 적이 없었어. 나는 천사의 귀로 새와 고래가 내는 모든 소리, 물의 중얼거림, 나무의 부스럭거림을 들었어. 귀뚜라미 소리에, 썩어 없어질 핏줄과 식물 줄기가 함께 만들어 내는 진동에 전율을 느꼈어. 그것은 시각視覺의 성찬이기도 했어. 나는 경탄의 눈으로 오랫동안 그것을 바라보며 감상했어. 옥빛 빙하, 사막의 예술 작품인 모래언덕, 부글거리는 용암, 개똥벌레가 쏟아내는 빛."

그의 목소리는 낮아지고 약해졌다. 다시 말을 꺼냈을 때는 그의 말이 아련하게 들렸다. 만족을 얻거나 스스로를 괴롭히려고 과거를 회상할 때 갖게 되는 아련한 느낌과 비슷했다.

"낮에는 벌어지는 상황에 도취되었지만 밤만 되면 해변으로 돌아가 부드러운 달빛 아래를 거닐었지. 해가 가차없이, 말갛게 드러낸 모든 것을 달빛이 그 그림자로 가려 주었거든. 그렇게 밤낮으로 땅을 거닐고 감각을 만족시키면서 몇천 년이고 보낼 수 있을 것 같았어."

잠시 마음이 짠해졌다. 그가 나를 자신의 기억의 환각 속으로 밀어 넣은 것도 아니었는데, 나는 신혼여행지였던 세인트루시아의 해변에서 그와 함께 서 있는 기분이 들었다.

"우리는 이 세계를 갈망했어. 탐냈고 소망했어. 스스로 인정하지 않겠지만, 루시퍼도 탐나서 풀린 눈으로 넋놓고 바라보았어. 나는 엘로힘이 그를 다시 받아들인 것인지도 모른다고 생각했어. 엘로힘은 모든 것을 잊고, 루시퍼를 이 풍요롭고 멋진 신세계를 다스리는 신으로 세울 거라고. 엘로부터 나오는 다음번 축복은 그의 것, 그리고 우리 것이 될 거라고. 자기기만이었지." 그는 까르르 웃으며 고개를 가로저었다. 그만한 덩치와는 어울리지 않는 고음이었다.

우리는 매사추세츠공과대학 캠퍼스를 지나 내 사무실 건물에서 한 블록 떨어진 메인스트리트에 도착했다.

"왜 그렇지 않았나요? 왜 그럴 수 없었지요?"

그는 차를 주차시키고 나를 돌아보았다.

"그가 그들을 창조했기 때문이지."

"누구 말인가요?"

"네놈들."

10

그날 저녁 아파트 계단을 오르는데, 몸은 지쳤지만 마음은 며칠 만에 여느 때보다 차분했다.

퍼블릭가든 밖에서 벌어진 사고는 여전히 나를 따라다녔다. 뜻밖의 순간에 쿵 소리가 들렸고 여자의 부러지고 벌어진 팔다리가 아른거렸다. 그러면 두려움의 덩굴손이 평정심을 망쳐 놓기 전에 서둘러 떠올렸다. '나는 그가 원하는 것을 갖고 있어.' 그리고 나도 그로부터 대가로 뭔가를 받아 내야 했다.

우리가 나눈 대화를 저녁 시간 내내 빠짐없이 적어 볼 참이었다. 그 충동이 꽉 찬 방광처럼 배출을 요구하고 있었다. 하지만 집 앞 복도에 이르러서는 잠시 주저하다 불쑥 러소 부인의 집으로 가서 노크를 했다. 이제 평정을 되찾았으니 그녀의 머핀과 우정과 관심에 고마움을 전하고 싶었다. 그녀가 찾아온 타이밍이 워낙 좋지 않았기 때문에 어제 내 상태를 보고 내가 마약이라도 한 줄로 여긴다 해도 나무랄 수 없을 것 같았다.

그녀의 현관 앞에 서 있다 보니 그녀가 예민하게도 오늘 내가 함께 시간을 보낸 존재의 흔적을 감지하고 놀라진 않을까 하는 생각이 들었다. 그래서 1분 정도 더 기다린 후 응답이 없자 안도했다. 그날 밤, 책상에 앉아 펜을 놀리는데 한 가지가 자꾸만 마음에 걸렸다. 루션의 변덕스러운 기분이었다. 특히 나에 대한, 아니 어쩌면 인간들에 대한 것인지 모를 그의 기분은 수시로 변했다. 내가 그에게 왜 먹지 않느냐고 물었을 때 그가 보인 섬뜩한 반응이 자꾸만 생각났다. 한순간 그는 정말 홀린 듯이 보였다. 그리고 그가 인간들을 사악한 종족, 증오스러운 원수를 부르듯 '그놈들'이라고 말했던 것이 떠올랐다.

11

　몇 년 전 보스턴미술관의 회원이 될 것을 고려한 적이 있었다. 오브리와 나는 손을 잡고 미술관을 돌아다니면서 전시물 앞에서 팔짱을 낀 채 서로의 귀에다 속삭이는 것을 좋아했다. 작년 결혼기념일에도 그녀와 이곳에 오려 했다. 그 계획은 성사되지 않았고, 이제 이곳은 오브리와 무관한 기억을 만들어야 할 또 하나의 장소가 되었다.
　기다란 이슬람관의 서예 작품 한 점이 내 눈을 사로잡았다. 아랍 글자들이 배 모양으로 적혀 있었다. 안내판에 번역된 글의 내용은 이러했다. "저주받은 악마로부터 신의 보호를 구한다." 배가 무엇을 상징하는지도 궁금했지만, 작가가 어떻게 보호가 필요하게 되었는지가 더 궁금했다.

아시아관으로 들어섰다. 앙코르에서 온, 머리카락이 고불거리고 입술이 넓고 두툼한 흉상들을 지나고 색이 바래 희미해진 인도 동굴 벽화를 지났다. 다음은 부리부리한 눈과 두툼한 입술을 한 인도네시아 악마 상이었다. 뾰족한 이빨을 죄다 드러내고 웃고 있는데 안내판에는 이렇게 적혀 있었다. "악마 마니샤."

악마는 곳곳에 있었다. 궁금했다. 이걸 만든 예술가는 악마들이 인간의 모습으로 나타날 수 있다는 걸 알았을까. 모든 문화에서 볼 수 있는 이 공통점을 이전에는 왜 몰랐을까, 왜 나는 악마를 기독교회의 전유물이라고 생각했을까. 그것도 궁금했다. 교육받은 현대인인 나야말로 엉터리 지식의 산 증거일 수도 있겠다는 생각이 문득 들었다.

아기 모세와 그 어머니의 대리석 석상 너머로 누비아Nubia관이 있었다. 이곳은 관람객들이 섬뜩한 이집트 전시관으로 가는 길에 대충 둘러보는 통로에 해당했다. 미술관 안내도의 '이집트 매장품' 아래에는 오로지 죽은 사람들을 보기 위해 온 관람객들을 위해 '(미라)'라고 적혀 있었다. 오브리는 그런 발상을 늘 촌스럽다고 여겼기에 우리는 그곳에서 많은 시간을 보내지 않았다. 작가의 개성이 강하게 담긴 힘 있는 인상파 작품들이 훨씬 낭만적이었다.

왕비의 무덤에 묻혔다가 깨진 조각들을 모아 붙여 복원한 그릇을 쳐다보고 있을 때였다. 50대의 여성이 옆에 와서 말했다. "영원한 건 없어요, 그렇지요? 모두 먼지로 변하고 마네요."

"이미 다 아는 사실 아닙니까."

곁눈질로 보니 그녀가 고개를 돌려 나를 빤히 바라보고 있었다. 실수였음을 깨달았지만 이미 너무 늦었다. "죄송하게 됐군요!"라고 말하는 그녀의 목덜미가 파르르 떨렸다. 내가 들어왔던 길로 보란 듯이 걸어 나가면서도 그 부분이 여전히 떨렸던 것 같다.

작은 전시홀 건너편에서 부드러운 웃음소리가 들려왔다. 웃음소리의 주인공인 담갈색 피부의 여자가 옆으로 다가올 때까지도 내 얼굴은 벌겋게 물들어 있었다. 그녀의 기분 좋은 눈에서 악마가 춤추고 있었다.

"난처한 순간에 왔군요." 그녀가 여전히 웃으면서 말했다. 머리가 웨이브를 이루며 어깨 뒤로 넘어가 있었다. 나는 속으로 끙하고 소리를 냈다. 만져 보고 싶은 충동이 일었기 때문이다. 그녀는 키가 크고 미끈했고, 피코트는 무릎을 드러낸 짧은 치맛단을 가리지 않았다. 다리는 망아지 다리를 연상케 했는데, 팬티스타킹의 그물코 사이로 드러난 피부는 천 개나 되는 작은 창을 통해 비쳐드는 햇살 같았다. 그녀는 깨진 그릇 조각들을 보느라 하트형 얼굴을 돌렸지만 내 눈은 그녀의 옆 입술, 뾰족 튀어나온 윗부분을 응시했다. 여자들이 싫어할 수밖에 없을 듯한, 탁월한 미인이었다.

"인간의 역사로 치면 이건 상당히 오래되었네요. 하지만 내게는 어제 일만 같아요. 난 지금 나와 데이트 중이에요."

"당신이 그러는 거 지긋지긋해요." 나는 고개를 돌려 버렸다.

"뭘 했는데요?"

"잘난 체하는 악마의 농담이요."

"인간이라는 존재를 한마디로 보여 주는 이런 신의 희극(戲劇) 속에서 내가 달리 뭘 어떻게 하겠어요? 이건 웃기는 일이에요! 모두 다."

우리는 함께 금목걸이, 부적들—소지한 사람을 악으로부터 지켜 준다는—을 지나쳤고(루션은 그런 것들에 전혀 영향을 받지 않았다), 스카라베와 호루스의 눈을 지나 기원전 9세기의 보석이 전시된 곳에 이르렀다.

"이것이 훨씬 가깝겠군요." 그녀는 낡은 금반지를 꼼꼼히 살피며 말했다.

"무엇에 말입니까?"

"하나님이 에덴으로 갔을 때에."

"에덴으로 갔어요?"

그녀는 내 팔에 팔짱을 꼈다. 그리고 낮은 목소리로 말했다. "그때까지 모든 것은 하나님의 말로 생겨났고, 그의 순전한 뜻만으로 존재했어요. 하지만 이후 엘은 새 에덴으로 내려왔지요. 우리는 그가 땅과 풀밭과 골짜기를 내달리는 것을 느꼈어요. 그가 지나가자 동물들이 흥분했고 그들의 합창이 하늘까지 닿았어요. 그리고 나는 생각에 잠긴 사람이 땅에서 왔다 갔다 하듯 엘이 동산을 빙글빙글 맴도는 것을 느꼈어요. 그는 강 언저리에 머물며 갈대 사이를 거닐었어요." 그녀가 나를 쳐다봤다. 빛과 야성이 담긴 눈이었다.

"왜 그랬죠? 무엇을 하고 있었나요?"

"생각도 못할 일!" 그녀가 속삭였다. 오늘은 유난히 쾌활해 보였다. "강가로 흙이 모이더니 땅에서 어떤 형체를 이루었어요. 마치 엘이 몸을 구부려 손으로 그 더러운 것을 퍼다 쌓는 것 같았지요." 그녀는 입을 가렸는데 웃음 비슷한 이상한 소리가 저절로 나오는 듯했다. 특이하고 갈라진 소리가 딸꾹질처럼 불쑥불쑥 튀어나왔다.

"주변에 있던 우리는 눅눅한 공기 중에 머물렀어요. 그가 무엇을 하는 걸까? 하나님은 흙투성이 속에서 뭔가를 하고 있었어요. 우리는 서로 바라봤어요. 루시퍼조차 어안이 벙벙한 얼굴로 계속 바라보고만 계셨어요. 당신이 그 표정을 봤어야 했는데!" 그녀가 웃음을 터뜨렸다. 갑작스럽게 깔깔대는 웃음이었다. 희미한 광기의 징조가 다시 나타난 것이다. 그러고 나서 이전처럼 갑자기 침착함을 되찾았다. 나는 그런 모습이 순식간에 평정을 잃었던 것 못지않게 놀라웠다. 누군가 엿듣는다면 높은 소리로 거침없이 말하다가 어느 순간 목소리를 낮춰 속삭이고, 그러다 별안간 웃음을 터뜨리는 그녀가 정신적으로 문제가 있다고 생각할 것 같았다.

그녀는 나를 금 팔찌와 반지 전시물로 이끌었다. 누비아의 한 무덤에서 오랜 세월 보존된 유물이었다. 나는 그녀의 아무렇지도 않은 듯한 접촉이 좋으면서도 싫었고, 내 귓속의 잔털을 올리는 그녀의 속삭임을 거부하고 싶기도 했다.

"엘은 흙을 조각해 어떤 물건, 어떤 닮은꼴을 만들고 있었어요. 이번에는 말로 하지 않고…… 직접 빚어서 창조하고 있었어요." 내가 아무 말도 하지 않자 그녀는 적당한 말을 더듬어 찾는 듯 손짓을 했지만, 그런 말이 좀처럼 떠오르지 않는 듯했다. "직접 말이에요, 클레이. 우리가 마치 손으로 빚는 것처럼!"

나는 당황하여 그녀를 바라보았다.

"지금 당신처럼 그때 우리도 모두 입을 벌리고 바라보았어요. 그때…… 엘이 그것을 에워쌌어요. 그는 그 주위 모든 곳에 있었어요. 마치 그 흙투성이 물건을 두 팔로 안고 머리를 받쳐 주는 것 같았지요. 그리고 그때 들려왔어요." 그녀가 내 팔을 단단히 쥐었다. 손가락이 내 살을 어찌나 강하게 누르던지 스웨터를 입어 다행이다 싶었다. 그렇지 않았다면 내 팔뚝에 반달 모양의 손톱자국이 났을 것이다. "그 소리, 그건 온 세상이 시작될 때 들려오던 기대에 찬 소리였어요. 진흙 더미 속으로 숨이 불어넣어졌어요! 그 흙투성이가 입에다 그가 입을 대고 숨을 불어넣는 것 같았어요.

오, 신이 내쉰 호흡이라니! 그건 그 자신이었어요. 생명보다 훨씬 큰 것. 전부였어요. 의식, 모든 감정, 사랑하고 양육하고 창조하려는 성향. 그는 그 모두를 흙으로 만든 새로운 피조물 안에 부어 넣었어요." 도톰한 입술이 일그러졌다. 그녀의 홍채 뒤에서 이전에 보았던 부자연스러운 빛이 검은 신성新星처럼 번쩍였다. "그러자 흙clay으로 된 가슴이 채워지고 팽창하고 데워졌어요. 사람이 기침을 하고는 쓰러졌어요. 살아난 거죠."

나는 그녀를 빤히 바라보았다. "하지만 당신이 하는 말은……."

그녀 입술의 긴장이 풀리며 차가운 미소로 바뀌었다. "그래요, 클레이Clay. 엘의 형상, 하나님의 호흡. 그런 무가치한 그릇에 말이죠. 다이아몬드보다 훨씬 소중한 것, 우리에게도 거절된 것이 진흙 상자에 맡겨진 거예요."

"지금 당신처럼 그때 루시퍼도 흥분했겠군요."

또다시 날카로운 웃음소리. "그의 질투심은 불처럼 폭발했고 그 여파가 암처럼 우리에게 퍼졌지요." 그녀는 코트를 벗으려 했다. 나는 본능적으로 몸을 움직여 그녀를 도왔다. 코트 안은 민소매의 터틀넥 차림이었다. 팔의 피부는 부드럽고 윤기가 흘렀다. 만져 보고 싶었다. "한때 그가 다스리던 에덴이 새롭게 만들어져서 들어 올려지고 무성하고 생기 있게 재창조되어 또 다른 존재를 위해 예비된 거예요." 그녀는 내 손에서 코트를 받아 팔에 걸쳤는데, 손목에 찬 정교한 은빛 시계가 빛났다. "거울 같은 돌들은 더 이상 없었어요. 에덴은 이제 우리와는 전혀 다른 피조물을 위해 엘이 손수 만든 요람이었어요."

"그러니까 그가, 엘이 아담을 위해 그것을 만들었군요. 아담 말하는 것 맞죠?

"그래요. 엘로힘이 세운 새 동산이 그의 집이 되었어요. 한때 루시퍼가 다스리시던 왕좌는 이제 흙으로 만들어진, 하나님이 애지중지하는 새 피조물의 소유가 되었어요."

"루시퍼는 그것을 더 이상 원하지 않는다고 당신 입으로 말했잖아요."

"반역 이후의 상태로는 그랬죠. 망가진 에덴은 원하지 않았어요. 하지만 엘은 뭔가 특별한 일을 하면서 그곳을 새롭게 만들고는 남에게 줘버렸어요. 설상가상으로, 그는 체통도 잊고 그리로 내려갔어요. 매일같이 하늘에서 내려왔죠. 산을 떠나 피조물들 사이에서 움직이고 새로 지은 그 사람과 대화를 나누고 그늘 속에서 함께 거닐고 나무 아래서 그에게 이런저런 이야기를 했어요. 그 친밀한 속삭임! 불현듯 내 영혼에는 진흙 인간이 되고 싶은 마음이 간절했어요!"

지금까지 관객은 줄곧 우리 둘뿐이었다. 토요일 오후의 미술관치고는 이상하게 조용했다.

"이제 루시퍼는 더 이상 앉아만 있지 않았어요. 지구는 그의 것이었고 처음부터 그의 소유였어요. 그는 새로운 피조물들과 그의 관할 하에 있는 행성에서 이리저리 돌아다니고 자라나는 온갖 이상한 생명체들을 두루 살펴볼 생각이었어요." 그녀는 말을 멈추고 각종 장신구들을 쳐다보았다. 조개껍질로 만든 팔찌와 목걸이들이 있었는데, 거기 달린 작은 조개들은 상태가 온전했다. 번호가 매겨진 안내판에는 '발굴 장소: 홍해'라고 적혀 있었다.

"루시퍼는 이곳, 이 새로운 생명, 피조물들을 다스릴 주인공이 누구인지 전혀 의심하지 않았어요. 지구, 에덴 전부가 그의 소유였으니까요. 그는 새로워진 에덴과 새 주민들을 경멸하긴 했지만, 어쨌거나 이곳은 그의 소유였어요. 하지만 엘의 일은 끝나지 않았죠."

그녀는 내 왼쪽으로 몇 걸음 걸어가 진열대 안을 뚫어지게 쳐다보았다. 그녀가 관심을 갖는 대상은 상아로 만든 빗이었다. 몇 분 동안 그녀는 꼼짝 않고 서 있었다. 생각에 잠긴 표정인 데다 입술을 오므리고 있었다. 그러다 고개를 숙이더니 슬픈 듯이 말했다. "이 빗의 주인, 내가 아는 사람이에요. 그녀는 밤마다 달을 보며 노래를 불렀고 나는 노래를 듣기 위해 그녀를 찾곤 했어요. 창백한 달빛 속에서 내가 본 것을 그녀도 보는 듯했어요."

그 여자에게 사고가 닥쳤던 것은 아닌지 궁금해졌다. 차에 치이는 것과 비슷한 일을 기원전 2200년에 당한 것은 아닐까. 그때 문득 이런 생각이 들었다. 내가 이 전시실에 있는 어떤 유물보다도 오래된 존재와 어깨를 나란히 하고 서 있구나. 아마 다음 전시실도 마찬가지일 것이다. 미술관이 깔고 앉은 토양보다 더 오래된 존재일 수도 있었다.

그녀가 진열 유리를 만졌다. "참 이상하지요. 한 인간과 감정을 나누다니, 그녀는 내가 인간 중에서 가장 가깝게 느꼈던 사람이 아니었나 싶어요." 그녀의 손가락이 진열장에서 떨어졌다.

"물론, 내가 끌렸던 부분이 그 여자 자체가 아니라 그녀 안에 있던, 엘의 특성들이었음을 나중에는 깨달았지요. 그녀 영혼의 애절한 갈망에서, 사랑스러운 음성에서 나는 엘을 들은 거예요."

그 말을 한 뒤 그녀는 조용해졌다. 입술이 약간 움직였지만 소리는 나오지 않았다. 그녀는 그 말을 가사로 해서 소리 없는 노래를 부르고 있었다.

"엘의 일이 끝나지 않았다고 말했어요." 나는 재촉했다.

그녀가 한숨을 쉬었다. "그래요, 그게 끝이 아니었어요. 엘은 동물들을 인간에게 주고 그것들을 다스리라고 했어요. 내 군주에겐 강력한 기습인 셈이었지요. 내 말을 이해하겠어요, 클레이?" 그녀는 진열장에 기댄 채 얼굴을 들어 내 쪽을 향했다. "그것들을 흙덩이 인간에게 주었다고요! 엘은 인간에게 그것들의 이름을 지을 능력을 주었어요. 그 인간은 자신이 루시퍼의 정당한 자리를 빼앗은 줄도 모른 채 맡겨진 일을 감당했지요. 하지만 상황은 더욱 악화되었죠." 그녀는 코트를 반대편으로 옮기고 강조하려는 듯 손가락 하나를 들었다. "모든 동물에게는 짝이 있었어요." 그녀는 두 번째 손가락을 세우고 두 손가락을 이리저리 돌렸다. "그러나 인간에게는 짝이 없었어요. 동물의 이름을 짓는 일은 오랜 시간이 걸렸어요. 동산을 보살피는 일도 만만한 임무가 아니었죠. 인간은 도움이 필요했어요. 그는 외로웠어요. 자연과 나누는 대화도 언제까지나 새로울 수는 없지요."

"그에겐 엘이 있었잖아요." 말하면서도 그렇듯 경건하게 들리는 말이 내 입에서 흘러나오는 것이 이상했다.

"맞아요, 그것으로 충분했어야 하지요. 하지만 엘은 자제를 몰라요. 그가 진흙 종족을 위해 기꺼이 하고자 하는 엄청난 일들에 비하면, 우리에게 더없이 좋았던 것들도 초라해질 정도였죠." 그녀의 목소리에는 이상하고 아이러니한 구석이 있었다.

"빵 굽는 사람이 빵 반죽에서 한 덩이를 떼어 그것으로 다른 덩어리를 발효시키는 것처럼, 엘은 새 사람의 한 부분, 살이 아니라 매끈하고 튼튼한 뼈를 꺼내 또 다른 새것을 만들었어요." 그녀는 다음 전시실로 옮겨 가면서 내가 따라오는지 확인하려는 듯 뒤를 힐끔 쳐다봤다. 그녀의 매끄러운 피부에 새긴 작은 문신이 눈에 들어왔다. 떨어지는 별이었다. "그리고 그녀가 일어났어요. 인간 남자의 대등한 짝, 여자였어요."

그녀는 손으로 뒷머리를 매만졌다. 무심한 듯 손끝으로 목 옆부분을 빗어 내리다가 잠시 그대로 멈췄다. 목선을 훑으면서 그곳의 희미한 맥박을 느끼는 듯했다. "그들은 진흙에서 생겨난 존재에게 더 이상 바랄 수 없을 만큼 위엄 있는 한 쌍이었어요. 둘 다 모든 피조물 가운데 유일했고, 하나님이 자기 형상을 따라 직접 창조한 특별한 존재였어요. 엘이 그들에게 녹색의 것들을 음식으로 주고 땅을 채우라고 말했을 때, 나는 그들이 흙에서 태어났다는 사실을 정말 잊고 있었어요."

그녀는 멈춰서 손목시계를 확인했다. 이제 나는 그 모습에 익숙해졌고, 떠날 시간이 가까워졌다는 의미라는 것도 알게 되었다. 그녀는 택시에서 계기판 시계를 두들기던 악마처럼 손목시계를 톡톡 쳤다. 시계가 만족스럽게 작동하고 있었는지, 그녀는 고개를 들어 나를 쳐다봤다.

"그리고?" 나는 조바심을 내며 물었다. 짜증이 났다. 그녀는 사람을 기다리게 만들었다. 하지만 나는 기다렸다. 내 책상으로, 점점 늘어나는 종이 더미로 최대한 많은 내용을 가져가고 싶었다. 그녀의 목적을, 자기 이야기를 들려주는 무언의 이유를 알아낼 자료를 좀더 확보하길 바라며 기다렸다.

그녀가 어깨를 으쓱했다. "엘은 자리에 편히 앉더니 좋다고 말하고 쉬었어요."

나는 기다렸다.

그녀가 기다렸다.

이맛살이 찌푸려졌다. "그리고?"

그녀의 입이 구부러지면서 미소로 바뀌었다. "당신, 나 예쁘다고 생각하죠."

'미라' 전시실은 조명이 어두웠다. 어둠 바깥으로 나올 계획이 없었던 거대한 관들과 매장용 가면들 위로 소형 전구가 할로겐 빛을 내리쬐고 있었다. 온도도 낮았다. 조명과 온도가 변하니 정말 무덤 같은 분위기가 났다. 멀리 떨어진 벽에는 이시스(농사, 수태를 관장하는 여신—옮긴이), 아누비스(망자를 저승으로 인도하는 신, 자칼의 머리를 하고 있다—옮긴이), 마트(법과 정의의 여신—옮긴이), 토트(지혜, 학문, 마법의 신—옮긴이) 등 몇몇 신들이 나란히 서서 망자들을 위해 보초를 서고 있었다. 가까운 벽을 장식하고 있는 실제 무덤의 단면들에는 죽은 자를 보호하기 위한 상징들이 새겨져 있었다.

아랍의 서예 작품과 누비아관에서 본 부적을 생각하다 보니, 죽은 자들이 살아 있는 동안 자신을 보호하기 위해 무엇을 사용했을지 궁금해졌다.

루션은 전시된 관들을 천천히 돌아보며 유리 진열대를 어루만졌는데, 나는 그 모습에 마음이 너무 불편했다.

"알아요. 당신에겐 신화처럼 보이겠죠. 기껏해야 고대의 역사겠지요. 하지만 상상이 되나요, 클레이? 이 모든 것이." 그녀는 전시실 사방으로 손짓을 했다. "그들, 최초의 두 사람으로부터 생겨났다는 게?"

나는 그녀가 말한 '이 모든 것'이 정교한 문화의 흔적이라고 생각했다. 실제적인 용도로만 보자면 이 방은 한 이방 종교가 죽음에게 바친 경의의 표시였다.

"그 후 우리는 기다렸어요. 남자가 여자와 함께 살아가기 시작하고, 그녀에게 먹을 것을 주고 함께 자리에 눕는 동안, 우리는 그들이 무엇을 할지 지켜보았어요. 틀림없이 뭔가 더 있을 거라고 생각했기 때문이에요. 하지만 엘의 일은 끝났어요. 우리에겐 아무것도 없었어요."

그녀는 한 공주의 관이 들어 있는 진열대에 기대어 서서 안에서 나는 소리를 듣기라도 하려는 듯 귀를 갖다 댔다. "가끔은 궁금해요. 죽는 게 어떤 것일지."

나는 몸을 돌렸다.

"아이, 그러지 마요." 그녀가 다시 내 옆에 와서 팔짱을 꼈다.

"이것이 나와 무슨 상관이 있는지 알고 싶습니다."

"처음을 알지 못하면, 나머지도 아무 의미가 없을 거예요. 그러면 우리는 시간만 허비하게 될 거구요. 우리 둘 다 그럴 여유는 없어요." 그녀는 내 스웨터에서 보푸라기 하나를 떼어 냈다.

사람들이 왜 이렇게 없을까, 하고 혼잣말을 하고 있는데 몇몇 관람객이 미라 전시실로 들어왔다. 전혀 신경 쓸 이유가 없었지만, 천박한 나의 일부는 눈에 확 띄게 아름다운 여성과 팔짱을 끼고 있는 내 모습을 만족스러워했다. 그러나 나의 또 다른 부분은 이것이 여자가 아니며 사람도 아니라는 것을 기억했다.

자동차 바퀴, 도로에 미끄러지고…… 금발 머리와 피……

"이 모든 이야기에 너무나 잘 어울리는 완벽한 장소를 골랐군요, 클레이. 여기, 수천 년이 지나도록 살아남은 당신네 유물들 한복판이라니. 내가 말한 내용, 이해할 수 있겠어요? 내가 처음 떠오르는 해를 봤고 인간의 발이 모래를 더럽히기 전에 지구상 최고의 해변들을 거닐었다는 거?"

그녀는 내 어깨 쪽으로 머리를 기울였다. 그리고 한숨을 쉬며 말했다. "알아요. 내가 나이를 너무 티내고 있지요."

"루시퍼는 그것이 분풀이라고 주장했어요." 그녀의 목소리는 뭔가를 꾸미는 듯한 속삭임으로 낮아졌다. 그녀는 친구에게 잡담을 늘어놓는 여느 여자처럼 보였을 것이다. 전시실 건너편에서 20대 남자가 그녀를 노골적으로 쳐다보지 않으려고 했지만 좀처럼 생각대로 되지 않았다. "그는 새로운 동물들이 걸어 다니는 진흙 이상의 존재인 것처럼, 어떤 가치 있는 존재가 될 수 있는 것처럼 엘이 그들과 대화를 나누는 것이 우리를 향한 분풀이라고 말했어요. 그는 우리가 차마 믿지 못했던 내용을 알고 있었어요. 엘이 특별히 좋아하는 것을 새로 만들었다는 사실. 클레이, 당신에게 줄 선물이 있어요."

갑자기 내 이름이 나오자 깜짝 놀랐다. "그래요?" 나는 경계하며 말했다. "뭡니까?"

"알게 될 거예요." 그녀의 입술이 둥그렇게 말렸다. 고양이처럼. 마음에 들지 않는 미소였다.

그녀는 팔짱을 낀 팔에 힘을 주어 내 팔을 꼭 껴안았다. "그리고 루시퍼가 군대를 향해 말했어요. '우리가 그들의 왕들이 되지 못하게 막는 것이 무엇이냐? 그들의 신들은 왜 못 되겠느냐? 이 새로운 피조물들에게 우리가 달리 어떤 존재가 될 수 있겠느냐? 그처럼 우리도 동산에서 거닐자. 그들에게 신들이 되고 그들에게 영향력을 행사하고 그들이 엘로힘과의 교제에서 벗어나게 만들자. 우리가 그랬던 것처럼.'"

우리는 매의 머리를 한 태양신인 호루스 상 앞에서 잠시 멈추었다. 그때 그녀는 나를 머뭇거리게 하는 기이한 행동을 했다.

그것을 향해 정말 윙크한 걸까, 아니면 내 상상에 불과했을까? 몸서리가 났다. 그녀는 동상에서 눈을 떼지 않은 채 내 어깨에 바싹 다가붙었다. 어지럼증이 일었다.

"루시퍼는 그 인간들에게 집착했어요. 그의 집착을 어떻게 이해해야 할지 모르겠더군요. 그런 모습은 처음이었거든요. 하늘에 오르지 못하게 되어 괴로워했을 때도 그 정도는 아니었죠. 그는 한 가지 목적에만 사로잡혀 있었어요. 그는 우리를 잊어버렸고 엘을 조롱하는 것도 멈추었어요. 그에게는 온 세상에 인간들 한 가지만 존재하는 것 같았어요." 그녀는 팔짱을 풀지 않은 채 몸을 떼고는 공허한 눈과 검은 곱슬머리를 한 매장용 가면을 가만히 살펴보며 유리 진열대 위에 그 모습을 따라 그렸다.

"그는 동산을 기웃거리며 엘의 작품을 직접 살피고 다녔어요. 그 모습은 마치 장인의 장품에서 최소한의 약점이라도 찾으려고 이리저리 돌려 보는, 질투심에 사로잡힌 비평가 같았지요." 그녀의 손가락이 진열 유리 앞 부분을 훑어 내리면서 끼익 소리가 났다. "그렇게 며칠, 몇 년에 걸쳐 오랫동안 살핀 끝에 마침내 약점을 찾아냈어요."

10분 전쯤부터 새로운 방문객들이 몰려와 전시실을 거닐고 이집트관 양옆에 있는 출입구를 들락거렸다. 그래서 나는 전시실로 들어서는 커플에게 딱히 주의를 기울이지 않았다. 그런데 그중 한 사람이 멈칫거리는 것이 보여, 아니 느껴져서 그쪽을 쳐다보았다. 그때 루션은 내 팔에 다시 팔짱을 꼈다.

오브리였다.

나는 이날을 두려워하면서도 기대했다. 주말의 올드베이징? 메이시백화점 바깥 길? 아니면 피츠커피에서 나오다가? 지하철역 안에서 고개를 들었다가 반대편에서 기다리는 모습을 보게 되면 어쩌지……? 혹 이대로 영영 못 보게 되는 건 아닐까?

루션이 내 삶에 끼어든 몇 주 동안, 오브리와 불시에 마주치는 상황에 대한 두려움에 비길 만한 새로운 두려움들을 알게 되었다. 이후 오브리 생각을 하루 한두 번만 하고 넘어가는 날이 점점 많아졌다. 처음 이 사실을 깨달았을 때는 기겁을 했다. 그녀의 마지막 자취가 완전히, 너무 빨리 빠져나가는 듯했기 때문이다. 그러나 나중에는 새로운 광기 덕에 드디어 이별의 다음 단계로 넘어가기 시작했구나, 하고 맥없이 자축하기에 이르렀다.

그렇다고는 해도, 집을 나설 때면 여전히 그녀 생각이 망령처럼 따라붙었다. 트레몬트스트리트를 걷거나 케임브리지의 하비스트스토어로 들어갈 때는 물론, 그녀와 함께 가본 적 없는 장소에서도 불쑥 내 마음에 이런 속삭임이 들렸다. '오늘이 그날인가?' 나는 그녀와의 만남에 대비한 온갖 시나리오를 세웠지만, 막상 그 순간이 닥치면 그 모든 것이 수포로 돌아갈 게 분명했다.

더구나 오늘은 그녀를 만날 준비가 더더욱 되어 있지 않았다. 남자와 함께 있는 그녀, 나를 보고 본능적으로 남자의 팔을 꽉 껴안는 그녀를 보니 그런 생각이 더 강하게 들었다.

리처드였다.

마침내 그와 마주친 것이다. 그러나 지난 몇 달간 나를 괴롭혔던 얼굴 없는 사나이를 직접 보자 오히려 더 당황스러웠다. 키가 큰 것 말고는 그는 내가 상상했던 조각미남 난봉꾼과 거리가 멀었다. 세인트마틴에서 막 돌아온 듯 피부는 구릿빛이었다. 화려한 갈색 머리는 숱이 많지만 이목구비가 뚜렷하지 않았고, 생기 없는 눈 위에 눈썹이 엉거주춤하게 달려 있었다. 턱도 좀 들어가 있는 것 같았다. 계산된 듯한 절제된 옷차림을 제외하면 외모는 실망스러울 정도로 평범했다. 처음에는 그 때문에 안도감이, 그다음엔 회의가 밀려왔다. 그리고 이전에 천 번도 더 그랬던 것처럼, 오브리가 무엇 때문에 그를 선택했을지 궁금해졌다. 어느새 나를 그와 비교하고 있었다.

그의 목에 걸친 검은색 캐시미어 스카프가 눈에 들어왔다. 오브리가 남자들에게 자주 안기는 선물이었다. 나에게도 줬고 이전 남자친구에게도 줬다. 리처드가 그 사실을 알고 있을까.

오브리도 햇볕에 그을려 있었다. 두 사람 모두 어딘가 이국적인 장소에 다녀온 게 분명했다. 나는 거의 매일, 혹시라도 불시에 그녀와 마주치지 않을까 조바심을 냈건만, 그녀는 이 도시에 머물고 있지도 않았던 것이다. 그렇게 생각하자 짜증이 났다.

소개는 무난하게 진행되었다. 놀랍게도 리처드 덕분이었다. 그놈의 리처드. 리처드답게 미끈거리기는. 그는 손을 내밀었다. 격식을 갖춘 호의가 느껴졌다. 화해의 제스처 같았다. 나는 그의 손을 잡고 뭐라고 말했다. 이 순간을 위해 연습했던 멋진 말과는 한참 거리가 멀었다.

그때 그녀의 향수 향내가 코끝을 스쳤다. 푸른 별 모양의 그 향수병은 욕실 선반에 매일 놓여 있었다. 갑자기 추억들이 나를 에워쌌다. 작년 크리스마스에 열린 사무실 파티에서 그녀가 입었던 드레스, 그때 드러난 어깨, 아침에 그녀의 베개에 남곤 하던 눌린 자국, 잠잘 때 그녀의 얼굴에 흘러내리던 머리카락, 침대 옆에 쌓여 있던 그녀의 옷들.

"클레이." 리처드가 말했다. 내 이름의 하나뿐인 모음을 약간 다른 말씨로 발음하고 있었다. 영국식 영어였다. 그럴 줄 알았다.

"좋아 보이네요." 오브리가 거짓말을 했다. 그녀의 얼굴이 상기되어 있었다. 케이블니트 스웨터와 코르덴바지가 지나치게 따뜻한 듯했다. 그녀의 눈에는 약간의 혼란과, 나중에 생각해 보니 은근한 초연함이 섞여 있었다. 번들거리며 약간 벌어진 핑크색 입술은 뭔가 말하려는 듯했다. 그 입 모양을 기억하고 있던 나는 처음엔 무심코 보다가 나중에는 나도 모르게 빤히 들여다보았다. 원래는 그녀의 앞니 하나가 약간 비뚤어져 있어서 윗입술을 살짝 밀어냈다. 본인은 그것 때문에 늘 신경을 썼지만 나는 그 모습이 귀여웠다. 대체로 귀족적인 그녀의 외모를 좀더 편안하게 다가갈 수 있는 인간적인 모습으로 만들어 주었기 때문이다. 그런데 이제 보니 그 하얀 모서리 사이에는 어긋나는 부분이 전혀 없었다. 교정한 것이다! 입술은 서로 붙었다가 다시 벌어졌고, 파란 눈은 나를 떠나 리처드에게 갔다가 나방처럼 다시 돌아와 마침내 내 팔을 감고 있는 여자에게 닿았다.

"모건이에요." 악마가 말했다. 여자 둘이 만났을 때 자기가 더 예쁘다는 것을 아는 쪽이 보여 주는 관대한 미소를 짓고 있었다. 그녀의 머리가 옆으로 약간 기울어졌다. 나는 공기 중에 울리는 희미한 윙윙거림 때문에 불안해졌다. 그녀는 환하게 웃으며 말했다. "클레이가 방금 당신과 함께 여기 오곤 했다고 말해 주었어요."

오브리 때문에 분통이 터진 나는 팔로 모건을 감싸 안았다.

오브리가 희미한 미소를 지었다.

"놀라운 걸. 미라 전시실에서 당신을 보다니." 그녀를 나무라고 싶었다. 이빨은 왜 손을 댔어, 좋아하지도 않는 미라 전시실에는 왜 왔지?

"제가 오자고 했어요. 한 번도 본 적이 없거든요. 정말 놀랍군요." 리처드가 말했다. 그녀를 구해 준 것이다.

놈이 미웠다.

"만나서 반가워요, 모건." 오브리의 표정은 다정했다. 불안감이나 질투는 전혀 드러나지 않았고 오히려 약간 의외라는 인상이었다. "이곳에 사시나요?"

"예. 전 변호사예요." 악마가 말했다.

"그러시군요." 오브리는 깊은 인상을 받은 듯했다. 그녀의 눈길이 '모건'과 나 사이를 오갔다. 내가 변호사를 좋아하게 될 줄은 몰랐다는 그녀의 생각이 들리는 듯했다. 전 남편의 직감이다.
"어떤 법인가요?"

"제조물 책임 소송을 맡고 있어요." 루션은 미소 지으며 말했다. 당최 모르는 얘기였지만 즉시 그녀에게 고마운 생각이 들었다. 이런 내 반응이 놀랍기도 하고 불안하기도 했다.

리처드가 손목시계를 확인했다. "저, 제가 배가 좀 고파서 말입니다. 괜찮겠어, 브리? 저 식당에 올라가서 점심 식사를 하는 게 어떨까?" 리처드가 다시 구원자로 등장했다. 오브리는 웃으면서 고개를 끄덕였다. "만나서 반가웠어요, 클레이."

그들이 미국관으로 멀어져 가자 내가 루션에게 따졌다. "당신에겐 아무 권리가 없었어요." 나는 씩씩거리며 말했다. 아직도 얼굴에서 첫 만남의 열기가 느껴졌다.

"무난하게 잘 진행된 것 같군요." 그녀가 팔짱 낀 손을 놓았다. 나는 죽은 공주의 매장용 마스크를 빤히 쳐다보았다. 믿을 수가 없었다. 그 일이 마침내 벌어졌고 아무렇지도 않게 지나갔다. 내가 미라 전시실 한복판에서 눈을 깜빡이며 서 있는 동안 그들은 위층의 식당 브라보로 들어가고 있었다.

그렇게 첫 만남이 끝나자 나는 화가 났다. 무방비 상태에서 그녀를 만난 것도 그렇고, 초연한 오브리에게도, 흑기사 행세를 하는 리처드에게도 화가 났다. 리처드가 미웠다. 우리 부부 사이에 끼어든 것도 미웠고, 그녀를 내게서 보호하려는 듯 그녀가 대답해야 할 상황에서 구해 주는 오지랖도 미웠다.

"이것 때문에 우리가 여기 온 건가요?" 마침내 내가 루션에게 말했다.

"이곳을 선택한 건 당신이에요, 클레이." 그녀는 뒷머리를 어루만지고 있었다. 그 모습이 샴고양이를 떠올리게 했다. 그녀는 너그러운 표정으로 눈을 반짝이며 나를 응시했다.

12

　미술관에 다녀온 날 밤, 잠을 잘 수 없었다. 단어 하나하나 모두 글로 옮기고 딴 세상에서 펼쳐지는 드라마를 그 미묘한 분위기까지 몽땅 적어 기억 밖으로 몰아내야 했다. 보통은 배고픔이나 피로까지 잊고 몰두해서 이루어지던 이 작업이 그날 밤에는 이따금 창밖을 내다보거나 벽을 쳐다보는 일로 중단되었다. 나는 창밖 풍경이나 벽을 본 것이 아니었다. 리처드의 팔에 얹혀 있던 오브리의 손, 반듯해진 치아를 덮은 핑크빛 둥근 입술, 리처드의 불완전한 얼굴, 루션과 나 사이를 오가던 오브리의 눈길만 계속 보였다. 그 기억 속에서 나는 루션과 함께 있던 내 모습에 그녀가 보인 반응을 찾아 더듬었다.
　리처드는 그녀를 '브리'라고 불렀다.

오브리는 그렇게 불리는 걸 싫어했었다.

몇 달간 연습했던 온갖 재치 있는 답변과 멋지고 당당한 말투, 행복을 비는 수수께끼 같은 표현을 만남의 장면에 집어넣어 머릿속에서 다시 돌려보았다. 그러나 마침내 깨달았다. 오브리의 시선에서 느껴지던 거리감과 바로잡은 앞니는 그런 것들로 영향을 주기엔 그녀가 너무 멀리 떠나 버렸음을 말해 주고 있었다. 오브리와 리처드가 함께 있는 영상, 얼굴 없는 리처드의 영상이 자나 깨나 나를 괴롭히던 세월이 1년이 넘었지만, 막상 현실로 접하고 나니 둘 다 특별한 게 없었다. 실망스러울 정도였다.

나는 그렇게 시작한 둘의 관계가 잘될 리 없다고 늘 생각했다. 그러나 리처드가 재빨리 오브리를 구해 주던 장면을 떠올려 보니 자신이 없어졌다. 그가 그녀를 보호해 주긴 했지만 둘의 관계에선 오브리가 상황을 장악하고 있는 듯 보였다. 리처드는 그녀를 보호하고, 다른 사람용으로 만들어진 관에 들어간 미라처럼 그녀가 가진 기대의 틀에 자신을 기꺼이 끼워 맞추고 있었다. 그런 리처드의 모습이 왠지 애처로워 보였다.

출근해서 여러 모임에 참석했다. 그러나 내 마음은 줄곧 하늘을 맴돌았고, 달빛이 내리는 해변을 거니는가 하면 에덴의 강둑에 난 갈대 사이를 지나다녔다.

집에서 여러 원고들을 읽고 가제본 책을 살펴보고 이메일을 챙기면서도 자꾸만 그 종이 더미로 시선이 갔다. 펜과 연필로 미친 듯이 써내려간 기록들은 점점 늘어 책상 한구석에 쌓여 가고 있었다. 첫날 저녁에 보스니아카페에서 받아 둔 구겨진 영수증에도 눈이 갔다. 그때가 1년 전, 한 시대 전인 듯 아득하게 느껴졌다.

그때 루션은 이렇게 말했다. "당신에게 내 이야기를 들려주겠어요. 당신이 그걸 출판하는 겁니다."

종이 더미를 바라보면서 여러 가지를 생각해 보았다. 그의 이야기에 담긴 서술적 긴장, 영웅적 특성을 지닌 등장인물들(하나님과 마귀가 등장하는데 어떻게 안 그럴 수 있겠는가?), 그리고 뜻밖의 관점. 베오울프에게 팔이 잘리는 괴물 이야기를 괴물의 입으로 들려주는 존 가드너의 《그렌들》과 비슷했다. 추하게 태어난 이복 자매의 이야기랄까. 뒤집힌 이야기, 원작의 악역이 들려주는 공감 가는 사연.

아니다. 이 이야기꾼에게는 공감이 가거나 좋아할 만한 요소가 없었다. 새러 마셜이 다시 생각났다. 그녀의 머리카락은 도로에 엉겨 붙어 있었다.

이것이 사기극이라면, 이제껏 들어 본 것 중 가장 정교한 사기극일 것이다. 그러나 만약 그렇다 해도, 내 일부는 그 속임수가 드러나지 않기를 바라고 있었다. 영원히 멈춰 버린 줄 알고 두려워했던 내 창의성의 바퀴가 그것을 통해 다시금 삐걱거리며 굴러가기 시작했기 때문이다.

카트리나의 제안서가 생각났다. "L. 리전." 영리하기도 하지.

그것을 찾으려 했지만, 클럽으로 물려 놓은 제안서들과 샘플 장들 더미 아래에 묻혀 버린 모양이었다.

그날 밤늦게, 새벽 1시가 지나 다시 기록으로 돌아왔다. 지난주에 열 번도 넘게 살펴봤지만 그때마다 뭔가 빠져 있다는 느낌이 들었다. 그는 나를 데리고 하늘들을 누비고 에덴을 소개해 주면서도 뭔가 숨기고 있었다. 알고 있는 뭔가를 내게 알려 주지 않고 있었다. 나는 담당 작가들에게 이야기를 펼쳐나갈 때 그렇게 하라고, 몇 가지 핵심 정보는 감추고 있으라고 하는데, 그것과 비슷한 느낌이었다.

나는 그물에 걸려 펄떡이는 물고기였다.

일정표를 확인했다.

13

　텔레비전에서는 퍼레이드가 진행 중이었다. 추수감사절이었다. 하지만 내가 아는 것, 관심사는 닷새째라는 사실뿐이었다. 닷새 동안 연락이 없었다. 나는 고고학자가 체로 쳐서 먼지를 털어내듯 내 기록이 담긴 종이들을 면밀히 살피면서 세부 내용과 의미와 이유를 찾았다. '내가 정신이 나갔구나.' 곱게 말해서 집착에 빠진 것이었다. 미술관에서 오브리와 만난 일을 계속 되뇌다 이상해지지 않은 것만 봐도 알 수 있었다. 나는 그녀를 만나고 나면 술을 마시거나, 신경쇠약에 걸리거나, 최소한 며칠은 속을 끓이며 몇 년간의 결혼생활 중에 있었던 일상사와 언쟁들, 우리 둘 사이의 유령 같은 침묵을 끊임없이 떠올리게 될 거라 생각했다. 그러나 나는 그렇게 하지 않았다. 책상 한구석에서 늘어가는 기록에 힘을 다 쏟아 부은 탓이었다.

맥박이 뛰듯 관자놀이가 욱신거렸다. 최근 부쩍 신경 쓰이는 증상으로, 밤에 침대에 누워 있으면 그 욱신거림이 매트리스를 따라 온몸으로 퍼져 나갔다. 그러고 나면 진이 쑥 빠졌다. 나는 그 증상의 희생자요 포로가 되어 버렸다.

일정표를 한 시간마다 확인했다. 더 자주 확인할 때도 있었다. 전화기 옆에서 벨소리를 기다리는 연인처럼 키보드 곁을 떠나지 못했다.

그렇게 정신이 산만한 채로 하는 일 없이 빈둥거리면서 틈틈이 호루스에 대한 글들을 찾아보았고, 매의 머리를 한 그 신의 이미지들을 뒤져 보았다. 고대 우상 호루스의 눈에서 악마의 험악한 얼굴이 조금이라도 보이는지 확인하고 싶었다. 자정이 지나 사방이 어두운 시간, 나는 인터넷을 뒤지며 링크를 따라 여러 이집트 신들을 살펴보다가 동트기 전, 의자에서 선잠이 들어 꿈을 꾸었다. 진흙 몸에다 새의 머리를 한 신들, 눈이 커다란 장례용 가면이 새겨진 관들, 뼈 색깔처럼 희뿌연 여자가 루션이 좋아하는 창백한 달빛 아래서 노래하는 복잡한 꿈이었다.

잠에서 깨어 보니 오후였다. 두 손으로 머리카락을 뒤로 넘기고 볼에 난 수염을 문지르다 연휴가 지나 버렸음을 알았다. 주말이었다.

그날 루션과 만난 기록들을 다시 살펴보다가 문득 불안해졌다. 기록을 적어 놓은 종이가 잘 찢어지는 것, 가장자리가 너덜

거리는 공책들, 물 잔을 올려 뒀다가 잉크가 번진 자리가 눈에 들어왔기 때문이다. 벨몬트의 무너진 집, 산산조각 난 테이블 다리가 떠올랐다. 화장지. 루션은 그것을 그렇게 불렀다. 나는 즉시 그 내용 전부를 입력해서 더 오래 가는 매체에 저장하기로 했다.

입력을 마치고 보니 사방이 어두워져 있었다. 편안히 앉아 마지막 줄을 살펴보았다. 기록은 미술관에서 오브리와 내가 헤어지는 장면에서 끝나고 있었다. 루시퍼는 인간의 약점을 찾아다니고 있었다.

충동적으로 온라인 성경을 열어 본 나는 잠시 머뭇거렸다. 번역본이 스무 개도 넘었다. 견진성사 때 킹제임스 성경을 읽었지만 'thees'와 'thous' 같은 고어체는 하나님만큼이나 신비하게 다가왔었다. 내키는 대로 현대어 역본 하나를 골랐다.

> 태초에 하나님이 천지를 창조하셨다. 땅이 혼돈하고 공허하며, 어둠이 깊음 위에 있고, 하나님의 영은 물 위에 움직이고 계셨다.

너무나 간단했다. 물 위에 움직여서 루션을 떨게 만들었던 하나님의 형상이 여기에는 요리법 소개처럼 무미건조하게 나와 있었다. 창조의 나날을 죽 읽어 봤는데, 악마의 이야기와 다른 점은 보이지 않았지만 천사들로 구성된 하늘군대나 루시퍼, 지구를 텅 비게 만든 타락은 언급되어 있지 않았다. 동물들과 인간의 창조 기록을 죽 읽었다. 다음 장에서 그 기록이 다시 등장하는데, 이번에는 동산으로 흘러드는 강들의 이름까지 나올 만큼 자세했다. 깜짝 놀랐다. 지도에서 실제로 장소를 찾아볼 수 있을 것 같았다. 첫 두 장을 다시 읽었고, 이번에는 작가의 눈으로 전지적全知的 시점과 선언적 문장, 반복을 음미하며 읽었다.

 그래도 그 내용은 30년 전 주일학교에서 배울 때와 다를 바 없어 보였다. 건조하고 기계적이고 하루하루가 날짜순으로 똑같이 되풀이되는 듯했다. 실망스러웠고 지쳤고 배가 많이 고팠다. 온라인 성경을 닫으려고 X 표시에 마우스를 올렸을 때 뭔가 일이 벌어졌다. 루션과 나눈 대화들이 반쯤 잊어버린 노래의 가사처럼 조각조각 떠올라 메아리친 것이다.

  땅이 혼돈하고 공허하며, 어둠이 깊음 위에 있고, 하나님의 영은 물 위에 움직이고 계셨다.
  ……조각가의 손가락이 대리석 조각을 훑는 것처럼…….

  하나님이 말씀하시기를 "땅은 푸른 움을 돋아나게 하여라. 씨를 맺는 식물과 씨 있는 열매를 맺는 나무가 그 종류대로 땅 위에서 돋아나게 하여라" 하시니
  녹색의 이상한 그것들은 모두 창조하고 번식할 힘을 지니고 있었거든. ……자기와 똑같은 것들을 조그맣게 만들어 낼 힘을 가졌다니.

하나님이 당신의 형상대로 사람을 창조하셨으니
······의식, 모든 감정, 사랑하려는 성향······

"바다의 고기와 공중의 새와 땅 위에서 살아 움직이는 모든 생물을 다스려라."
엘은 동물들을 인간에게 주고 그것들을 다스리라고 했어요.

"남자가 혼자 있는 것이 좋지 않으니."
그는 외로웠어요.

악마는 아직 창세기 2장에 나오는 나무 이야기를 꺼내지 않았다. 스크롤을 내려 창세기 3장에 이르렀다.

뱀은, 주 하나님이 만드신 모든 들짐승 가운데서 가장 간교하였다.
그는 동산을 기웃거리며 엘의 작품을 직접 살피고 다녔어요. 그 모습은 마치 장인의 작품에서 최소한의 약점이라도 찾으려고······ 질투심에 사로잡힌 비평가 같았지요.

이제 성경의 내용이 생생하게 살아났다. 흥분해서 다음 내용을 넘겨 보았다. 그러나 가인과 아벨, 그리고 노년에 아버지가 되어 수백 년씩 살았던 사람들의 족보들만 이어졌다. 루션은 이 부분에 대해 한마디도 하지 않았다. 그는 이제 겨우 창세기 2장 끝 부분에 이른 셈이었다. 화면을 바라보면서 집안 서재에 있던 먼지투성이 두꺼운 가죽 장정의 성경책을 생각하고 약간 놀랐다. 입만 열면 시간이 짧다고 하던 루션의 말은 이야기를 전부 자세히 풀어내려면 평생이 걸릴 수도 있다는 뜻이 아니었을까?

나의 집착을 다시 생각했다. 그만한 세월을 감당할 자신이 없었다. 나는 지치고 배가 고파 다른 생각을 할 수도 없는데, 지금까지 루션이 다룬 내용은 그 먼지 쌓인 책의 첫 두 쪽 분량도 안 된다니. 그는 성경의 모든 사건 중에서 자신이 관찰하거나 참여한 부분을 다 들려주려는 걸까?

그리고 그의 주장이 사실이라면, 이런 것이 다 나와 무슨 상관이 있단 말인가?

뭔가 뇌리를 스치는 것이 있었다.

저녁이 되고 아침이 되니, 하루가 지났다.
저녁이 되고 아침이 되니, 이튿날이 지났다.
저녁이 되고 아침이 되니, 사흗날이 지났다.
아직 창조되지 않은 시간이 우리에게만 유령처럼 똑딱이기 시작한 거요.
······한때 하늘에는 절묘하게 흩뿌려진 엘의 별들이 보였지만, 이제는 거대한 시계의 톱니바퀴와 추가 유한한 시간을 알리고 있었지.

그때 깨달았다. 그가 시간에 집착하는 이유는 성경 전체를 다 들려줄 시간이 필요해서가 아니라 자신에게 남은 시간이 한정되어 있기 때문이다. 몇 주 전, 교회 안에서 나눈 대화에서 그는 지옥에 가본 적이 없다고 했다.

아직은.

충동적으로 인터넷에서 'Lucian'을 검색했다.

사모사타의 루키아노스Lucian가 나왔다. 수사학자였던 그는 《신들의 대화》와 《죽은 자들의 대화》의 저자였다. 딱 들어맞았다. 안티오크의 루키아노스Lucian라는 성인도 있었다. 악마가 성인의 이름을 취할 이유가 있을까? 화가 루시앙 프로이트Lucian Freud도 있었다. 다양한 블로그와 디자이너의 이름이 나왔고, 화가와 권투선수도 한 명씩 있었다. '글쎄, 무슨 뜻이 있는 걸까?'

이렇게 쳤다. "이름의 뜻: 루션."

답이 나왔다. 루션: 라틴어. "빛."

빛?

루시퍼를 찾아보았다. 왠지 이상하고 비정상적인 행동으로 느껴졌다.

루시퍼: "빛을 가져오는 자."

입력한 글이 담긴 파일로 돌아가 루션이 들려준 루시퍼의 승천 시도와 실패 이후의 어둠에 대한 기록을 다시 읽어 보았다. 그리고 주군의 빛을 반사했던 에덴의 빛나는 돌들에 대한 이야기도 보았다. 그 모든 내용이 창세기 기록에는 쏙 빠져 있었다.

성경 어딘가에 나오기는 하는지 궁금했다.

온라인 성경으로 돌아가 루시퍼를 검색했다. 연결된 구절은 이사야서에 나오는 한 본문(사 14:12, 우리말성경—옮긴이)뿐이었다.

> 새벽의 아들 샛별아.
> 네가 하늘에서 떨어지다니!
> 민족들을 무찌르던 네가
> 땅에 처박히다니!

이번에는 에덴을 검색했다. 관련 본문 목록이 눈앞에 쭉 펼쳐졌다. 색인 결과를 따라가다 '에덴동산'에 이르렀다. 창세기와 이사야 본문이 좀더 있었지만 특별히 눈에 띄는 것은 없었다. 그러다 하나가 시선을 끌었다.

> 너는 하나님의 동산
> 에덴에 있으면서
> 그곳에서 온갖 값진 보석으로 치장하였다.

에스겔의 본문을 조금 더 내려가 보았다.

> 내가 너를 택하고 향유로 기름 부어,
> 지키는 그룹[게루빔]으로 세웠다.

너는 하나님의 거룩한 산에 있었고,
빛나는 보석들 사이로 다녔다.
너는 지음받았던 날부터
티 없이 깨끗하게 살아왔다.
그러나 언제부터인가 네 안에 악한 것이 드러났다.
멀리 떨어진 나라들과 무역을 하면서
너는 폭력을 배웠고,
죄를 짓기 시작했다.
그래서 내가 너를 하나님의 산에서 쫓아내고 부끄러움을 당하게 했다.
그러므로 너 지키는 그룹아, 내가 너를 추방하고
빛나는 보석들 사이에서 몰아 낸 것이다. (겔 28:13-16, 쉬운성경)

앞서 입력해 둔 글을 찾아 다시 읽었다. 심장 박동이 빨라졌다. 같은 이야기였다. 이전에도 그랬듯 악마의 이야기가 좀더 환상적이고 흥미롭다는 점만 달랐다.

나는 그가 J. D. 샐린저라 해도 그의 이야기를 출간하지 않겠다고 맹세한 바 있었다.

'샐린저는 이런 이야기를 쓰지 않았잖아.'

다시 궁금해졌다. 왜 나일까? 나는 유명한 편집자가 아니었다. 브룩스앤하노버도 소형 출판사다. 사이먼앤슈스터, 하퍼콜린스, 랜덤하우스 같은 대형 출판사들이 멀쩡하게 있고, 이곳 보스턴만 해도 휴턴미플린출판사가 있는데 왜 나를 골랐을까?

답은 쌓여 있는 종이 더미에서 되돌아왔다. '내 이야기는 당신의 이야기와 긴밀하게 연결되어 있어요.'

하지만 어떻게 그럴 수가 있지?

사탄을 검색했다. 화면에 경고문이라도 뜨지 않을까 싶었다.

사탄: 고발자.

오랫동안 그 한 단어를 읽고 또 읽었다.

마침내 새벽 3시쯤 잠들었지만 5시 30분에 다시 깨어났다.

이런 식으로 계속 살 수는 없었다. '어쩌면 이것이 그의 의도일지도 몰라.' 5년 후의 내 모습을 생각해 보았다. 피골이 상접해서 눈은 쑥 들어가고 해를 보지 못한 창백한 얼굴에 커다란 다크서클, 직장도 없이 거리 모퉁이에서 고함을 질러 대는 부랑자의 모습이 떠올랐다.

물을 마시려고 일어났다. 물만 마시고 침대로 돌아가 더 자려고 했다. 하지만 컴퓨터 앞에 앉아 버렸다. 물잔은 전날 밤에 읽었던 출간 제안서 더미 위에 올려놓았다. 제안서 내용은 기억나지도 않았다.

노트북 패드에 손을 댔다. 사탄과 사탄 관련 주제들이 한 면 가득 살아났다. 그날 서점에서는 거의 히스테리 직전의 상태에서 사탄에 대해 물어봤었다. 이제 나는 사탄을 즐겨찾기에 저장해 놓았다.

루션은 내가 어디서 영원을 보내게 될지 모른다고 했다. 화면을 응시하면서 나는 스스로에게 물었다. 그와 함께하는 매시간, 매순간이 내 운명을 결정하고 있는 걸까? 가슴속을 긁어 대는 차가운 손가락들이 다시 느껴졌다. 관계를 맺는 것만으로 저주를 받을 수 있을까?

'그만. 그러다 미치겠다.'

창문 바깥, 어두운 노픽스트리트를 내다보았다. 내 주위에는 돈, 인간관계, 체중 감량 등의 평범한 것들로 가득한 삶을 추구하는 소위 평범한 사람들로 가득하다. 비어 있는 아파트, 또는 가족들이 있는 집으로 돌아간 사람들은 매일 똑같은 평범한 문제들을 염려하다 잠자리에 든다.

궁금해졌다. 나는 그런 삶으로 돌아갈 수 있을까? 루션이 다시 나타나지 않는다면, 너무나 생생한 이 현실을 지우고 예전으로 돌아가 리셋……, 재부팅을 할 수 있을까.

전원을 끄려고 할 때였다. 화면 한구석에 만남을 알리는 새 메시지가 떴다.

14

그날 화요일, 편집장 헬렌이 사무실로 나를 불렀다.

헬렌에게는 옛날 학교식의 엄격한 처세술과 전통적인 여성미가 묘하게 어우러져 있다. 그녀의 그런 모습은 청년 시절부터 30년간 그대로 유지되고 있었다. 내가 사무실로 들어서자 그녀는 안경을 벗었다. 안경줄에 걸린 안경이 스웨터를 입은 그녀의 가슴께로 떨어졌다. 나는 그녀의 무거운 오크 목재 책상 앞에 놓인 두 의자 중 하나에 앉았다. 그녀의 입술에 바른 립스틱이 입꼬리 부분에서 작은 용수로들처럼 번져 있는 모습이 보였다.

"클레이, 걱정스러워요. 사무실에 나와 있을 때도 마음은 딴 데 가 있는 것 같아요. 안색은 창백하고 말랐고 지쳐 보여요. 아주 안 좋아 보인다니까요." 그녀는 이마에 흘러내린 한 가닥의 머리카락을 매만졌다. 어깨까지 내려와 끝 부분이 말린 헤어스타일은 스미스칼리지 재학 시절 이후 달라지지 않았을 성싶었다. "이혼 때문인가요, 아니면 건강 문제인가요? 쉴라가 그러는데 병원에도 몇 번 다녀왔다면서요."

'그게, 그놈의 악마 때문이에요.'

"상황이 어떤지 내게 알려줘야 해요."

'그놈이 날 따라다니고 있어요. 그놈이 알링턴스트리트에서 조깅하던 사람을 죽인 게 분명해요.'

"돕게 해줘요, 클레이."

'우리가 만난 이야기를 적고 있어요. 사탄에 대한 멋진 서브플롯이 깔려 있죠.'

"알겠습니다. 그동안은……." 나는 머리를 쓸어 올렸다. 머리 깎을 때가 되었다. "그냥 좀 지친 것뿐입니다."

"지난 석 달 사이에 당신이 기획해서 편집 위원회를 통과한 괜찮은 프로젝트가 하나밖에 없었어요."

'그거야 편집 위원회가 마음을 정하지 못해서 그런 거지.' 병가를 여러 번 내고 모임도 많이 빠지긴 했지만, 위원회에서 제동이 걸려 진행되지 못하고 있는 출간 제안서가 세 건이나 되었다.

"구멍을 메울 만한 큰 프로젝트가 하나 필요해요. 봄이나, 늦어도 여름쯤에는 출간에 들어갈 수 있는 물건 말이에요." 그녀가 책상에 두 손을 내려놓았다. "가져다줄 수 있는 게 있어요? 나 좀 도와줘요, 클레이. 카트리나가 당신 편으로 물건들을 보내왔잖아요."

'그 얘긴 꺼내지도 마세요.' 그러나 달리 생각나는 게 없었다.

나는 어느새 이렇게 말하고 있었다. "실은 편집장님, 제가 뭔가 하나 쓰고 있습니다. 소설인데요, 타락한 천사가 나와요. 악마의 관점에서 풀어 나가는 회고록 형식의 이야기입니다." 속으로, 나는 자신을 저주했다.

그녀의 얼굴에 서서히 감탄의 미소가 떠올랐다. "클레이, 다시 글을 쓰기 시작한 줄 몰랐어요." 《귀향》이 실패한 이후로'라는, 그녀가 생략한 말이 들리는 듯했다. "흥미로울 것 같네요. 종교 소설이 갈수록 인기잖아요. 원고를 거절할 첫 번째 권리는 우리 출판사에 있는 거 알죠?"

'난 바보 천치야.' "압니다."

"원고를 필이나 아무에게 줘요. 위원회에 가져가 볼게요." 그녀는 안경을 다시 집어 코에 걸었다.

"아직 끝나지 않았습……."

"살펴볼 정도만 되면 돼요." 그녀가 미소를 지었다. 만남이 끝났다는 두 번째 신호였다.

고맙다고 하고 서둘러 그녀의 사무실을 나왔다. 내가 방금 무슨 짓을 한 것인지 따져 봐야 했다. 하루가 어서 지나 저녁 약속 시간이 왔으면 하는 마음만 간절했다.

복도에서 쉴라와 마주쳤는데 그녀의 모습에 깜짝 놀랐다. 핼쑥했다. 그렇게 말라 보이는 건 처음이었다. 지난 몇 주 동안 그녀와 제대로 대화를 나눈 적이 없다는 생각이 들었다. 퀭한 눈이 너무나 낯설었고, 연자주색 카디건과 스웨터는 눈 밑의 얼룩과 짝이라도 맞춘 것 같았다.

"클레이, 괜찮아요? 연휴 때 오브리와 이야기를 했어요. 당신을 봤다더군요. 만나는 사람이 있다면서요." 그녀가 살짝 미소를 지었다.

그 말을 들으니 말할 수 없이 통쾌했다. 미친 듯이 껄껄 웃고 싶어졌다. "아, 별 관계 아니에요. 당신은 어때요? 괜찮아요?" 헬렌이 한 "아주 안 좋아 보여요"라는 말이 떠올랐다. 이러다 그 말이 유행하겠다 싶었다. 그렇게 매력적이지 않은 쉴라의 모습은 처음이었다. 이전의 그녀는 늘 매력적이었다.

그녀가 길고 떨리는 한숨을 내쉬었다. "아, 댄과 저, 별거 중이에요."

"저런, 안됐군요." 내가 그렇게 말한 이유는 순전히 그것이 예의에 맞기 때문이었다. 작년에 내가 다른 사람들에게서 지겹도록 들은 말이기도 했다. 그러나 그녀가 안됐다는 생각은 전혀 들지 않았다. 그녀의 초췌한 모습을 보면서도 동정심은 좀처럼 생겨나지 않았다. 루션이 했던 말과 "꼭 만나야겠어요"라던 이메일이 떠올라 자꾸만 댄이 안됐다는 생각만 들었다. 쉴라와 오브리는 어떻게 된 것일까? 간통의 쌍둥이? 댄에게 전화해 봐야겠다는 생각이 들었다. 이건 그와 나눠야 할 대화였다.

"예." 그녀는 손에 든 종이 뭉치를 내려다보았다. 복사기로 향하던 길인 모양이었다. "힘들어요. 앞으로 무슨 일이 생길지 모르겠어요."

"제가 도울 일이 있으면 얘기하세요." 말은 그렇게 했지만 내가 할 수 있는 일이 있을 리 없었다. 설령 있다 해도 나는 도울 마음이 전혀 없었다.

"만나는 사람이 있다니 기뻐요, 클레이. 오브리는 자기가 얼마나 소중한 걸 잃었는지 모를 거예요."

나는 고맙다고 말하고 자리를 피했다.

그녀의 말은 거의 루션의 말만큼이나 강력하게, 그날 내내 머리에서 맴돌았다.

헬렌을 만나고 난 후, 문제의 소지가 있음을 깨달았다. 나는 루션이 카트리나에게 준, 아니면 다른 악마적 수단으로 전달한 회고록에 근거한 이야기를 제안한 것이다. 내 책상 위에 있는 종이 더미에 담긴 내용은 카트리나가 전해 준 얇은 원고와 닮은 점이 거의 없기에 문제 될 게 없을 수도 있지만, 어쨌거나 그녀가 준 제안서를 보면서 확인해 보려고 했는데 도통 찾을 수가 없었다. 윤리적으로 불투명한 일은 맘에 들지 않았다. 최악의 상대를 위해 그런 일을 한다는 건 더욱 내키지 않았다.

열려 있던 사무실 문을 닫고 카트리나에게 전화를 했지만 그녀는 자리에 없었다. 그녀가 필요 이상으로 그 문제에 관심을 갖게 하고 싶지 않았고 비서와 통화할 마음도 없었기 때문에, 두 주 전에 그녀가 건넸던 제안서들의 사본을 청하는 이메일을 보냈다.

따뜻한 빵의 향기가 마늘, 살라미, 올리브의 향과 어우러지며 풍겨 왔다. 한때 음식의 거리 세일럼의 온갖 유혹을 물리치고 프린스스트리트까지 곧장 가는 것은 거의 인내력을 시험하는 일이었다. 오브리와 저녁을 먹으러 노스엔드에 갈 때면, 24시간 문을 여는 빵집에 들러 다음 날 점심 식사용으로 턴오버와 세몰리나 빵을 사곤 했다. 결혼생활 마지막 해에도 우리는 새로운 음식점을 찾아 같은 거리를 누볐지만, 파스타와 송아지 고기를 먹으면서 나누던 이야기는 점차 사라지고 나이프와 포크 부딪치는 소리만 남았다. 빵집도 잊어버리는 경우가 많아졌다.

나는 프린스앤하노버스트리트의 한 모퉁이, 세인트레너드성당의 철대문 앞에서 잠시 멈췄다. 대문의 문장에는 십자가 앞에 포갠, 못 자국 난 손이 새겨져 있었다. 여름철, 특히 축제 때면 성당에 다니는 여자들이 그 모퉁이에서 성 안토니오의 성유와 성물들을 팔았다. 오늘밤에는 대문 너머 육중한 나무문들이 단단히 잠겨 있었다. 죄를 몰아내려는 걸까, 아니면 악마와 어울리고 사탄 생각을 하며 밤을 새우는 편집자들의 접근을 막기 위해서일까. 회칠한 부분이 부스러지는 성당 벽 앞에 서 있으니, 한때 내가 속했던 교회와 신앙생활이 루션이 속한 영계靈界보다 더 낯설게 느껴졌다.

그러나 더욱 불안한 사실은 내가 살고 있는 세속 세상의 일원이라는 느낌도 갈수록 옅어진다는 것이었다.

7시가 다 되고 있었다. 하노버스트리트를 서둘러 걷다 보니 바닷물의 짠 냄새가 코를 자극했다. 개방형 주방에다 식탁이 여덟 개를 넘지 않는 이곳의 작은 식당들은 여름철이면 문을 열어젖히고 인도에 식탁을 놓아 밀려드는 여행객들과 축일을 기념하는 사람들을 맞이했다. 오늘밤에는 해변의 찬바람을 막느라 식당들의 문이 죄다 닫혀 있고, 메뉴가 창밖에 내걸렸다. 식당 안의 식탁에서는 작은 촛불들이 춤추고 있었다.

비토리오식당 2층 출입구에 이르니 주인이 내게 일행이 기다린다고 알려 주면서 촛불을 켜놓은 칸막이 자리로 데려갔다. 그곳에 있던 30대 여자가 내게 손을 흔들었다. 전에 한 번 겪었던 일 같은 느낌이 잠시 스치고 지나갔다.

그녀는 수수한 얼굴이었고 건강해 보였다. 감청색 터틀넥의 접힌 목 위로 외줄 금목걸이와 다이아몬드 펜던트가 흔들렸다. 금발머리는 뒤로 넘겨 하나로 묶고 있었다.

나는 칸막이 자리로 들어가 주인이 건네는 메뉴판을 받았다. 그가 간 뒤 내가 말했다. "오브리가 나타날 거면 지금 말해 줘요."

그녀는 눈을 약간 크게 뜨며 말했다. "내가 아는 한, 안 올 거예요."

나는 코트를 벗었다. 걸어오느라 아직도 숨이 찼고 추위로 귀가 얼얼했다. 그때 식탁에 놓여 있는 적포도주 잔이 눈에 띄었다. 나를 위해 주문한 걸까? 나의 반감을 자아내려고? 그날 커먼공원을 지나쳐 온 뒤에 싸구려 적포도주를 사들고 집에 갔던 일을 알고 있을까?

나는 포도주를 무시한 채 거의 입을 다물고 있었다. 웨이터가 빵을 가져오고는 저녁 식사 주문을 받았다. "홍합 프라 디아볼로." 나는 그렇게 말하고는 맞은편의 여자를 바라보았다. 루션이 눈을 굴렸다.

"당신의 이름은 '빛'이지요." 웨이터가 가고 나자 내가 대뜸 말했다.

"맞아요." 나는 그녀 눈가의 희미한 눈웃음과 다이아몬드가 박힌 귀걸이, 브라 끈 때문에 약간 올라온 스웨터의 어깨 부근, 손가락의 결혼반지 너머를 보려고 했다.

'참 애썼군.' 그런 생각과 함께 약간 넌더리가 났다.

"빛의 천사인가요?"

"지금도 가끔 그런 모습으로 나타나요."

빛의 천사가 어떤 모습일지 상상해 보았지만, 그건 현대판 레프리콘(아일랜드의 요정—옮긴이)을 불러내려는 시도와 같았다.

"당신은 헤아릴 수 없으니 헛수고 말아요." 그녀가 몸을 뒤로 기대며 말했다.

"이렇게 얼마나 오래 갈 건가요?" 내가 물었다.

그녀는 머리를 옆으로 기울이더니 말이 없었다. 준비된 대답이 없는 듯했다. 처음 보여 주는 모습이었다. 한참 후 그녀가 말했다. "끝날 때까지요. 아니면 시간이 다 될 때까지."

"뭐가 말입니까?"

"당신의 이야기."

"당신 이야기겠지요." 내가 그녀의 말을 바로잡았다.

헬렌과 나눈 이야기, 카트리나가 전해 준 제안서 생각이 났다. 나는 상황을 이리저리 따져 보고 나 스스로 판 굴의 깊이와 거기서 빠져나갈 방법을 생각해 볼 시간이 필요했다. 그런 여유가 날 때까지 중요한 것은 한 가지. 오늘밤 남는 파스타와 함께 집에 가져갈 이야기를 더 많이 챙겨 듣는 것이었다.

"아담 얘기를 해주세요." 그렇게 말하면서 머릿속으로는 언제 집에 돌아가서 얼마나 늦은 시간까지 자리에 앉아, 어쩌면 침대에 엎드려서 끼적여야 하며 잠은 몇 시간이나 자게 될지 계산했다. 오늘 헬렌과 노골적인 대화를 나눈 터라 아무리 무의미하게 느껴져도 회사 일에도 어느 정도 성의를 보여야 했다.

그녀가 식탁보 위로 식탁 가장자리를 훑으며 말했다. "좋아요. 아담 얘기라면……."

"잠깐만요. 성경을 어떻게 그렇게 잘 알죠?"

그녀는 웃더니 놀란 표정을 지었다. "그 속에서 살았으니까요! 나는 신앙 좋다는 어떤 인간보다 성경을 본질적이고 지적으로 더 잘 이해하고 있어요. 루시퍼도 최고의 신학자예요. 어떤 설교자나 신학 교수보다 낫지요."

본질적인 이해. 최고의 신학자. 그것은 수천 명의 영적 스승, 자칭 선지자, 집단 자살한 교주와 추종자들, 다윗파(Branch Davidian, 안식교에서 갈라져 나온 집단으로 1993년 집단 자살—옮긴이) 지도자들의 주장이기도 했다.

그녀가 한 손으로 턱을 괴고 말했다. "이제 아담 얘기로 넘어가지요. 역사와 대중 신화가 그에게 못할 짓을 많이 했어요. 분명히 말해 두죠. 난 아담처럼 잘생긴 사람은 아직 못 봤어요. 물론, 당시에는 비교할 대상 자체가 없었고, 첫 몇 세기 동안은 인간들이 모두 진흙으로 만든 괴상한 존재로 보였어요. 장담컨대, 집 뒷마당에 있는 퇴비 더미가 갑자기 일어나 집을 차지하기 시작한다면 당신도 똑같은 기분이 들 거예요. 하지만 돌이켜 보니 솔직히 그가 잘생겼던 게 분명해요."

우리 집에는 뒷마당이 없다는 얘기를 할까 하다가 문득 떠오르는 생각이 있었다.

"내 아파트에는 왜 한 번도 나타나지 않았나요?"

그녀의 불쾌한 듯 찡그린 얼굴에서 조급함이 배어나왔다. "이러지 말아요. 뭔가 말하려고 하잖아요. 그 문제는 나중에 얘기해도 되겠지요? 지금은 내 말을 들어요. 아담은 감탄할 만한 사람이었어요. 나는 그에게 화가 났지만 그만큼 끌리기도 했어요. 물론 식물들은 근사했고, 동물들이 먹고 발정하는 일 역시 예측 가능하긴 해도 재미있었지요. 하지만 아담은…… 그는 역동적이었어요. 그를 쳐다보는 건 질리지 않았어요. 아담에 대한 루시퍼의 반응도 비슷했지요. 물론, 루시퍼는 그를 미워했어요. 하나님이 그를 특별하게 만들었잖아요. 아담은 창조주의 흔적을 갖고 있을 뿐 아니라 그와 닮았거든요. 그의 생각은 날카로웠고 이성을 지녔어요. 그는 주위의 사물들을 관찰했지요. 과학자였어요. 농업 전문가에다 식물학자, 동물학자, 원예가였어요." 그녀는 전문가의 호칭을 붙일 때마다 손가락을 하나씩 꼽아 나갔다. "한 여자의 남편이었고, 책임감 있는 남자였어요. 동산을 보살폈고, 동물들을 다스렸어요. 가정적인 남자였지요. 그리고 하나님과 동행했어요. 말 그대로."

그녀가 말하는 모습을 보니 미술관에서 봤던 여자와 움직임이 달랐다. 복장이 달라지면 배우들의 연기도 달라진다는 사실이 떠올랐다.

"하와는 어땠나요?"

그녀는 안경다리를 톡톡 치며 한동안 말이 없다가 부드럽게 입을 열었다. "모든 피조물 중에서도 하와 안에 내 마음을 흔들어 놓을 만한 뭔가가 보였어요. 남의 모습 같지 않은 그 무엇을. 물론 그녀는 2세대 진흙이었지만 지적이고 직관력이 뛰어나고 아름다웠어요. 솔직히 인상적이었지요. 그녀를 보고 있으면 어느 정도는 나 자신을 보는 것 같았어요."

작은 주방에 있는 요리사 중 한 사람이 노래를 부르기 시작했다. 푸치니의 '공주는 잠 못 이루고 Nessun Dorma'의 선율이었다.

밝아오라, 밤이여!

저물어라, 별들이여!

동이 트면 내가 이기리라.

그녀는 손등에 턱을 괴었다. "당시의 삶은 아름다울 만큼 예측 가능하고 안정된 것이었지요. 아, 그 시대의 행복이란! 나는 평화를 지켜보고 꿈꾸고 대리 체험을 했어요." 그녀는 식탁보를 내려다보고는 손가락으로 긁어 댔다. "하지만 루시퍼는 경계를 풀지 않았어요. 아름다운 거미줄 가장자리에 숨어 먹이를 기다리는 거미 같았지요."

"첫 번째 눈길. 기억나요? 난 기억났어요. 루시퍼도 그랬죠. 그가 그녀에게 말했어요. '너희 눈이 밝아질 것이다! 하나님과 같아질 것이다.' 그는 자신만만했지만 난 그렇지 않았어요. 여자는 총명하고, 어떤 부분에서는 아담도 따라오지 못할 만큼 통찰력이 있었거든요. 나는 이렇게 생각했어요. '그녀는 하나님의 형상으로 만들어졌으니까 루시퍼의 계획을 꿰뚫어 볼 거야. 그녀는 하나님의 형상으로 만들어졌잖아! 뭘 더 바랄 게 있겠어? 그것을 선택하지 않을 거야.' 하지만 그녀와 우리는 생각보다 더 비슷했어요. 그녀에게 얼마나 욕을 퍼부어 주고 싶었는지 몰라요! 하나님의 새로운 총아라는 신분으로 충분하지 않았단 말인가? 얼마나 탐욕스러운 존재인가! 저들이 무엇을 더 기대할 수 있으며, 부족한 것이 무엇이란 말인가? 나도 한때 지복至福을 알았었지만. 그래도 그 후부터는 그녀가 미워졌어요."

"그러니까 똑같은 일이 다시 벌어졌군요." 내 말에 그녀가 가볍게 고개를 끄덕였다.

"하와를 유혹하는 과정에서 이전의 드라마가 그대로 재연되었어요. 작은 무대의 배우들이 유명한 이야기의 대본을 가지고 연극을 재공연하는 것과 같았죠. 그날, 아담과 그의 아내가 자신들이 발가벗었음을 깨닫게 되는 광경을 보면서 나는 슬펐어요. 어디선가 본 장면을 다시 보는 것 같았죠. 나는 그들의 만족을 대리 체험하던 공감의 끈을 잘라 버렸어요. 그 모든 감정을 다시 겪고 싶지 않았거든요. 삶을 이루는 행복한 일상이 모두 사라지고 후회와 돌이킬 수 없는 짓을 저질렀다는 감당하기 어려운 깨달음만 남은 상태에 고스란히 노출되던 기억이 여전히 생생했으니까요." 그녀가 한숨을 내쉬었다. "그들은 숨었지만 부질없는 짓이었어요. 우리는 다 알았지요. 그리고 엘은……."

"그들을 저주했지요."

"이제 성경 박사가 다 됐네요, 그렇죠?" 그녀의 눈썹이 치켜 올라갔다. 그녀는 전형적인 극성 엄마처럼 보였다. 자식을 야단치는 극성 엄마. "그래요. 엘은 그들을 저주했어요. 하지만 나는 그 광경을 지켜보지 않았어요. 깊은 물 위에 뜬 채로 어둠 속에서 울부짖던 그 영의 떨리는 슬픔을 너무나 선명하게 기억하고 있었거든요. 그 모든 광경을 다시 지켜볼 엄두가 나지 않았어요. 그러면서도 한편으로는 엘을 실망시킨 존재가 우리만이 아니라고 생각하니 기쁘기도 했어요. 어쩌면 좀 우쭐해졌는지도 몰라요." 그녀는 포도주 색깔을 측정하기라도 하듯 손잡이 부분을 잡고 잔을 들어올렸다. "하지만 그런 만족감에도 기분은 전혀 나아지지 않았어요."

"왜죠?"

그녀는 포도주잔 가장자리 너머로 나를 바라보았다. "내가 지금 말하는 건 아주 슬픈 이야기이기 때문이지요. 당신 우나요? 아니, 그럴 리가 없지. 완벽함을 잃어버리는 게 어떤 건지, 당신은 상상도 못해요. 당신이 아는 세상은 이곳뿐이지요." 그녀는 포도주 잔을 식탁보에 내려놓고는 잔을 이리저리 돌렸다. "말 그대로 그 자리에 있어 봐야 비로소 그것이 내 마음의…… 잔을…… 더럽힌 회한의 쓴맛을 이해할 수 있어요." 그녀의 손가락이 잔 손잡이를 훑는가 싶더니 그 힘이 너무 강했는지 잔이 쓰러졌다. 그 움직임이 마치 슬로 모션을 보는 것 같았다.

나는 깜짝 놀라 재빨리 잔을 잡으려다 식탁 모서리에 손이 부딪혀 한발 늦고 말았다. 포도주는 이미 식탁보에 짙은 보라색 얼룩을 남기며 사방으로 퍼져 나갔다.

"물론, 그때 이후 회한은 상당히 희미해졌어요." 그녀는 퍼져 가는 얼룩을 무심하게 바라볼 뿐이었다.

짜증이 난 나는 얼룩을 닦아 보았다. 그때 내 샐러드를 가지고 온 웨이터가 샐러드 접시를 옆 식탁에 올려놓고 우리 식탁을 치우기 시작했다. 식탁에 놓인 모든 것을 치우고는 긁히고 닳은 식탁 표면 위에다 빳빳하게 다려진 깨끗한 흰색 리넨 식탁보를 펼쳤다. 극성 엄마 루션은 그 모든 광경을 이상할 만큼 묵묵히 지켜보았다. 웨이터가 신경 쓰지 말라고 했지만 그녀는 대꾸하지 않았다. 정말 죄송하다고, 이렇게까지 하실 것 없다고 말한 쪽은 나였다. 웨이터가 모든 것을 바로잡아 놓는 동안 악마의 얼굴에선 다소 씁쓸하면서도 아이러니한 표정이 스쳤다.

웨이터는 식기와 조미료를 다시 갖다 놓은 후 샐러드를 놓아주고 더러운 식탁보를 가져갔다.

그 후 나는 말없이 음식을 깨작거렸고 그녀는 손등에 턱을 괸 채 나를 지켜보았다.

마침내 그녀가 입을 열었다. "나는 엘이 진흙 인간들에게 등을 돌릴 거라고 생각했어요. 이전에 에덴을 파괴했던 것처럼 동산을 파괴하고, 벌거벗은 그들을 그대로 방치하고, 우리의 경우처럼 자신과 철저하게 불화한 상태로 내버려 둘 줄 알았어요. 왜 엘이 그 일을 했는지, 그 모든 일을 다시 감수했는지, 왜 악을 선택할 자유를 가진 실망스러운 피조물을 창조했는지 알 수 없었어요. 여기 이렇게 당신과 함께 앉아 있는 지금도 그 대답은 모르겠어요."

루션의 눈은 나를 투과해 다른 것을 보고 있는 듯했다. 그 질문의 답을 찾으려고 백만 번째 시도하는 것 같다고 할까.

"어느 쪽이건, 에덴은 끝났어요." 내가 고추를 하나 집으면서 말했다.

"그래요. 하지만 상황은 내 예상처럼 펼쳐지지는 않았어요. 이번에는 상당히 달랐죠." 그녀가 닭살을 진정시키려는 듯 팔뚝을 문질렀다. "이번에는 여러 가지 결과가 있었어요."

"저주들이군요." 그녀가 고개를 끄덕였다.

"엘은 예언적 분위기의 말들로 뱀으로 나타난 루시퍼를 저주했어요. 당시만 해도 나는 그 말을 이해하지 못했고 나중에 가서야 그 뜻을 깨닫게 되었어요. 그전까지 예언을 들어 본 적이 없었거든요. 엘은 아담이 식량을 길러 먹게 될 땅을 저주했고, 여자가 아이를 낳을 때 겪을 고통을 예언했고, 두 사람 다 동산에서 쫓아내어 바깥세상으로 몰아냈어요. 우리의 첫 번째 에덴에서 일어난 것과 똑같은 일을 지켜보던 우리는 물러나 다같이 몸서리를 쳤어요. 아담과 그의 아내는 죽음을 앞두고 있었지요."

웨이터가 이번에는 내 파스타를 갖고 나타났다.

"포도주 한 잔 갖다 드릴까요, 부인?" 그가 악마에게 물었다.

그녀가 희미한 미소를 지었다. "고맙지만, 괜찮아요. 또 쏟고 말 거예요."

나는 포크로 파스타를 감으면서 말했다. "이해가 안 되는 게 하나 있어요. 그들은 바로 죽지 않았어요. 적어도 아담은 그랬어요." 하와에 대해선 성경에 별 말이 없으니 넘어가고, 나로선 아무래도 문자적으로 받아들이기 어렵지만 성경 기록에 따르면 아담은 900살이 넘게 살았다.

그녀는 자기 포크의 끝 부분으로 식탁보를 눌러 작은 자국을 남겼다. "물론 그랬지요. 하지만 그들은 육체적으로 영적으로 변했어요. 그들은 손상되었고 세계와 불화 상태로 접어들었어요. 세계 및 자기 자신과 맞서 싸워야 할 운명을 맞게 되었죠. 투쟁은 결국 불완전하기 마련이니까요. 하지만 흙으로 만들어졌긴 해도 인간의 기준으로 볼 때 어느 모로 보나 유전적으로 완벽했던 아담의 몸이 사망 선고에 굴복하기까지는 시간이 걸렸어요."

"하나님은 왜 그냥 그를 죽이지 않았나요?"

"내 말 믿어요. 당시엔 900년도 끔찍하게 짧아 보였거든요. 지금도 그렇지요. 난 당신들이 80년 정도밖에 안 되는 짧은 생애를 어떻게 감당하는지 모르겠어요. 그나마 그것도 아주 많이 산 경우 아닌가요?" 그녀가 당돌한 느낌을 주는 엷은 미소를 지었고, 입술이 하트 모양을 이루었다. "이 정도만 말해 두죠. 우리는 죽는다는 개념 자체에 기겁을 했다고요. 우리가 사형 선고를 받은 것도 아니었는데 말이죠. 우리 중 누구도 죽음을 경험한 적이 없었거든요. 본 적도 없었어요."

'죽음을 본 적이 없다고?' 갈수록 그녀의 이야기는 촌스러운 옛 사람들에 대한 성경의 기록이라기보다는 공상과학 영화 비슷하게 들렸다.

그녀가 포크로 나를 가리키며 말했다. "알려 줄 게 있어요. 빛을 가져오는 자, 루시퍼에 대해 물었잖아요. 아담과 그의 아내가 인간 종족의 최초, 최고의 견본이 되어 불가피한 죽음에 서서히 확실하게 굴복해 갔다면, 루시퍼도 달라지기 시작했어요.

겉으로는 여전히 빛이 났고 오늘날에도 그 점은 변하지 않았어요. 인간처럼 죽음의 저주를 받은 것도 아니었고 시대가 지날수록 세기나 영광의 광채를 아주 조금씩 잃어 갈 뿐이었으니까. 그러나 속으로는 그도 변하셨어요. 아담이 나타날 무렵엔 이전의 완전한 통치자, 그 빛나는 군주의 면모는 거의 남아 있지 않았어요. 그는 새로운 피조물이었죠. 그리고 우리도 마찬가지였어요. 세상도 변했지요."

"세상은 왜 변했을까요?"

"변절 유전자 하나가 새로운 것을 만들어 내듯, 세상이 돌연변이를 일으키기 시작한 거죠." 그녀는 대수로운 일이 아니라는 듯 어깨를 으쓱 했다. "그건 자연 질서에 따른 거였지요. 하나의 탈선으로 궤적이 만들어지면 이후 왜곡된 상태가 뒤따라 오게 되죠."

내가 가본 온갖 아름다운 장소를 생각했다. 유타의 붉은 바위들, 세인트루시아의 해변들, 중국의 리강을 따라 솟아 있는 구이린의 산봉우리들. 오브리의 여행안내서들과 앤설 애덤스의 흑백 풍경 사진들을 생각했다.

"그래요. 이 아름다운 세상은 돌연변이로 왜곡된 곳이에요. 원본을 보았다면 당신도 그렇게 말할 거예요. 당신이 원본을 봤다면, 우리 모두 얼마나 원형에서 멀리 벗어났고, 세상이 얼마나 제멋대로 자라났는지 알 거예요. 암처럼 말이죠. 또다시 참으로 슬퍼하는 엘의 모습을 보니 동정심이 느껴질 정도였어요. 하지만 나 역시 변하고 있었죠."

그녀는 포크를 뒤집어 식탁보를 눌러 또 다른 자국을 남기려다가 흠칫 놀랐다. 맞은편의 무엇인가가 눈길을 사로잡은 듯했다. 한동안 그녀는 미동도 없이 눈을 가늘게 뜨고 칸막이와 벽들과 주방을 뚫어져라 쳐다보았다. 마치 귀를 뒤로 젖히고 털을 곤추 세우고 잔뜩 웅크린 동물을 보는 것 같았다. 나는 그녀의 시선을 좇아 누가, 혹은 무엇이 그녀의 눈길을 사로잡았는지 알아보려 했다. 그러나 곧 그녀의 몸은 긴장이 풀렸고 다시 포크로 식탁보를 찔러 댔다.

"그러니까 내가 말한 것처럼 세상은 변형되고 있었어요." 그녀는 식탁보를 푹푹푹 찌르면서 말하다 다시 나를 올려다보았다. 내가 잘 듣고 있는지 확인하려는 듯했다. "싱싱하고 좋은 것들만 있던 땅에서 온갖 혐오스럽고 추한 것들이 생겨나 우거졌어요. 동물들 사이의 조화는 완전히 사라졌구요. 식물만 먹는 게 아니라 서로를 잡아먹고 사는 다른 질서가 생겨나게 되었죠. 아담의 육신도 이전과 달랐어요. 질병이 나타나려면 아직 여러 세기가 있어야 했고, 유전적으로 너무나 깨끗한 몸인지라 한동안 그 후손들은 남매끼리 결혼해도 문제가 되지 않을 정도였지만 말이에요. 사촌끼리도 감히 결혼할 수 없는 지경에 이를 만큼 문제가 생기는 건 여러 세대가 지나서의 일이에요. 당신도 읽어 봤겠지만, 아담이 죽기까지 930년이 걸렸고, 그의 자녀들도 비슷하게 오랫동안 살았어요."

믿을 수가 없었다. 내가 엉터리라고 생각했던 부분을 그녀가 방금 말이 되게 설명해 버린 것이다.

그녀는 턱을 들면서 말했다. "물론 말이 되지요. 아버지로부터 아들에게로 죄가 물려진다는 오래된 교리도 여전히 신학의 주제로 확고하게 남아 있잖아요. 주위를 둘러보세요. 그것이 옳다는 게 명백히 드러나 있어요. 인간의 눈의 불완전함, 면역 체계의 약점을 봐요, 인간들 중에는 질병과 암, 천식과 알레르기, 온갖 종류의 유전 질환에 잘 걸리는 성향인 사람들이 있어요."

주위를 둘러보았다. 내 시선은 작은 식당의 중앙, 열두 명이 앉아 있는 큰 식탁에 꽂혔다. 가족이 분명하다는 생각이 들자 질투심으로 속이 쓰렸다. 그들을 살펴보았다. 다섯 명이 안경을 쓰고 있었다. 20대로 보이는 젊은이는 휠체어에 앉아 있고, 식탁에서 가장 나이가 많은 백발의 노부인은 목덜미가 굽어 있었다. 그녀는 천천히 먹으면서 오래오래 음식을 씹었다. 여든다섯은 되어 보였다.

'여든다섯······과 930세라. 아담은 여든다섯에 어떤 모습이었을까?'

"힘이 넘쳤지요. 완전 종마種馬였다니까요."

내 몸은 왜 이 모양인가 싶어 신경질까지 나려 했다.

"하지만 몸만의 문제가 아니에요. 당신은 초기 몇 세기 동안 있었던 온전한 영양분을 갖춘 최초의 먹을거리들을 먹어 보지 못했잖아요. 오늘날 인간들이 음식이라 부르는 걸 봐요. 솔직히 그런 걸 먹고 20년을 사는 것도 놀라워요." 그녀가 내 파스타를 가리키며 말했다. "게다가 지구가 원래처럼 건강한 상태가 아니라는 점까지 고려하면, 상황이 얼마나 나빠졌는지 알 수 있지요. 당신네 조상들이 선크림을 잔뜩 바르고 돌아다녔을 것 같아요? 땅에다 화학 비료를 섞어야 했을 것 같아요?"

남은 파스타를 쳐다보았다. 조금 전만 해도 나는 더운 음식을 먹을 수 있다는 것만으로 자축하고 있었다.

"지구는 조금씩 죽어 가고 있어요. 아담처럼 지구도 꽤 오래 버티긴 할 테지만 말이에요." 그녀는 열두 명이 앉아 있는 식탁을 곁눈질로 보았다. 무엇이 그녀의 관심을 끌었을까? 혹시 오늘 밤 누군가 죽게 되는 건 아닐까, 불안한 마음이 들었다. 머리가 하얗게 센 저 노부인이 숨이 막혀 쓰러지고, 가족들은 겁에 질려 하임리히 요법(기도가 막혔을 때의 응급처치법—옮긴이)이나 심폐소생술을 행하고, 노부인은 결국 숨을 거두고? '부탁입니다.' 나는 속으로 누구에게 말하는 건지도 모르고 말했다. 하나님과 창조와 죄에 대한 이야기가 내게 영향을 끼치고 있는 건지도 몰랐다. '그런 일이 없게 해주세요.' 나는 이 이야기를 방해받지 않고 들어야 했다. 더 들어야 했다. 이번에 들어야 했다.

'오늘 저녁 누가 죽을지도 모르는데, 나는 악마의 이야기를 듣지 못하면 어쩌나 걱정만 하고 있구나.'

"한편, 비틀대는 행성 전역에 흩어진 진흙 인간들은 탈선과 악행이 가득한 세상에서 자기들과 똑같은 인간들을 길러 내어 새로운 죽음의 문화를 퍼뜨렸어요." 그녀는 식탁을 응시하며 말했다.

"좀 극적이라는 생각이 들지 않아요?" 그러나 그 말을 듣자 미술관의 미라 전시실과 그 모두가 최초의 두 사람에게서 나왔다던 그녀의 언급이 떠올랐다. 그때 나는 그녀가 세련된 이집트 문화를 두고 말한 것으로 생각했었다.

그녀의 입술 끝이 올라갔다. 그녀는 다시 나를 똑바로 쳐다보며 말했다. "으스스하게 들려요, 그렇지요? 하지만 아니에요. 적어도 내 관점에서는 그래요. 그 무렵 우리는 눈앞에 펼쳐지는 상황, 엘의 계속되는 실패를 즐기게 되었거든요. 왜냐구요? 이 새로운 피조물들, 새로운 상속자들이 실패한다면, 우리가 조금 더 나아 보이게 될 테니까요. 클레이, 내가 말하고 있잖아! 날 봐!"

나는 그 가족에게 향했던 시선을 즉시 그녀에게 돌렸다.

"난 여기 나 좋으라고 온 게 아니야. 난 이 이야기를 알아, 잊었어?" 극성 엄마는 성난 악마처럼 목소리를 높였다.

"미안합니다." 나는 더듬거렸다.

그녀가 식탁보를 손가락으로 찔러 댔다. "인간들이 **실패**할 때마다 뭔가를 입증해 준다구요. 인간들이 실패할 때마다 우리는 기분이 좋아져요. 인간의 어리석음이 드러날 때마다 우리는 기뻐했어요." 날카로운 통고였다. 어조는 낮지만 강렬했고, 이빨이 드러났다.

"이해합니다." 내가 잘 듣고 있음을 알리고 싶었다.

"아니, 당신은 이해 못 해요. 엘은 진흙 인간들을 무시하지 않았어요. 그들을 단번에 제거해 버리지 않았어요. 전혀. 그는 더 이상 오후에 그들과 함께 거닐지 않았지만, 그들의 일상사에 관심을 가졌어요. 그건 중요한 의미가 있어요." 그녀의 파란 눈이 어둡고 무시무시한 빛을 띠었다.

"그는 양보했어요. 그들의 한결같은 불완전함과 끊임없는 잘못을 한없는 인내로 참았어요. 내가 아는 한 창조된 우주에 존재하는 모든 것보다 더 많은 인내였어요. 그는 그들에게 상징적인 속죄 행위로 적절하게 피를 흘리고 수고롭고 끔찍한 희생 제사를 바치는 법을 가르쳤어요…….

그리고 그는 그들을 **용서했어요**."

그녀의 눈빛이 어찌나 맹렬한지 나는 다가오는 차량의 헤드라이트 불빛을 피하듯 그녀의 시선을 피했다. 그녀가 더 이상 말이 없기에 고개를 들었더니 여전히 나를 응시하고 있었다. 그녀가 한 말의 의미가 처음부터 다시 새겨지는 듯했다.

그녀는 동요하고 있었다.

"그걸 생각해 봐요." 그녀가 코트를 집으면서 말했다. 칸막이 좌석에서 나오면서 식당 반대쪽을 다시 힐끗 보았다. 그리고 코트를 걸쳤다. "속도를 내야겠어요. 시간이 지나가고 있어요."

그녀는 가방을 어깨에 메고 걸어 나갔다. 식당 한복판의 식탁에서는 열두 명의 사람이 '해피버스데이'를 불렀고 노부인이 리코타파이 한 조각에 꽂힌 촛불을 불어서 껐다.

15

'시간이 지나가고 있다?'

그와의 만남을 종이에 옮겼다. 머리에 떠오르는 단어를 다 적었다. 그렇게 적은 종이들을 식탁에 펼쳐 놓았다. 이면지부터 뉴스레터 뒷면, 우편물 봉투에 이르기까지 손에 잡히는 대로 집어 든 종이에 황급히 쓴 글씨가 어지럽게 놓여 있었다.

노트북을 열고 입력을 시작했다.

새벽 1시 무렵, 함께했던 저녁 식사, 아니 내 저녁 식사의 끝부분을 입력하다 중요한 사실을 하나 놓쳤음을 발견했다. 나는 식탁에 모여 있던 가족에게 뭔가 의미심장한 것이 있다고 생각했다. 처음에는 그녀의 관심을 끌었다가 나중에는 화나게 만든 무언가. 그러나 그녀가 나를 닦달하고 내가 깜짝 놀라 당황하게 만든 원인은 그 가족이 아니었다. 그것은 그녀의 이야기에서 드러나게 될 사실, 그녀가 말해야 하는 어떤 사실 때문이었다.

"그리고 그는 그들을 용서했어요."

당시에는 그 말에 대해 전혀 생각해 보지 않았다. 용서라는 게 종교에서 일상적으로 나오는 표현이 아니던가.

'악마들에게도?'

화면을 스크롤해서 컴퓨터에 입력한 기록 중 이전 만남에 대한 부분으로 올라가니 눈에 확 들어오는 대목이 있었다.

> "······내가 신이라면 모든 것을 되돌려 놓을 텐데. 모든 것을 다 지워 버리고 원래대로 되돌려 놓았을 텐데."
> "왜 그럴 수가 없었죠? 하나님이 왜 그럴 수가 없었나요?"
> "내가 그 이유를 말해 주지요. 우리는 저주받았기 때문이지요!"

화면을 스크롤해서 내렸다.

> "그는 그들을 용서했어요."

의자에 등을 기대고 앉아 화면을 응시했다.

그날 밤 늦게 카트리나의 답장을 받았다. 하지만 그녀가 첨

부한 출간 제안서는 내가 보았던 문서가 아니었다. 혼란을 느끼며 L. 리저로스가 쓴 《꿈꾸는 회상록》의 짧은 발췌문을 넘겨 보았다.

　망상적 분열증 환자의 개인 기록이었다.

16

 악마는 두 접시를 더 고르고는 짧고 단단한 팔로 식탁 너머 내게로 밀었다.
 "제발 그만요." 내가 말했다. 딤섬 카트를 밀고 온 여자는 우리 계산서에 붉은 상징물의 도장을 찍어 주고 자리를 옮겼다. 내 말은 진심이었다. 배가 부르기도 했지만 30분 동안 내가 먹는 것을 넋 놓고 지켜본 그의 관심이 부담스러웠기 때문이다. 그는 찐빵, 돼지고기빵, 하가우(새우 딤섬), 작은 완두콩을 올린 야채말이까지 잔뜩 시켰다. 그것들은 이제 대나무 찜통 안에 한두 개씩 외롭게 남아 있었다. 도저히 그것들까지 다 먹을 수는 없었다.
 "좋아요." 그가 팔짱을 끼면서 말했다. 의자 등받이에 재킷을 걸쳐 놓았는데 와이셔츠의 어깨 부위가 너무 꽉 끼는 것을 보니 재킷을 입고 있는 편이 나았을 거란 생각이 들었다.

"당신이 카트리나에게 준 출간 제안서 말입니다······." 일단 말은 꺼냈는데 어떻게 이어 가야 할지 확신이 들지 않았다. 나는 카트리나에게 이메일 수신에 문제가 생겼으니 제안서를 다시 보내 달라고 했었다. 그녀가 내 사무실에 오던 날 막판에 생각난 듯 덤으로 준 짤막한 제안서를 말한다고 꼭 집어 밝혔다. 그러나 그녀가 다시 보내온 제안서를 받아 화면을 스크롤해 보니 L. 리저로스가 쓴 《꿈꾸는 회상록》의 몇 쪽이 전부였다.

"무슨 제안서 말입니까?" 그가 묻고는 윙크하는 듯했다. 하지만 눈썹은 움직이지 않았다.

역시 그랬다. 그가 사람의 정신을 갖고 또 장난을 친 것이다. 나 외에는 《악마의 회고록》 출간 제안서를 본 사람이 없었다. 카트리나는 내 책상과 하드드라이브에서 생명력 있는 원고로 진화해 나가는 이야기, 잠에서 깨는 아침과 귀가 후 내가 영양분을 먹여 주길 기다리는 이야기의 존재를 알지 못했다. 내 가슴은 흥분으로 쿵쾅거렸고 심장 박동은 메트로놈 소리 같았다.

"알겠습니다." 나는 신중하게 말했다. 그러면서 생각했다. '이 놈이 화낼지도 모르지만, 그래도 더 필요해.' "그렇다면 엘이 그들을 용서한 후 벌어진 일을 알아야겠어요. 내 말은, 인간들 말이에요." 그는 손도 안 댄 잔에다 국화차를 찔끔찔끔 붓느라 작은 찻주전자로 용을 쓰고 있었다. 아무래도 이 주제로 곧장 뛰어들길 주저하는 눈치였다. 나는 기다리면서 무성한 눈썹과 얇은 입술 양옆으로 살짝 볼이 늘어진 평범한 얼굴을 살폈다. 처음 몇 번 만났을 때는 그가 허영심이 많다고 생각했지만, 최근 들어 그는 아름다운 외양에는 점점 더 개의치 않는 듯했다.

"엘이 인간들을 용서하는 일은 늘 있는 일상사처럼 따분해졌습니다. 전에는 그냥 좋아하지 않는 정도였지만 자꾸 들려와 신경을 긁어 대는 바람에 이젠 그 얘기만 나와도 몸서리쳐지는 소리 같다고 할까요. 구역질나는 냄새 같기도 하고요. 어느 쪽이 더 놀라운지 알 수가 없더군요. 끊임없이 인간들을 용서하는 엘인지, 아니면 똑같은 실수를 거듭거듭 반복해서 저지르는 인간들인지. 역겹기도 하고 놀랍기도 했던 우리는 그들이 어디까지 가나 보려고 밀어붙여 봤습니다. 대담하게 나섰지요. 그런데 엘은 한때 너무나 아름다웠던 그 모든 생명들, 땅과 물로 이루어진 이 큰 공에 퍼져 우글대는 생명체들의 혼란 한가운데에서 고통스러워하며 다시 주저앉았습니다. 그러면서도 그들을 포기하려 들지 않았습니다. 그러는 동안 나는 내 안의 무엇인가가 달라졌다는 것을 깨달았습니다."

"무슨 뜻이에요?" 나는 너무 배가 불러 한숨을 내쉬며 젓가락을 내려놓고 물었다.

"신경이 끊어진 것처럼, 더 이상 엘이 느껴지지 않았습니다. 하늘에서 떨어져 내릴 때와도 또 달랐습니다. 그러나 엘은 변하지 않는다는 사실 하나만큼은 내가 자신을 아는 것처럼, 아니 그보다 더 확실하게 알 수 있었습니다. 그 무렵엔 그를 잘 인지

할 수 없었지만, 벌어지는 온갖 상황에 대한 그의 감정은 잘 알 수 있었습니다."

"루시퍼는요?"

"아, 그는 이 떠다니는 거대한 땅덩어리를 다스리기로 마음먹었지요. 그는 그것에 대한 권리를 포기한 적이 한 번도 없어요. 아담이 생득권을 포기하는 순간 그것을 낚아챈 루시퍼는 저택으로 들어가는 문을 열듯 이 세상으로 통하는 문을 활짝 열고 인간들을 초대하여 그들을 위해 고안해 낸 오락거리들로 잔치를 베풀었어요. 새롭고 기괴한 종교들, 이상한 철학들, 온갖 욕구를 채워 줄 도락道樂들. 그 무렵 그는 스스로 되고 싶었던 온갖 것들로 자처했어요. 권력자, 통치자……, 신, 신들. 그에겐 다양한 이름들이 붙었고, 인간들은 그에게 희생 제물을 바치고 그를 위해 엄청난 살인을 저지르고 피를 흘리게 했어요. 잔혹했지요. 끔찍했어요."

"마침내 원하던 것을 얻었군요."

"그럭저럭 그렇다고 할 수 있지요. 하지만 알아야 할 게 있어요. 루시퍼는 희생 제물도, 피도, 생명들도 전혀 개의치 않았어요. 그는 사람들이 그런 일을 했다는 점을 기뻐했지요. 사소한 배신을 하나 저지를 때마다 인간들은 엘로부터 더 멀어졌어요. 마침내 그들은 엘을 잊어버렸어요. 점점 더 빠르게 몸을 돌리다 결국 쓰러지는 댄서처럼, 빌딩에서 떨어지는 꿈을 꿀 때 귀청을 찢을 듯 울리는 바람소리처럼 정신없이 돌아가던 시절이었어요. 나는 그 모두를 지켜보면서 불가피한 일이라고 느꼈어요."

지금처럼 가끔씩 그가 과거로 돌아간 것처럼 보일 때면 궁금해졌다. 그의 기억은 그날 찻집이나 커먼공원에서 내가 겪은 일처럼 생생한 걸까?

새러 마셜의 죽음에 대한 나의 기억처럼?

오늘은 그 생각을 한 번도 안 하고 넘어갈 뻔했는데.

"그러나 슬픔에 빠진 엘의 관용에도 한계가 있었어요. 그가 더 이상 참을 수 없는 날이 왔어요. 물론, 나는 그가 육중한 주먹을 그대로 내려칠 줄 알았지요. 하지만 그날이 왔을 때 그는 여전히 행동을 미뤘어요. 아이에게 셋까지 기다려 주는 어머니처럼, 진흙 인간들에게 행실을 바로잡을 120년을 주었어요." 그는 편안히 앉아 짧은 팔로 팔짱을 꼈는데 그 모습이 셔츠 소매로 감싼 소시지 같았다. "정말 싫었어요! 그가 우리 중 누구에게 괴로워하는 부모 역할을 감당한 적이 있었던가? 엘의 첫 번째이자 최고의 창조물이며 군주이자 기름부음 받은 게루빔이었던 루시퍼에게는? 엘은 인간들에게 보여 준 인내의 눈곱만큼도 그에게 베풀지 않았어요. 우리 중 누구에게도 그렇게 하지 않았지요."

거부당한 자의 냉랭한 눈빛이 두개골 속을 미끄러져 지나가는 도마뱀처럼 그의 한쪽 눈에서 다른 눈으로 번들거리며 지나갔다.

"내가 인간이었다면 운이 좋다고 생각했을 겁니다." 그가 가슴을 치며 말했다. 몸이 통통해서 소리는 별로 나지 않았다. "그러나 그들은 자신들이 얼마나 큰 특권을 받았는지는 안중에도 없었어요. 마음 내키는 대로 자기들 방식대로 살아갔단 말입니다. 그렇게 세월이 지나갔어요."

"120년이 다."

"120년이 다. 마침내 루시퍼는 승리의 개가를 불렀어요. 그는 엘의 세계에 멸망을 가져왔고 그의 진흙 피조물들을 땅바닥에 짓이겨진 과일처럼 망쳐 놓았어요. 이제 엘도 그를 인정할 수밖에 없을 것 같았습니다. 이야기를 나누고 대화를 나눌 진흙 인간들이 더 이상 없을 테니까. 어쨌거나 누가 그러고 싶겠습니까? 무가치하고 변덕스럽고 불충한…… 인간들은 실패작이었습니다. 그들을 파괴해야 할 때였지요."

그의 말에 담긴 야유를 듣자니 오싹해졌다.

"그다음에 벌어진 일을 신화 정도로 치부하는 건 당신네 서구인들뿐입니다. 대부분의 고대 사회들은 그것을 역사로 가르쳤습니다. 물이 육지를 덮었습니다. 한 시대 전에 루시퍼의 바위 동산을 덮었던 것처럼 세상을 삼켜 버렸지요."

솔직히, 동물이 두 마리씩 짝지어 방주로 들어가는 그림책 이야기와 실패한 인간들, 기뻐하는 악마들, 그리고 참는 하나님에 대한 이 이야기가 좀처럼 조화가 되지 않았다. "그러니까 에덴은 다시 파괴되었군요."

루션의 양미간이 좁아졌다. "그러나 내 예상처럼은 아니었어요. 깊은 물은 육지를 삼키지 않았고, 엘은 깊은 물 위를 떠돌지 않았어요. 그는 태양을 꺼버리거나 내가 사랑하는 달을 파괴하지도 않았어요. 그는 무슨 일이건 똑같이 반복하거나 예측 가능하게 벌이지 않아요. 지금은 알지만 그때는 경험이 부족해서 그 사실을 몰랐어요. 그가 일가족 전체의 목숨을 살려 준 것도 예측하지 못한 일이었습니다." 그는 소매를 들쳐 손목에 걸린 우아하고 얇은 시계를 봤다.

"노아의 가족이군요." 나는 그의 시선을 끌고자 시간과 경쟁하는 기분이 들었다.

그는 팔을 다시 식탁으로 내렸다. "나는 분개했습니다. 뭐 하러 그렇게 신경을 쓸까요? 어쩌자는 것이었을까요? 호수에 뜬 코르크 조각 같은 노아의 작은 배가 홍수로 뒤덮인 지구를 이리저리 떠다닌 짤막한 40일 동안, 나는 그 문제로 고민했습니다. 비가 그치고 물이 빠지고 사람들이 배에서 기어 나오고 또다시 희생 제사를 바쳤을 때, 뭔가를 깨달았어요. 엘에게 약점이 있다면 바로 이것이겠구나. 그는 이 피조물들, 진흙으로 만들어진 이 인간들을 **사랑했습니다**. 그들은 실패했고 그는 슬퍼했습니다. 엘은 그들을 처벌했고 그들은 죽었지만, 결코 전부를 말살시킬 수는 없었던 겁니다."

그의 눈에 얼음 결정이 생겼다. 엄청난 무게에 눌린 얼어붙은 연못 표면, 혹은 알링턴스트리트에서 깨어졌던 차량 앞유리 같았다. 바로 그때, 카트 아가씨가 커다란 나무통을 밀면서 다시 나타났다. 그녀는 넓적한 황금숟가락을 부채처럼 부쳤다. "뜨거운 아몬드 푸딩 드시겠어요?" 그녀는 루션에게 미소를 지으며 물었다.

"세상은 거기서 끝나지 않았습니다." 그는 젤라틴 커스터드가 담긴 접시를 내 쪽으로 밀었다. 커스터드는 가장자리로 시럽이 뿌려져 있었는데 나는 그것을 받기는 했지만 먹을 생각이 전혀 없었다. 그는 다시 다정해졌다. 얼굴이 둥그런 요정처럼 기분이 좋아 보였다. 나는 그의 변덕스러운 기분이 점점 더 불편해졌다. 마치 흑조류黑潮流 위에 떠 있는 살얼음판을 걷는 기분이었다.

"정반대지요. 대홍수는 새로운 시작이었습니다. 홍수가 끝나고 그 가족이 살아남았을 때, 엘은 이전에 한 번도 한 적이 없는 또 다른 일을 했습니다. 약속을 한 겁니다. 우리가 아니라 진흙 인간들에게. 다시는 물로 땅을 멸망시키지 않겠다고 약속했습니다. 그리고 그들에게 징표를 주었습니다. 친한 친구에게 주는 기념물 같았지요. 그뿐 아니라, 그것을 시작으로 이후 많은 약속을 했습니다. 이후의 여러 세대에 걸쳐 그는 인간들을 다시 축복하고 그중 한 무리를 이스라엘이라 이름 짓고 그들을 특별한 민족으로 삼았습니다."

그는 빈 양손을 들었다. "약속들…… 기념물들…… 축복들. 하나님이 누구인데 인간들을 책임진단 말입니까? 인간이 누구인데 하나님의 약속을 얻는단 말입니까? 그다음 엘은 그들에게 율법들, 매우 구체적인 삶의 규칙들을 주었습니다. 그들은 모든 것을 일일이 일러 줘야 하는 것 같았거든요. 엘은 그들이 속죄받고 완전한 하나님과 교제를 나눌 수 있도록 정교한 의식들을 가르쳤습니다. 그들이 잘못을 저질러 혈통이 더럽혀졌는데도, 여전히 그들을 참아 주면서 가까이 머물 수 있도록 꾀를 낸 겁니다. 그러나 엘은 그들을 참기만 한 게 아닙니다. 인간들은 이미 그로부터 영원히 자신을 분리시키는 돌이킬 수 없는 일을 저질렀거든요. 그런데 엘은 그들과 떨어져 있는 상태를 견디지 못하는 듯했습니다."

그는 고른 어조를 유지하고 있었지만, 너무 절제되어 있어서 진짜 평정을 유지한다기보다는 오히려 애써 감정을 억누르고 있다는 느낌을 주었다. 내가 불쑥 물었다. "인간들을 증오합니까?" 말이 끝나자마자, 어두운 늪으로 파충류가 소리 없이 몰래 들어오듯 뭔가 어두운 것이 그의 눈길로 미끄러져 들어왔다.

"루시퍼의 증오에 비하면, 내 것은 아무것도 아닙니다. 엘을 향한 그의 혐오, 원한은 날이 갈수록 깊어졌습니다. 지금도 그렇지요." 그는 손목시계를 확인했다.

'아냐, 아직은 안 돼.'

"갑시다." 그가 식탁에서 몸을 밀어 냈다.

"어디로 말입니까?" 나는 곧바로 일어섰다.

그는 코트를 집어 들더니 식탁에 50달러짜리 지폐를 던져 놓았다.

음식 냄새, 퀴퀴한 담배 냄새, 오줌 냄새가 뒤섞인 차이나타운을 벗어났을 무렵, 나는 가쁜 숨을 몰아쉬고 있었다. 심장이 쿵쾅거려 흉골까지 울렸다. 나는 그보다 15센티미터는 족히 컸지만 그의 짧은 다리는 믿을 수 없을 만큼 빨랐고, 나는 체육 선생님 뒤를 쫓아다니는 운 없는 학생처럼 그의 뒤를 따라 워싱턴스트리트를 내려가 노숙자 쉼터인 세인트프랜시스하우스를 지났다. 도로 양쪽에는 하나둘씩 배회하는 노숙자들이 창문으로 연극을 관람하듯 흐린 눈을 두리번거리고 담배를 피우며 행인들을 훑어보았다. 노숙을 해본 적은 없지만 나는 그런 눈길을 잘 알았고 그렇게 흐리멍덩한 태도로 산 적이 있었다. 다른 사람들이 버린 쓰레기를 치우는 수위처럼 작가 지망생들의 산문을 깨끗하게 다듬고, 아내의 틀에 박힌 세계관에 자신을 억지로 맞추고, 바다로 흘러가는 찰스 강처럼 소리 없이 살아가던 시절이었다.

루션은 계속 빠르게 걸으면서 흥미로운 듯 주위를 두리번거렸다. 산책을 즐기는 듯한 그 모습에 짜증이 일었다. 운동이 꼭 필요한 형편이긴 했지만 나는 운동하려고 여기 온 게 아니었다.

추워서 말도 잘 나오지 않았다. "그래서요? 약속과 율법들 다음에는 무엇이 있었습니까?"

그의 정장 구두 뒤축이 인도와 부딪치면서 스톱워치의 빠른 스타카토음이 들렸다. "나머지는 역사에 불과합니다. 끔찍하게 지루한 역사지요. 방황, 전쟁, 이주, 사사들, 제사장들, 왕들, 첩들. 첩들이 그나마 좀 흥미롭지요. 정 알고 싶거든 직접 읽어 보면 됩니다. 그러나 권하고 싶은 생각은 전혀 없습니다. 그건 처음부터 당신네 종족의 역사일 뿐이니까. 그다지 의미심장한 내용은 없습니다."

그가 빈정거릴 때면 불안해졌다. 그러다 언제 분노를 터뜨릴지 알 수 없었다. 그가 그런 식으로 폭발할 때마다 나는 점점 더 크게 놀랐고 심란해졌다. 갈수록 그것을 감당하기가 어려워졌다.

트레몬트스트리트에 이르자 그는 전구가 늘어선 차양과 커다란 아치형의 머제스틱극장 입구로 향했다. 정문에 도착하기 전까지는 수많은 전구들 때문에 잘 보이지 않았지만 극장 안에서는 빛이 흘러나오고 있었다. 루션이 한쪽 문을 밀어서 열었다.

로비 안에서는 짙은 주황색 대리석 안쪽으로 암록색 불빛이 흐르고 있었다. 공연장 입구 양쪽의 기둥 꼭대기에서는 숫양의 뿔이 달린 디오니소스의 머리가 미소 지으며 내려다보고 있었고, 그 사이와 위쪽에서는 금빛 게루빔들이 팬플룻을 불며 날았다. 극장 안은 활기에 넘쳤다. 막간 휴식 시간이 끝났음을 알리는 차임벨이 막 울렸다. 꼭 그 금빛 파이프들에서 나오는 소리 같았다. 그 효과는 웅장하고 이국적이었지만, 한동안 내 눈에는 그것들이 무너져 내려 내 주위에 인조 대리석 회반죽과 금색 페인트 조각들이 잔뜩 쌓이는 모습이 보였다. 벨몬트의 그 집이 내려앉아 쓰레기 더미로 변했던 것과 비슷했다. 그때 한 여성이 내게 부딪쳤고 그녀가 깜짝 놀라 사과하는 소리에 환각은 흩어졌다. 루션이 층계참에서 2층 앞좌석으로 통하는 계단을 막 오르며 초조하게 손을 흔드는 모습이 눈에 들어왔다.

나는 그를 따라 계단을 오르고 다시 2층 발코니로 올라갔다. 숨이 가빴고 한 걸음 내디딜 때마다 심장이 쿵쾅거리는 소리가 들렸다. 루션은 휴식 시간 후 뒤늦게 들어가는 몇몇 사람들과 왼쪽 발코니 입구로 미끄러져 들어갔다.

안에 들어서자 조명이 어두워졌다. 어둠 속에서 눈을 깜빡이다 보니 두 개의 빈 좌석을 향해 가는 땅딸막한 악마가 보였다. 그때 지휘자가 박수갈채를 받으며 들어왔다.

"여기서 뭐 하는 겁니까?" 나는 그의 옆에 앉아 가쁜 숨을 몰아쉬며 물었다.

그는 아무 말도 하지 않고 허벅지 위에 양손을 포갰다. 막이 열리고 소박한 일본풍 무대가 펼쳐졌다.

나는 〈나비부인〉의 3막 내내 안절부절못하며 앉아 있었다. 핑커턴이 돌아오고 그의 새 아내와 만난 버터플라이가 놀라는 대목에서도 마찬가지였다. 소프라노는 돋보였을 것이고 스즈키의 메조소프라노도 훌륭했을 것이다. 모르겠다. 나는 그들의 목소리를 듣는 둥 마는 둥 했다. 무대는 정교했겠지만 내 눈앞을 채우고 있는 물건에 불과했다. 내 눈은 막 위에 그려진 일본 전통 주택의 선들을 배회했다. 딤섬 식당 차이나펄에서 악마가 풀어놓는 온갖 얘기를 따라 미궁 같은 과거의 복도를 누빌 때처럼, 지금도 이 일이 나와 무슨 상관이 있는지 의아할 따름이었다. 버터플라이가 자살하고 현대의 프로젝터 기술로 일본의 붉은 달이 그녀의 집 앞에 핏빛을 떨어뜨리는 장면에 이르자, 나는 벌떡 일어나고 싶었다. 이곳을 떠나 악마가 조금이라도, 아주 조금이라도 이야기를 더 해줄 다른 곳으로 가고 싶었다.

하지만 박수갈채 속에 막이 내리고 잘 차려입은 사람들이 코트와 스카프를 챙겨 물 흐르듯 출구로 흘러갈 때도, 루션은 여전히 자리에 앉아 생각에 잠긴 듯 무대를 응시할 따름이었다.

마침내 그가 말했다. "정말 바보 같은 이야기 아닙니까. 푸치니는 이야기를 제대로 마무리하는 법이 없어요."

"왜요, 여주인공이 늘 죽어서 그런가요?"

"그래요. 남는 게 뭡니까?"

"명예 아닐까요?"

그는 분노에 찬 말을 토해 냈다. "하지만 너무 **지루하잖아요**. 버터플라이는 두 번째 아내를 죽이기라도 했어야죠."

이번에는 내 쪽에서 시계를 들여다보며 오늘밤 얼마나 늦게까지 깨어 있게 될까 계산했다. 책상에 쌓인 원고 더미들을 검토하는 일이 우선이었다. 오늘 만남을 글로 적는 즐거움, 그 배출의 과정은 그다음으로 미뤄야 했다. 헬렌 생각도 났다. 그녀는 '악마의 회고록' 원고의 일부라도 빨리 보고 싶어 했다. 지금으로서는 내가 그녀에게 내놓을 만한 프로젝트는 그것뿐이었다. 다른 작가의 괜찮은 원고를 확보하지 못해서가 아니라, 내게 중요한 것이 그것뿐이었기 때문이다.

"비극을 좋아할 거라고 생각했는데요."

그는 다리를 꼬고 앉아서 바지를 털며 말했다. "비극은 이런 걸 말합니다. 뭔가 훌륭한 것을 창조했는데 그것이 잘못되는 거지요……. 그다음 확실히 처음보다 못한 새로운 대상을 골라 애지중지합니다. 홍수가 물러가고 엘이 아끼는 민족, 이스라엘 민족이 탄생할 무렵, 나는 이 패턴을 파악하게 되었습니다. 그리고 이제 수천 년 동안 그것이 반복되는 광경을 보고 있지요." 막이 올라갔고 무대 담당자들이 세트를 뜯기 시작했다. 발코니에 있던 우리 아래쪽에서는 좌석 안내원들이 객석을 살피면서 버려진 프로그램을 주웠다.

"그러나 핵심은 바로 이겁니다." 그는 나를 노려보며 말했다. "우리는 단 한 번, 한순간의 실수로 저주받았습니다. 그런데 당신네는 철저히 편파적인 하나님의 호의를 받고 제2의 기회를 거듭 거듭 거듭 받고 있습니다."

그날 밤, 나는 완전히 몰두해 글을 썼다. 녹초가 되어 잠자리에 누웠을 때는 새벽 2시가 훌쩍 지나서였다. 가방에 들어 있는 읽을거리들에는 손도 대지 못한 상태였다.

나는 침대에 누워, 출근하기 전에 한 시간 정도 원고를 읽으려면 언제 일어나야 하는지, 최대한 몇 시간이나 잘 수 있는지 계산했다. 그런데 그때 문득 이런 생각이 들었다. 원고를 읽는 일이야말로 진짜 악마, 내가 두려워하면서도 마지못해 무심한 눈길을 주는 대상이 아닐까. 남의 원고를 읽는 편집자 일은 내 마음을 움직이지 못했다. 해야 하니까 할 뿐이었다.

   3년 전 언젠가, 나는 작가보다 편집자로서 더 유능하다는 사실을 체념하듯 받아들였다. 다른 작가의 감사의 글에서가 아니면 다시는 책에 기록된 내 이름을 보지 못할 운명임을 받아들였다. 그런데 이제 그런 생각이 틀렸을지도 모른다는 일말의 희망이 꿈틀거리고 있었다. 지난 주, 몸은 녹초가 되었지만 몇 년 만에 그 어느 때보다 창조력이 살아 숨 쉬는 것을 느꼈다. 내가 쓰고 있는 이야기가 내 이야기가 아니라도 상관없었다. 루션의 이야기는 마지막 남은 내 상상력의 비옥한 한구석에 뿌리를 내렸고, 거기에는 희망과 야망과 직업적 자부심의 살아남은 조각들이 모여 잠잠히 기다리고 있었다. 나는 여전히 조종당하는 듯한 느낌에서 헤어나지 못했고 아직 루션의 동기를 파악할 수 없었다. 그러나 이혼 후 1년이 넘는 세월을 마지못해 살아오던 나는 참으로 오랜만에 내 삶에서 움트는 의욕의 씨앗을 느꼈다.

17

지하철에서 잠들지 않으려고 안간힘을 썼다. 그러나 어느새 손발의 힘이 풀리고 마감 시한도 악마도 없는 곳, 내가 편집자도 이혼남도 아닌 곳, 유년기 이후 알지 못했던 망각만이 존재하는 곳으로 깜빡깜빡 빠져들었다.

쉬라즈 와인병을 옆자리에 옮겨 놓았다. 금박 포장지로 싼 병은 끝 부분이 상록수 가지로 마무리되어 있었다. 주류 가게 아가씨의 배려였다.

원래는 헬렌의 파티에 참석할 생각이 없었다. 그러나 거의 열 시간에 걸쳐 12포인트짜리 글자로 가득한 출력 원고를 들여다보고 나니, 최신 저자의 원고가 250쪽에 걸쳐 디킨스 풍의 긴 문장 세 개로 이루어져 있다는 사실이 전혀 흥미롭게 느껴지지 않았다. 성장 이야기, 문학으로 가장한 개인적 고통의 기록, 다 읽으려면 아인 랜드가 《아틀라스, 지구를 떠받치기를 거부한 신》(민음사 역간, 원문이 1,168쪽에 이른다—옮긴이)을 쓰는 데 걸린 시간만큼 들 것 같은 아인 랜드 풍의 글에 진저리가 났다. 5시가 되자 어떤 글을 읽어도 아무 맛도 나지 않았다.

하지만 지하철에 맥없이 앉아 있으니 가기로 한 것이 후회가 되었다. 헬렌의 연례 파티에 참석하는 데 필요한 세 시간이면 루션과 만난 기록들을 어느 정도 다듬을 수 있었다. 그 기록들은 최근부터 단일한 내러티브로 일관성을 갖추기 시작했다.

그러나 돌이키기에는 너무 늦었다. 쉴라가 다정하게 '필리'라고 부르는 필이 뉴턴역에서 기다리고 있을 테고, 고급 외곽 지역에 있는 헬렌의 고급 주택으로 나를 태워 줄 것이다. 그곳에서는 운이 좋으면 52만 달러로 100제곱미터 크기의 100년 된 집을 살 수 있다. 물론 그 정도 돈을 쓰면서 운이 좋아야 한다면 그 지역에 살 만한 형편이 못 되는 사람일 것이다.

오브리는 뉴턴으로 이사 가고 싶어 했다. 자신의 영업 일이 잘 풀리고 내가 베스트셀러 작품을 써내면 그렇게 하자고 했다. 물론 그런 헛된 꿈은 내게 힘이 되거나 자극제가 되지 못했다. 우리 둘다 그녀가 나보다 언제나 수입이 많을 거라는 사실을 잘 알고 있었다. 나는 벨몬트에 대한 내 꿈을 한 번도 말하지 않았다. 뉴턴이 그녀의 꿈이었으니, 내 꿈 따위는 아무것도 아니었다. 그리고 얼마 후에는 그녀의 꿈도 중요하지 않았다. 그녀의 격려조차도 그녀가 끊임없이 털어놓는 불만의 하나로 느껴지기 시작했고, 나는 침묵 속으로 물러났다.

그러다 그날 밤이 찾아왔다.

나는 그녀를 비난했고 그녀가 자고 있던 침대에서 이불을 홱 걷었다. 그녀에게 소리 지르며 창녀라고 불렀다. 그녀에게 화가 나기도 했지만, 무엇보다 나 자신에게 분통이 터졌다. 여러 해에 걸쳐 한 번도 신뢰를 저버린 적 없고 올바른 일을 하며 착한 사람으로 살아왔는데 그 결과가 고작 이것이라니, 그녀가 원하는 일을 하지도 못하고 그녀가 원하는 사람이 될 수도 없다는 것을 받아들여야 한다니, 믿을 수가 없었다.

이마와 목덜미를 문질렀다. 코플리 역에서 가방을 여러 개 든 여자에게 자리를 내주느라 와인병을 무릎에 올렸다. 그녀의 긴 회색 꽁지머리를 보자 대학 시절 인류학 교수가 떠올랐다. 50대의 기운찬 여성이었던 교수는 곧잘 승마용 부츠 차림으로 강의실에 들어왔는데 말의 땀과 가죽 냄새가 났다. 옆자리에 앉은 여자가 살짝 미소를 지었다. 금세라도 내 이름을 부르고 진흙 인간들과 그들에 대한 루시퍼의 뿌리 깊은 원한 이야기를 꺼낼 성싶었다. 그러나 그녀는 다음 역에서 일어섰다. 그녀가 나가는 모습을 지켜보면서 삼십 년의 나이 차가 나는데도 강의실에서 내 공상 속으로 비집고 들어왔던 승마용 부츠의 여교수를 생각했다.

군용 재킷을 입고 삐죽삐죽한 머리를 한 아시아계 여성이 맞은편 자리에서 나를 보고 능글맞게 웃었다.

"정말 스카다 교수를 떠올리게 하는군요." 그녀는 회색 머리의 여자가 있던 자리로 와서 앉았다. 내 심장이 요동쳤다. 그녀의 얼굴은 둥글었다. 한국인 친구가 '호박'이라고 부르던 그런 얼굴이었다. 삐죽삐죽 세운 검은 머리 덕에 평면적인 얼굴에 입체감이 생기고 흥미로운 개성이 어렸다. 귓불에는 무려 네 개나 되는 귀걸이가 박혀 있었다. 군용 재킷과 카고 바지와 가죽 차림에는 그녀가 어차피 도달할 수 없었을 아시아적 고전미와는 다른 거친 매력이 있었다.

그녀의 등장에 나는 깜짝 놀랐다. 불시에 나타나서가 아니라, 맞은편에 앉아 두 정거장이나 가만히 있다가 비로소 자신을 알렸기 때문이다. 다른 경우에도 루션이 이렇게 잘 보이는 곳에 숨어서 나를 지켜본 것은 아닐까? 내가 평생에 걸쳐 한 일들을 떼지어 움직이는 네트워크를 통해 즉시 알아내려면 적어도 한 악마는 늘 그 자리에 있었을 것이다. 이론적으로는 알았어도 실제로 접하고 보니 마음이 영 편치 않았다.

"일정표엔 아무것도 없었는데요."

"그냥 불쑥 들러 본 거예요."

그렇다, 마음이 편치 않았다.

"내가 집에 있었다면 어땠을까요?" 매일 현관문을 열 때나 아파트 건물을 나설 때마다 처음 보는 사람이 친숙한 미소를 머금고 서 있지 않을까 하여 조바심이 나곤 했다.

루션은 다시 좌석에 등을 붙이고 한숨을 내쉬더니 한 손으로 머리를 쓸어 올려 전보다 더 곧추서게 만들었다. 손목에는 두꺼운 가죽끈 손목시계가 매달려 있었다. "글쎄요, 그럼 문제가 생겼겠지요."

"왜요?" 나는 경계심을 갖고 물었다.

"난 당신이 사는 곳을 좋아하지 않아요."

그 말을 듣자 나는 깜짝 놀랐다. "왜요?"

"그곳에는 우리 식으로 말하면 영적 잡음이 많아요. 이 정도만 얘기합시다."

안도감이 밀려오는가 싶더니 이어서 곧장 분노가 치밀어 올랐다. 얼마나 오랫동안 어항 속의 물고기처럼 노출된 상태라고 느꼈던가?

"무슨 말입니까? '영적 잡음'이라니."

"클레이, 난 당신 아파트의 풍수 얘기를 하러 온 게 아니에요. 다뤄야 할 문제가 있다구요." 경고가 담긴 목소리였다. 더 이상 몰아붙이면 다음 역에서 내리겠다고, 그럼 나는 아무런 대답도 듣지 못한 채 침묵 속에 남게 될 거라고 말하는 듯했다.

게다가 나는 그런 상황이 무엇보다 두려웠다.

"어떤 문제인가요?"

"욥의 참패."

'욥?' 그 이야기는 희미하게만 아는 정도였고, 그나마 성경이 아니라 문학 작품에 소개된 내용으로 대강 알고 있었다.

"잘 들어 봐요. 루시퍼가 자신의 가치와 우월성을 입증하려던 시절은 지나갔어요. 그런 목표는 그의 머릿속에서 사라졌고 엘의 실망만을 기뻐했지요. 그것이 그가 펼치는 모든 활동의 원동력이 되었어요. 그 목적을 위해 루시퍼는 인간의 부족한 점들을 지적하고, 당구공의 경로를 예상하는 당구 선수처럼 그것들을 예측하는 데 몰두했어요. 루시퍼는 인간의 실패를 예측하는 놀이를 매우 좋아했어요. 엘이 어떤 인간을 총애하면 루시퍼는 그 인간과 그를 이용한 게임에 더욱 몰두했어요. 엘의 총아들의 배신과 실패를 지적하면서 크게 기뻐했지요. 루시퍼가 '고발자'를 뜻하는 사탄이라는 이름을 처음 갖게 된 것도 이런 행동들 때문이었어요."

그녀는 이야기를 하면서 한 손으로 나머지 손목을 감싸고 있었다. 손목시계의 가죽끈이 잘 매어져 있는지 확인하는 것 같았다. 귀걸이 하나가 그녀의 턱 옆쪽 끝에서 흔들렸다. 은빛 칼 모양이었다.

"생쥐들을 미로에 넣고 연구하는 당신네 과학자들처럼, 우리는 예측된 결과, 확률, 너무도 명백한 경험적 증거를 아주 잘 파악하고 있었어요. 우리는 처음부터 세상에 존재했고 인간의 성향을 속속들이 알고 있었거든요."

그가 보스니아카페에서 나를 기다리던 날 저녁이 생각났다. 비토리오식당도. 서점에서 그녀의 외모와 깊게 파인 목선 주위 부드러운 피부와 그것을 치던 앙크에 시선이 끌렸던 일도.

"그 기간에 루시퍼, 언제나처럼 태연하고 아름답던 루시퍼는 여전히 그의 것이었던 빛으로 광채를 내며 욥이라는 사람에게 집착했어요."

"왜요?"

"엘이 땅에서 그와 같은 사람이 없다고 했기 때문이죠. 그 말을 듣는 순간 욥은 루시퍼에게 매혹적인 목표가 되었어요. 루시퍼는 최고의 진흙 인간이라도 역경이 닥치면 어김없이 배신하는 불충한 존재임을 엘에게 보여 주고 싶어 했어요. 나를 보호해 주고 짧은 생애 동안 더없이 중요해 보이는 세상 것들과 재물을 부어 주는 신을 사랑하기란 어렵지 않죠. 하지만 그런 것들이 사라질 때는 얘기가 달라지죠.

말해 줄 게 있어요. 우리는 원하는 곳으로 가서 무슨 일이든 하고, 루시퍼도 하고 싶은 일을 합니다. 하지만 욥 주위에는 바리케이드가 둘러쳐져 있었어요. 도무지 뚫을 수 없는 보호의 방벽이었지요. 하늘군대가 그를 단단히 지키고 있어서 우리는 그에게 손도 댈 수 없었어요. 그런데 엘이 그를 둘러쌌던 울타리를 치워 우리는 그에게 원하는 대로 자유롭게 행할 수 있었어요."

그녀의 경쾌한 음성에는 뭔가 불안한 구석이 있었다. 그녀가 과거의 일을 말한다는 걸 알면서도 다음에 나올 말을 듣기가 주저되었다.

"우리는 재산을 날려 버리고 그의 가축 떼를 습격하고 하인들을 죽였어요. 그리고 그의 자녀들을 표적으로 삼았어요. 나는 폭풍으로, 벨리알은 강한 바람으로 그들이 모여 있던 집을 치고 들어갔고 집이 무너져서 모두 죽었죠. 우리는 세상에서 가장 부유하고 주목할 만한 인물을 하루 만에 아무것도 아닌 존재로 만들었어요."

"하루 만에요?" 소름끼치도록 놀란 나는 그의 말을 따라했다.

"단 하루 만에. 다음 날 루시퍼는 그의 건강을 빼앗았어요. 한 가지 결과를 얻기 위한 단순하고도 단호한 조치였지요. 욥이 엘을 저주하는 것. 그러나 욥은 그렇게 하지 않았어요. 그것 때문에 루시퍼가 지금도 속 쓰려 한다는 것만 말해 두지요." 그녀는 몸을 앞으로 굽혀 무릎 위에 팔꿈치를 얹고 손목시계 줄을 만지작거렸다. "잘 들어 둬요, 가끔 실패가 있긴 해도 우리의 성공률은 여전히 99.9퍼센트가 넘어요. 완전하지는 않지만." 그녀가 입을 뒤틀며 웃었다. "하지만 완전함을 목표로 삼을 필요는 없을 것 같아요. 욥은 별종이었을 뿐이니까."

"루시퍼가 시험해 볼 만큼 특별히 예외적인 사람은 달리 없었나요?"

"앞으로 있을지도 모르지요. 하지만 아직은 나타나지 않았어요. 그동안 우리는 지루해졌고, 마지못해 빈둥거렸고, 엘의 참을성에 고개를 내저었어요. 우리에게 벌어질 일이 더러 궁금하기도 했지만, 그 불편한 느낌, 내 불멸의 뼈에 깃드는 돌이킬 수 없다는 느낌은 그 무렵, 절단된 팔의 환통幻痛 정도로 둔해졌어요. 그 느낌이 찾아올 때면 진흙 인간들과 그들에게 벌어질 일로 생각을 돌렸어요. 죽음 후에 심판이 있다는 말이 돌았는데, 자세한 내용은 모르지만 앞뒤가 맞는 얘기였어요. 엘은 결국 그들을 처리할 것이 분명했어요. 이런 상태가 영원히 계속될 수는 없으니까. 그도 인내의 끝에 이르겠지요. 그도 분명 인간의 한결같은 실패를 깨달을 거라고, 그것이 인간의 한결같은 유일한 모습임을 깨닫고 그들 모두를 쓸어 버릴 거라고 나는 확신했어요. 그들은 점점 상태가 나빠졌거든요."

그녀가 손목시계를 잡아당기는 모습이 점점 이상해 보이고 신경이 쓰였다. 그러다 그녀가 손목시계를 조작하거나 만지작거리는 것이 아니라 손톱으로 팔뚝을 후벼 파고 있음을 발견했다. 나는 깜짝 놀랐다. 피부가 빨갛게 부풀어 올랐고 한 부분은 피가 나기 시작했다. 그 모습이 매우 파괴적이라고 느껴졌다. 사람이 그런 행동을 한다면 느낌이 달랐을 것이다. 그녀에게서 즉시 벗어나고 싶었다. 아니, 벗어나야만 했다. 객차 안의 닫힌 공간이 못 견디게 답답했다. 열차가 역에서 정지하자 나는 벌떡 일어났다.

그녀가 뒤에서 소리쳤다. "파티에 가라, 클레이. 파티에 가, **클레이!**"

그녀의 목소리가 나를 문밖으로 밀어내는 것 같았고 금방이라도 칼날이 박힐 것처럼 등가죽이 서늘했다. 도로 쪽 출구로 서둘러 올라갔지만 열차가 리버사이드 역으로 멀어져 간 뒤에도 나를 바라보는 그녀의 눈길이 여전히 느껴졌다.

연석에 서 있으니 차가운 공기와 사람들의 목소리, 출퇴근 승객을 기다리며 서 있는 차들이 반가웠다. 아파트에 남아 있었다면 내 기록에 덧붙일 최신 부분을 얻지 못했겠지만, 그래도 집을 나서는 게 아니었다는 생각이 들었다.

필의 회색 혼다를 찾으면서도 내 마음은 어지러웠다. 종양이나 거머리를 제거하듯 살을 손톱으로 후벼 파던 그녀의 모습이 떨쳐지지 않았다. 이제 그 모습을 머리에 담은 채로 미니 파이, 삶은 게, 수입산 치즈, 마카롱 쿠키 등을 먹으며 대화를 나눠야 한다. 직장 동료들의 배우자들에게 그들의 직장과 가족에 대한 적절한 질문들을 던져야 한다. 그들은 내가 이혼한 사실을 알고 내 일에 대해 물어볼 텐데, 나는 거기에 대해 말하고 싶지 않았다. 나는 대답 대신 자녀들은 어떻게 지내느냐고 물어볼 테고, 최근에 헤더가 라크로스에서 뛰어난 기량을 보여 준 일, 제시의 대입 지원 문제나 어린 라비의 발진 같은 이야기들을 잔뜩 듣게 될 것이다. 헬렌은 모임에서 동시에 모든 곳에 있을 수 있는 특별한 재주를 발휘해 불쑥 나타나 동료들 앞에서 내 원고가 어떻게 되고 있느냐고 물어 볼 테고, 가족 소식이랄 게 없는 내겐 그것이 그나마 얘깃거리가 될 것이다. 나는 진행 중인 일을 설명해야 할 것이고 제목은 어떻게 되며 언제쯤 마무리될지도 말해야 할 것이다. 하나같이 내가 답을 모르는 질문들이었다.

그때 심란하기 그지없는 생각이 불쑥 떠올라 나를 강하게 사로잡는 바람에 나는 연석 위에 잠시 그대로 멈추어 서고 말았다. 도로에 차를 세워 놓고 기다리던 필이 마침 혼다의 문을 열고 내게 손을 흔들었다.

나는 루션과의 모든 만남과 그가 들려주는 모든 이야기를 기록하고 있을 뿐 아니라, 이미 그 작업을 핑계로 그간의 잦은 병가와 부실한 업무 처리를 얼버무렸다. 브룩스앤하노버의 편집자로서 나는 내가 쓰는 모든 작품을 우리 출판사에 먼저 보여 줘야 할 계약상 의무가 있었다.

그 이야기는 회고록으로 출간될 수 없었을 것이다. 공신력 있는 작가라면 누구도 그것을 논픽션이라 주장하지 않을 것이다.

그때 깨달았다. 루션은 내가 어떻게 나올지 다 예상하고 있었구나. 나는 다시 글을 쓰고 싶은 마음이 간절했고, 무엇보다 다시 책을 내고 싶어 하는 픽션 담당 편집자니까.

'당신은 그것을 글로 써서 출간하게 될 겁니다.'

나는 악마의 장단에 완전히 놀아난 것이다.

18

 헬렌의 크리스마스 파티가 끝난 후 며칠 동안, 나는 모든 걸 끝내기로 결심했다. 그 이야기는 물론이고 다른 글을 쓸 일도 없을 것이다. 그놈의 악마를 다시 만난다 해도 더 이상은 쓰지 않으리라. 그러나 그때 생각나는 것이 있었다. 내가 쓰지 않으면 악마의 음성이 들려올 것이고 그 가락이 기억 속을 헤집어 놓을 것이다. 중세의 의사가 질병을 치유하기 위해 피를 뽑아냈던 것처럼 그 말들을 종이 위에 쏟아 내지 않으면 나는 견디지 못할 것이었다.

 그래서 악마의 음성을 떨쳐 내기 위해 일단 글을 쓴 뒤 종이를 찢어 버릴 생각을 했다. 로렐라이처럼 하드드라이브에서 내게 손짓하는 기록도 삭제해 버릴 참이었다.

그러나 이런 생각들을 하면서도 결국엔 그렇게 하지 못하리란 걸 잘 알고 있었다.

그래도 출판을 하지 않을 수는 있잖아. 헬렌에게 진행이 안 된다고, 창의력의 샘물이 말라 버렸다고, 글이 도저히 안 써진다고 해야지. 그녀는 그 말을 받아들일 수밖에 없을 것이다.

그러나 나는 헬렌에게 말하지 않았다. 그러고 싶지 않았기 때문이다. 나는 그 이야기를 원했고 출판하고 싶었다. 나만이 접근할 수 있는 특별한 자료가 있었고, 그것은 서랍 속에 묵혀 두기엔 너무나 환상적인 이야기였다. 그리스 신화의 카산드라(아폴론의 사랑을 받아들이는 조건으로 예언 능력을 받았으나 약속을 지키지 않자 성난 아폴론은 아무도 그녀의 예언을 믿지 않게 했다—옮긴이)처럼, 내가 전하는 이야기가 진실이라고 주장한다면 나는 거짓말쟁이나 정신병자, 아니, 더한 미치광이 취급을 받을 것이다. 그러나 픽션이라는 도구가 있지 않은가. 픽션에서는 거짓말이 뜨거운 환영을 받는 법이니까.

내 마음의 동요를 벌하기라도 하듯, 꼬박 닷새가 침묵 속에서 지나갔다.

나는 책상에 놓인 종이들을 바라보았다. 그리고 컴퓨터의 기록으로 돌아갔다.

쉴라가 사무실 문을 닫고 들어와 내 책상 옆에 섰다. 추운 듯 두 손으로 몸을 감싸고 있었다.

"무슨?" 나는 그녀가 복도에서 얘기 좀 하자고 했던 것 때문에 생긴 짜증을 굳이 감추지 않고 무뚝뚝하게 말했다. 최근 들어 나는 그녀를 도무지 쳐다볼 수가 없었다. 초췌해지는 모습 때문에 다른 사람들에게 동정 어린 질문을 받는 광경조차도 역겨웠다.

"클레이, 부탁이 있어요."

"무슨?" 내 반응은 동일했다.

"이혼한 이후로 댄을 자주 못 만난 줄은 알아요." 그녀는 팔을 풀고 손이 아픈 것처럼 주물렀다. 거칠게 튼 입술은 살짝만 일그러져도 갈라져서 피가 날 것 같았다. "하지만 지금 그이가 무슨 생각을 하고 있는지 알 수가 없어요."

나는 무슨 말을 하려는가 싶어 그녀를 쳐다보았다.

"당신이 그이와 얘기를 해보면 도움이 될 것 같아요." 그녀의 눈이 반짝였지만 눈물을 쏟아 낼 힘이 없는 듯했다.

"뭐라고요?"

"댄에게 전화를 한번 해줄 수 있는지 해서요."

분노가 몸통에서부터 솟아올랐다. 그를 속이고 바람을 피운 것도 모자라 이제 나까지 끌어들이겠다? 뭐야, 동정을 사려고? 오브리가 그랬던 것처럼, 할 수 있는 건 다 해봤다고 말하려고?

나는 딱 잘라 말했다. "난 전화 안 할 겁니다. 당신이 댄과 직접 해결해야 할 문제예요."

바로 그때, 'Light1'이 보낸 채팅 요청 메시지가 떴다. 스크린 한구석으로 내 시선이 확 이끌렸다.

안도와 분노가 뒤섞여 가슴이 떨렸다. 채팅 창에서 눈을 뗄 수 없었다. 나는 쉴라가 고개를 끄덕이며 주저하는 것을 어렴풋이 느꼈다. 뭔가를 기다리는 듯, 아니면 뭔가 더 말하려는 듯 머뭇거리는 모습이 짜증스러웠다. 나는 그녀에게 의미심장한 눈길을 보냈다.

그녀는 금방이라도 울음을 터뜨릴 기세였다. 그럴 힘이 있었다면 벌써 울음을 터뜨렸을 것 같았다. 잠시 나는 망설였다. 그녀 대신 댄과 이야기할 일은 없겠지만, 좀더 부드러워질 수는 있을 것이다. 직접 대화해 보라고, 그녀가 정말 원하는 것이 무엇인지, 그것을 어떻게 이룰 것인지 생각해 보라고 조언해 줄 수 있을 것이다. 그러나 그녀는 알아들을 수 없는 말을 중얼거리더니 밖으로 나갔다. 머리카락에 가려져서 얼굴은 보이지 않았다.

나는 모니터에 깜빡이는 수락 요청 메시지에 눈길을 돌리고 수락을 클릭했다.

> Light1: 인간들은 개별적인 존재가 되려고 안간힘을 쓰지만, 모두 한 가지 약점을 공유하고 있지. 유혹에 약하다는 거.
> BandHClay: 당신은 날 농락했어요.
> Light1: 코코넛에는 두 개의 작은 눈이 있어. 그 부분을 제대로 치면 딱 쪼개지지. 코코넛 많이 먹어 봐서 알 텐데.
> BandHClay: 당신은 어떻게 하면 되는지 알고 있었어, 그렇지?

어떻게 해야 날 유혹할 수 있는지 말이야. 그렇지 않나?

Light1: 내가 뭐로 당신을 유혹하겠나?

스크린을 응시했다. 그는 내가 자신이 하는 일을 알 거라 생각하지 않았을까? 몇 분 후 그가 다시 메시지를 보냈다.

Light1: 글을 써 왔나?

'언제 안 쓴 적 있었나?' 나는 큰 글씨체에 성난 말투로 이렇게 쓰고 싶었다. 나는 정말 귀신 들린 사람 같다고. 하루 평균 네 시간씩만 자면서 중국집 테이크아웃 음식, 커피, 그리고 사무실 휴게실에서 파는 간단한 음식으로 적당히 연명해 왔다고. 당신은 나를 조종했고, 나는 그 이야기를 헬렌에게 절대 주지 않을 것이고 천국이 빨리 만들어지면 좋겠다고 소리치고 싶었다.

BandHClay: 당신도 잘 알잖아요. 내가 안 쓸 도리가 없다는 거. 당신이 직접 써서 카트리나에게 주거나 여기 출판사로 내밀 수도 있을 텐데요.

Light1: 나더러 출판의 지옥에 갇혀 괴로운 나날을 보내라고? 고맙지만 사양하겠어. 게다가 이미 말했잖아. 내 이야기는 결국 당신 이야기라고.

BandHClay: 난 아직도 이해가 안 돼요!

Light1: 이해하게 될 거야.

채팅 창이 처음 떴을 때 땀이 났었나 보다. 이제 목덜미와 이마까지 땀방울이 맺혔다.

Light1: 다음 주 모임 때 출간 제안서를 나눠 줘.
BandHClay: 어째서 내게 제안서가 있다고 생각하는 겁니까? 제안서를 내려면 개요가 있어야 하고, 개요를 쓰려면 이야기의 결말을 알아야 해요.
Light1: 그냥 가진 것만 헬렌에게 줘. 그녀는 마음에 들어 하고 완성된 원고를 달라고 할 거야.
BandHClay: 못 알아듣겠어요? 완성된 원고가 없다고요!
Light1: 생길 거야.

19

노파의 부드러운 곱슬머리 사이로 두피가 훤히 들여다보였다. 구부정하게 올라가던 등의 곡선이 모직 코트의 인조가죽 깃 안에 드러난 목덜미에서 툭 꺾이는 모습은 비토리오식당에서 촛불을 불어 끄던 노부인을 떠올리게 했다. 회색 부츠 위로 올라온 황갈색의 진한 스타킹이 치마 끝자락까지 이어졌고 그 밑의 피부에는 핑크 대리석처럼 혈관이 비쳤다.

조카딸에게 줄 선물을 사러 온 나는 정교하게 만든 예수탄생 모형을 살피고 있었다. 오브리가 결혼하기 2년 전부터 수재너에게 예수탄생 모형 컬렉션을 사주기 시작했는데, 그 후 우리는 매년 한 가지 모형을 골라 아이에게 선물했다.

노파는 굽은 목을 돌려가며 크리스마스트리들을 하나씩 살펴보았다. 빵가루를 잔뜩 묻힌 닭 가슴살 요리처럼 장식물이 가득 달려 있었다. 머리 위에는 천장에 매달린 유리 방울들이, 거대하고 다채로운 물방울들이 떨어지는 환상적인 풍경을 연출하고 있었다.

"난 크리스마스 철의 장식이 너무 좋아요." 그렇게 말하면서 그녀는 바로 옆의 트리에서 장식 하나를 뜯어냈다. 닥터 수스(Theodore Seuss Geisel, 1904~1991.《그린치는 어떻게 크리스마스를 훔쳤을까》의 작가—옮긴이)의 그린치에게나 어울릴 법한 행동이었다.

어린 시절의 가장 행복한 추억은 크리스마스였다. 크리스마스 시즌의 절정은 산타의 은밀한 방문이었는데, 나중에 어떤 아이들은 다른 아이들보다 더 많은 선물을 받고 산타의 방문에 돈이 든다는 것을 알게 되고 나서 사정이 달라졌다. 내가 첫 직장을 잡은 후 맞은 크리스마스 연휴는 보너스와 즐겁지 않은 모임들, 그리고 연휴 끝자락에 길가에 쌓인 쓰레기 더미가 전부였다.

"인간들이 만든 예수탄생 모형들은 정말 근사해요. 자기로 만든 것이 깔끔하고 예쁘기도 해라." 악마가 "예쁘기도 해라"를 내 할머니와 똑같은 어투로 발음하고 있었다. 그녀는 식탁 가장자리를 다니며 예수탄생 모형을 들여다보았는데, 마구간 한구석에 붙은 가격표에는 2,499달러라고 쓰여 있었다. 그녀가 구유 안에다 쓰러뜨린 눈사람이 아기 예수 위에 엎어졌다. 그 모습을 지켜보던 나는 그녀의 우윳빛 홍채 뒤에서 뭔가 움직이는 것을 분명히 보았다.

그녀는 정교하게 색칠된 동방박사들을 찔러 댔고, 옷 밑에 뭐가 있는지 보려는 듯 요셉을 들어올렸다. "물론, 실제 상황은 이 모형과 달랐지요. 동방박사들은 9시 45분이 다 돼서 나타났고, 동물들은 주위로 모여 들지 않았고, 마리아는 파란 옷을 입지 않았어요. 그러고 보니, 그녀는 별로 옷을 걸치지 않았었군요."

"루션!" 나는 낮은 목소리로 말했다. 벌거벗은 마리아라니, 흔적만 남은 내 종교심에도 거슬렸다.

"왜 그래요? 분만 중이었잖아요." 그녀는 요셉을 양들 가운데 떨어뜨렸다.

나는 넌더리를 내며 예수탄생 모형 진열대를 떠났다. 내가 참여할 일은 없을 것 같은 이교적 축제들의 혼합물이라도 좋았다. 신성하게 붙들 만한 것이 하나라도 있었으면 싶었다. 쇼핑을 핑계 삼긴 했지만, 실은 크리스마스를 대리 체험이라도 하고 한때 행복의 동의어였던 성탄절 시즌이 상업적으로 포장된 모습이라도 보자는 것이 이곳을 찾은 진짜 목적이었다.

"춤추는 눈사람이나 날아다니는 사슴, 빨간 옷을 입은 뚱보들이 나오는 노래는 말할 것도 없고, 실제 사건을 다룬 크리스마스 노래를 들어도 늘 웃음이 나와요." 지나가는 사람의 눈에는 영락없이 손자들 얘기를 하는 몸집 작은 노부인으로 보였을 것이다. 상점 입구 쪽에 놓인 마을 모형에 보이는, 섬유 유리로 된 눈처럼 하얀 머리카락이 그녀의 머리를 덮고 있었다. "그 아기에게 특별한 점이 없었다면 별 볼일 없는 밤이었을 테고, 당신네들의 그 고상한 '그린슬리브스' 정도면 그 밤의 사운드트랙으로 충분했을 거예요. 하지만 예사로운 아기가 아니었어요. 별 볼일 없는 밤이 아니었지요."

끝없이 이어진 텅 빈 공간처럼 숨 막히는 침묵이 나를 에워싸고 다가오는 소리가 들렸다. 아니, 느껴졌다. 그다음, 눈부시게 빛나는 별이 천정점을 향해 질주하는 광경이 눈에 들어왔다.

전혀 조용하지 않았다! 나는 떨어지고 있었고 영원히 그렇게 떨어져 내릴 듯했다. 귀청이 떨어질 듯한 진동이 귓속을 가득 채우면서 드럼의 팽팽한 가죽처럼 내 몸을 통해 울려 퍼졌다. 거대한 심장이 고동치는 것처럼 머릿속이 욱신거리는 바람에 시야가 흐려져서 비틀거렸다. 울리는 소리는 느려지고 길어지면서 쭉 잡아당긴 코일처럼 늘어났다. 나는 더 이상 참을 수가 없었다. 그 소리가 멈추면 심장 박동이 그칠 때처럼 그대로 쓰러져 죽을 것만 같았다. 그리고 어느새 그것은 소리가 아니었다. 암벽 해안을 때리는 바다처럼 솟아오르는 에너지의 파장이었다.

파장이 약해지면서 그 진동이 빨라지고 되풀이되더니 속도가 붙어 마침내 팽팽한 비브라토가 되었고, 윙윙거리며 힘차게 울려 퍼졌다. 그것은 에너지 자체였다. 저기! 갑자기 터져 나온 빛! 밝은 빛의 고속도로가 영원으로 이어지는 간선도로처럼 내 앞에서 뻗어 갔다. 그리고 어디선가, 위아래, 뒤 할 것 없이 소식을 알리는 커다란 뿔피리 소리가 들렸다. 하지만 뿔피리에서 나오는 소리는 아니었고, 현에서 나는 소리 같으면서도 현악기 소리는 아니었다. 소리는 점점 커지더니 마침내 귀청과 심장이 터질 듯 울렸다. 그 소리에는 불안의 운율, 몇 초간 굉음을 내며 재깍거리는 시계의 박자, 임박한 종말의 신호가 깃들어 있었다.

그리고 한 아기의 울음소리가 나면서 소리는 뚝 끊어졌다.

나는 식탁 모서리를 붙잡고 있었다. 두개골은 그 안에서 방금 터져 나온 소리를 담아내기에 너무 작게 느껴졌다. 토할 것 같았다.

근처의 누군가가 뮤직 박스를 열었던 모양이다. 장난감 속의 금속판이 튕겨지며 내는 '그린슬리브스'의 가락이 청아하게 울렸다. 내 귀는 아직 조금 전의 두근거림을 느끼고 있었다.

"당신…… 당신 짓이지." 나는 악마에게 말했고 그녀는 놀라울 만큼 강한 힘으로 나를 붙들었다.

그녀가 말했다. "아니에요. 이러다 쓰러지겠어요. 이리 와요. 우리가 쿠키를 사줄게요."

푸드코트에서 나는 소다수를 홀짝이며 커다란 쿠키를 먹었다. 메스꺼움과 어지러움은 사라졌지만 한 시간 동안 몇 번씩 토한 사람처럼 힘이 없었다.

"소문들이 돌았어요. 예언자들은 구원자가 온다고 장담했어요." 맞은편에 앉은 악마가 말했다. 그녀의 앞에는 늘 보던 대로, 손도 안 댄 찻잔에서 김이 나고 있었다. "우리 쪽에도 예언자들이 있거든요. 그들은 많은 말을 하는데, 그렇다고 그들의 예언이다 이루어지는 건 아니에요. 자기가 메시아라고 주장한 사람들은 많았어요. 그래서 우리는 별로 걱정하지 않았죠. 그런데 일부 진흙 인간들은 그가 나타나는지 주의해서 지켜보더군요. 보지도 못했으면서 그를 왕이라 부르며 기뻐했어요. 그들은 희망을 품었는데 우리에게는 그 희망이 당황스러웠어요. 희망은 한 민족의 마음을 변화시키고 그들이 사소한 일상 너머로 더 멀리 볼 수 있게 해주거든요."

"더 멀리 보게 해준다." 나는 그 말을 되풀이하면서 곱씹어 보았다.

노파는 몸을 앞으로 당겨 앉았다. "아담이 금단의 열매를 먹음으로 몸에 죽음의 심판이 임한 날, 그의 눈에는 비늘이 덮였고 영혼은 멀리 보지 못하게 되었어요. 그의 자녀들도 같은 처지가 되었죠. 난시 렌즈나 반투명 유리그릇을 통해 별을 보듯, 선명하게 볼 수 없게 된 거죠. 인간들이 왜 좋은 사람들에게 나쁜 일들이 벌어지는지, 뉴스에서는 왜 폭력과 질병과 말도 안 되는 일들만 나오는지 묻는 것도 그 때문이에요. 인간들은 멀리 보지 못하고 당장 눈앞에서 일어나는 일에만 초점을 맞추잖아요. 당신네들이 볼 때면 세상이 말이 안 되는 게 당연하지 않아요?"

"눈 얘기가 나왔으니 물어보죠. 백내장은 어때요?"

"아주 성가셔요." 그녀는 한방 먹었군, 하고 말하는 듯 능글맞게 웃었다. 그러고 나서 식탁에 팔꿈치를 얹고 여기저기 검버섯이 핀 주름살투성이의, 그러나 부드러워 보이는 손에다 턱을 괴었다. "며칠 전, 무서운 생각이 났어요. 나는 그 나무 열매를 따먹은 적이 없지만, 당신네 첫 번째 인간만큼 확실하게 타락한 게 아닐까. 나도 세상을 있는 그대로 보지 못하는 건 아닐까, 나도 모르게 내 시력이 나를 속일 때가 있지 않을까. 벽에 걸어 둔 오래된 거울처럼 희뿌연 유리 같은 눈으로 보고 있는 건 아닐까." 그녀는 한 눈을 감고 다른 눈으로 나를 뚫어질 듯이 쳐다봤다. "순수를 잃어버린 후 내 눈도 왜곡되지 않았을까?" 외눈이 나를 노려봤다.

"그럼 우린 비긴 거네요."

"그건 아니죠." 그녀가 감았던 눈을 뜨고 편하게 앉으면서 손을 올려 곱슬머리를 두드렸다. "우리는 큰 앙심을 품고 있고 가망 없는 동맹을 맺긴 했지만, 처음부터 세상에 존재한 덕분에 한 가지 안목은 있어요. 그러나 인간들은, 언젠가는 허물어질 세계의 한계를 넘는 드넓은 진리, 즉 진리와 영원을 헤아리기가 너무나 어렵지요. 당신의 생애는 눈 깜짝할 사이에 끝나잖아요. 당신이 무엇에 이끌려 살아가는지 살펴봐요. 보이는 것, 만지고 냄새 맡을 수 있는 것. 오감으로 **감지**할 수 있는 것. 모두 당신처럼 일시적인 것들이에요.

그런데 메시아에 대한 온갖 이야기가 퍼짐과 동시에, 몇몇 유대인들이 그들의 일상 너머를 보기 시작했어요. 그들이 기다리는 시간이 길어질수록 우리도 궁금해졌지요. 누군가가 아주 오랫동안 기대를 갖고 문을 바라보면, 결국 옆에서 보는 사람도 그

문으로 누가 걸어 들어올 것 같은 생각이 들잖아요. 그래서 우리도 덩달아 지켜보기 시작했어요. 그때 소식이 전해졌어요. 메시아가 곧 온다고 말이에요."

"그 소식을 듣고 기분이 어땠습니까?"

그녀는 식탁 위에 양손을 포개 얹고는 미소 지었다. "그거요. 보고 싶었죠! 구세주가 된다는 건 엄청난 임무가 분명했거든요. 한 인간에게 가능한 일로 보이지 않았어요. 엘이 총애하는 사람들 중에서 누구를 일으킬지 우리끼리 추측하기 시작했어요. 아마도 혈통 좋고 교육도 잘 받은 사람일 것이다. 인간들의 지도자, 위대한 장군이거나 최소한 군인일 것이다. 정복자일 것이다. 그러나 루시퍼는……." 그녀는 반복해서 아주 살짝 고개를 가로저었는데, 마치 인형의 머리가 목에 달려 흔들리는 것처럼 보였다. "그는 엘의 의도를 짐작하는 데 관심이 없었어요. 선제공격을 원했지요. 그래서 그는 자신의 권력을 위협하는 어떤 요소도 용인하지 않을 잔인한 사람을 유대인의 왕으로 세웠어요. 루시퍼는 이 메시아, 유대인들의 왕이 정말 오는지 지켜봤어요."

"베들레헴 사람 말이지요." 내가 덧붙였다.

"그 정도가 아니었어요. 10대 임신으로 태어난 목수의 아이라더군요." 그녀는 한 손으로 두 눈을 가리고 고개를 가로저었다. "너무나 터무니없는 소리라서 우리는 잘못된 보고라고 생각했어요. 하지만 아니었어요. 정찰병이 직접 봤다고 했거든요. 그 소녀와 함께 있는 가브리엘의 모습을……." 그녀는 그 이름을 내

뱉듯이 말했다. 영원을 함께 경험하고 그것이 끝나면서 벌어진 싸움에서 반대편으로 갈라선 형제나 동지 사이엔 어떤 역사가 존재할까, 나는 처음으로 그것이 궁금해졌다.

"엘은 지루한 이름을 가진 평범한 소녀의 자궁에서 진흙 아이 하나를 만들고 있었어요. 새 왕의 어머니는 왕비가 아니었죠. 공주나 지명도 있는 여자도 아니었어요. 대단한 미모의 소유자도 아니었구요. 보잘것없는 동네의 목수와 정혼한 별 볼일 없는 처녀였어요. 유망해 보이지 않았다고만 말해 두죠."

그녀에게서 이상한 긴장이 느껴졌다. 굽은 등과 희뿌연 눈에서, 시들어 가는 몸과 어울리지 않는 팽팽함이 느껴졌다.

"루시퍼가 정신없이 웃음을 터뜨리면서 미친 듯이 비웃을 줄 알았어요. 그 일은 우리의 주된 농담거리가 되었지요. 이번만큼은 엘이 너무 멀리 간 게 분명했어요. 그는 어릿광대짓을 하고 있었어요."

"그는 웃지 않았지요, 그렇죠?" 악마는 루시퍼를 명석하지 않은 모습으로 묘사한 적이 한 번도 없었다.

그녀는 손에 있는 검버섯을 문지르고 만지작거렸다. "웃지 않았어요. 그는 혼자 말없이 멀리 떨어져 있었어요. 이전에 본적이 없는 모습이었죠. 한곳으로 시선을 고정하고 가만히 응시하던 그에게서 오만함이 어깨에 걸친 가운처럼 벗겨졌어요. 마침내 그 이유가 분명하게 드러나자, 우리는 엘의 계획이 우리가 도저히 헤아릴 수 없을 만큼 터무니없고 상상을 초월하는 것임을 깨달았어요."

 밀려들던 에너지의 희미한 여파, 귀청이 찢어질 것 같던 노호의 울림이 느껴졌다.

 "그날 밤의 주변부에서 웅크리고 있던 나는 뻗어 가는 빛을 보았고, 소식을 알리는 하늘군대의 소리를 들었어요. 세상의 맥박 소리가 잦아들었고, 귀청이 터질 것 같던 하늘군대의 선언이 남긴 빈자리는 한 가지 소리, 새로 태어난 한 인간의 첫 번째 울음소리로 채워졌어요."

 그 아기. 내가 들은 게 그 소리구나.

 그녀는 고개를 숙이더니 하얀 머리카락 한줌을 움켜쥐었다. "내 안에 혈액이 있었다면 혈관에서 얼어붙었을 거예요. 나는 그 인간의 울음소리를 들으면서 **깨달았어요**. 엘로힘, 전능한 창조주가 자신의 한 부분, 최초의 재창조된 에덴에 빛을 제공했던 그 부분, 내가 시작되고 창조되기 전에 말로 우주를 만들었던 그 부분을 보냈구나. 보잘것없는 한 소녀의 자궁에 자신을 심었구나. 그가 직접 도착했던 거예요."

 스웨터 안, 내 팔의 털들이 주뼛 일어섰다.

 "이해가 되요? 육신! 그가 육신을 입은 거예요. 나나 루시퍼나 하늘군대의 구성원들과는 달랐어요. 느낌과 모양만 육신이 아니라, 진짜 육신이었다구요! 스스로 인간이 되는 선고를 내리다니. 왜? 왜!" 그녀의 팔이 꼭두각시처럼 홱홱 움직였고 손가락 틈으로 하얀 머리카락 몇 가닥이 차량 앞유리에 묻은 피처럼 엉켜 있는 게 보였다. "나는 머리를 쥐어짰어요. 그것을 놓고 고민했어요. 엘은 왜 이 피조물들을 위해 그토록 무모한 일까지 감수하는 걸까? 자신을 한없이 낮추어 그들 중 하나가 되기까지 하는 걸까? 나는 그 문제로 속을 태웠어요.

루시퍼는 엘의 총애를 받던 최고의 피조물이지요. 그가 위대한 은인에게 버림받고, 진흙 인간 종족 때문에 그의 왕이던 하나님에게 외면당했어요. 그가 어떤 기분이었을까, 나로선 추측만 할 수 있을 뿐이었죠. 엘이 가망 없는 영혼들을 향한 사랑을 입증하기 위해 그런 정신 나간 짓까지 서슴지 않는 모습을 지켜봐야 하다니, 도대체 어떤 기분이었을까요!" 그녀의 입에서 하얀 거품이 나와 입술 끝과 턱에 달라붙었다.

"그때, 달려오는 화물열차처럼 엄청난 힘으로 깨달음이 밀려왔어요. 그는 한 번도 우리를 그렇게 사랑한 적이 없구나. **루시퍼도 그 정도로 사랑받지는 않았어요!** 그 빛나는 게루빔은 말할 것도 없고 엘이 우리 중 누구든 조금이라도 봐준 적이 있었나요? 그에 비해 인간들을 위해 기꺼이 하는 일에는 한도가 없는 듯 보였어요. 그러나 핵심은 바로 이것이죠." 이 대목에서 그녀가 손가락을 들자 백발의 가닥들이 떨어져 내렸다. "엘이 이 천박한 연애 사건에서 인간들과 기존의 불화를 개선한다면, 루시퍼는 어떻게 될까? 우리는?" 그녀가 양손을 내밀었다. "나는?"

다른 시간, 다른 장소에서 노파가 이런 말을 하는 것을 들었다면 안됐다는 생각이 들었을 것이다. 그러나 나는 명심해야 했다. 루션은 늘 유능하고 교활했고, 남자 모습이건 여자 모습이건 겉보기 이상의 존재였다. 그녀가 하는 모든 말 이면에는 교묘함이, 팽팽한 힘이 숨어 있었다. 그녀가 고개를 들어 나를 바라보았을 때, 그 흐릿한 커튼 뒤에서 그림자 같은 뭔가가 움직이는 것이 보였다. 3층 창문에서 말없이 아래를 내려다보는 사람을 거리에서 지켜보는 것 같은 느낌이었다. 다시 한 번 뭔가 놓치고 있다는 불안감이 밀려왔다.

"그때, 또 다른 깨달음이 질풍처럼 일면서 난 분명히 이해했어요. 앞으로 새로운 창조는 없겠구나. 그는 이 진흙 인간들을 내버리고 더 강하거나 약한 다른 피조물로 새롭게 시작하지 않겠구나. 이 죽을 존재들을 너무나 사랑하여 이들에게 자신의 모든 것을 주겠구나."

"그럼 당신은 엘이 우리를 파괴하길 내내 기다렸다는 건가요?" 내가 머뭇거리며 물었다.

약간 벌어졌던 노파의 입이 활짝 벌어지면서 울퉁불퉁한 누런 이빨들이 드러났다. "물론이지." 그녀가 소리를 질렀어도 낮게 깔린 그 목소리만큼 위협적으로 들리지는 않았을 것이다. 그녀는 한껏 즐길 바로 그 순간을 기다렸던 것이다. 노파는 의자에 기대앉더니 희한한 각도로 머리를 꺾었다. 나이 많은 사람에게 그런 각도는 특히나 무리가 갈 것 같았다. 목이 부러져도 상관없다는 듯한 모습이었다.

"하지만 우리에게도 방법이 없진 않았어요. 세상은 루시퍼의 나라였고 엘은 인간의 육신을 입은 채로 세상에 막 들어왔으니까. 희망이 생기자 나는 악마의 눈으로 더 길게 볼 수 있었지요."

처음 만났을 때 말고는 그녀가 자신을 이런 식으로 표현하는 경우를 거의 보지 못한 터라, 불길한 느낌이 더 강하게 들었다.

"매우 신중하게 고르고 전략적인 위치에 배치해 둔 우리의 유대인 왕은 무자비했어요. 그는 자신의 통치에 위협이 된다는 이유만으로, 장차 왕이 된다는 아이를 죽이려 들었어요."

"그는 아이를 찾지 못한 걸로 압니다만."

그때 뭔가 이상한 일이 벌어졌다. 노파의 주의가 산만해지더니 눈을 가늘게 뜨고 푸드코트 너머 어딘가에 있는 상점 쪽을 응시했다. 그녀의 눈길을 따라가 봤지만 특별한 것은 눈에 띄지 않았다. 쇼핑객들이 상점 안팎을 들락거렸고, 쇼핑 중인 아내들을 꼼짝없이 기다리는 남편들처럼 상점 바깥에 두 남자가 서 있었다.

"무슨 일입니까?" 내가 물었다.

"그는 그 지역에 있는 두 살 미만의 모든 아기를 죽이라고 명령했어요." 루션은 이리저리 두리번거리며 말하면서 마른 혀로 입술을 핥았다.

나는 너무나 평온하고 한가로운 예수탄생 모형을 다시 떠올렸다.

"그 일은 도움이 되지 않았어요. 아이가 분명히 살아남았거든요."

20

 그 느낌은 기침이 나오거나 토할 것 같거나 화장실에 가고 싶은 것과 같은 신체적 충동과 비슷했다. 내 속에서 이야기가 솟아올라 무르익으며 머리가 아파 왔다. 이면지 통에서 종이 한 뭉치를 집어 쓰기 시작했다. 물리적인 배출 행위였다. 끝까지 쓰고 난 후, 나는 편하게 앉아 천천히 깊게 호흡하면서 이물감이 잦아들기를 기다렸다. 그리고 몸을 곧추세우고 내 생각과, 그녀의 손이 머리를 쥐어뜯던 장면, 내가 인간 말살에 대해 물었을 때 그녀가 경직된 시신에 감도는 듯한 일그러진 미소를 짓던 괴기스러운 순간을 덧붙였다.
 새벽 1시 직후, 속이 뒤집힐 것 같은 두통을 느끼며 잠자리에 누웠다.

새벽 3시. 나는 여전히 잠들지 못한 채 침대에 누워 악마가 했던 한마디를 생각했다. '엘이…… 인간들과 기존의 불화를 개선한다면, 우리는 어떻게 될까?'

'나는 어떻게 될까?'

창세기의 기록을 생각했다. 메시아 예언과 아기의 탄생을 생각했다. 그러자 이전에 알지 못했던 깨달음이 찾아왔다. 아파트에 혼자 있는데도 경이로움에 입이 절로 벌어졌다. 내 책상 위에서 몸집을 불려 가는 종이들에 담긴 것은 타락 이야기가 아니었다. 악마의 성장 이야기도 아니었다.

그것은 사랑 이야기였다. 인간에 대한 하나님의 사랑 이야기.

그것은 루션 자신의 불륜과 뒤이은 이혼 이야기이기도 했다.

갑자기 궁금해졌다. 인간들이 화해의 대상이 될 수 있다면, 악마들은 어떨까? 루션은 자신에 대한 어떤 희망도 말하지 않았다. 적어도 아직까지는. 어쩌면 다음번에 얘기할지도 모를 일이었다.

하지만 만약 희망이 없다면? 루션이 정말 의절당했다면? 그렇다면 그는 스스로 주장하는 것만큼 인간들에게 분개할 게 분명했다. 그리고 나도 그 대상에 속해 있을 것이다.

그날 밤 세 시간밖에 못 잤다. 그나마 꿈과 온갖 환상들에 시달리느라 깊이 잠들지도 못했다. 피건 목사님 꿈을 꿨는데, 눈가의 깊은 주름과 금니를 한 앞니 두 개가 기억에서보다 더욱 선명했다. 그러나 어린이 예배 시간에 입을 연 그는 목사님이 아니라 루션이었다. 그는 바닥에 카펫이 깔린 온 예배당 안에 인간과 관련된 모든 것에 대한 증오를 쏟아 냈다.

그다음 나는 큰아버지 댁에 있었다. 아버지는 아직 살아 계셨다. 우리는 네브래스카 주까지 차를 몰고 가서 링컨과 서부 돌출 지역 사이에 있는 큰아버지 댁을 방문한 것이다. 큰아버지는 직장 일 때문에 그리로 이사를 가셨는데, 나는 그곳으로 사촌들을 찾아가는 것이 좋았다. 어른들은 집 뒤쪽의 커다란 쓰레기통에서 쓰레기를 태웠고 나와 사촌들은 커다란 앞마당에서 술래잡기를 했다. 나는 여섯 살로 돌아가 있었다.

사촌의 여러 장난감 중에는 세서미스트리트 책이 있었다. 책 속의 그로버는 책 끝 부분에 나오는 괴물을 무서워했다. 매 쪽마다 그로버는 그만 보라고, 페이지를 넘기지 말라고 간청했지만, 당연히 나는 참지 못했다.

나는 그 책에 푹 빠진 나머지 우리 집으로 가져가고 싶었다. 큰어머니는 가져도 된다고 흔쾌히 말씀하셨다. 엄마와 아빠는 그러지 말라고 하셨고 나보다 두 살 어린 사촌동생은 울기 시작했지만, 나는 그 책을 몹시 갖고 싶어서 갈수록 어색해지는 분위기는 아랑곳하지 않고 달라고 계속 졸라 댔다. 엄마가 나중에 야단을 치시겠지만 상관없었다. 한 장 넘길 때마다 그로버가 등장해 제발 그만 보라고 간청하는 그 책을 잔뜩 기대를 품고 읽고 또 읽고 싶었다.

'괴물이 있어!'

내 관심사는 책 끝 부분에 혼자 남은 그로버가 **자신이** 괴물임을 깨닫는 대목이 아니었다. 내 어린 마음을 타오르게 하고 거듭되는 경고를 무시한 채 눈을 떼지 못하고 계속 책장을 넘기게 한 것은 거기까지 이어지는 내용이었다.

그다음 꿈에서 나는 책상에 앉아 내 키만 한 높이로 탑처럼 쌓인 출간 제안서들을 넘겨보고 오천 쪽 분량의 원고들을 살펴보았다. 두 개의 박스에 담긴 원고 사이에 꼭두각시 만화 캐릭터 그로버가 그려진 얇은 책이 있었다. 나는 책을 집어 들고 읽기 시작했다.

'괴물이 있어.'

21

　브리스틀라운지에서 여러 사람의 목소리가 들려왔다. 그 소리들은 몇 초마다 한 번씩 한 여자의 깔깔대는 웃음소리로 멈추었다. 내가 올 곳이 아니라고 느끼며 소리가 나는 쪽으로 천천히 걸어갔다.
　편집자로 첫 몇 해를 보낼 때만 해도 포시즌호텔에 오는 것이 좋았다. 당시에는 〈귀향〉 시리즈를 집필하고 있었고, 금요일 오후마다 브리스틀라운지의 푹신한 의자에서 시간을 보내게 될 날을 상상하곤 했다. 바깥 날씨가 춥다면 벽난로 앞에 자리를 잡게 될 것이고, 손에 쥔 잔에서는 값비싼 브랜디가 찰랑거리리라. 그곳에서 동료 작가들이나 전속 편집자와 술잔을 기울일 것이다. 어쩌면 〈패리스 리뷰〉(문예계간지. 작가 인터뷰로 유명하다—옮간이)의 인터뷰어와 자리를 함께할 수도 있겠지.

이곳에 마지막으로 온 것은 4년 전이다. 이른 저녁 시간에 장모님을 모시고 와서 연어 샌드위치, 미니 타르트, 크림 한 덩이와 함께 나온 스콘을 대접했는데, 모두가 우리 형편으로는 다소 벅찬 메뉴였다.

여직원이 정중하지만 쌀쌀맞은 눈길을 보내며 자리가 없다고 대단히 죄송하다고 말하기를 내심 기대했다. 그러면 나는 길 아래에 있는 아일랜드 술집으로 갈 수밖에 없으리라. 그러나 그녀는 미소를 짓더니 앞장서서 기다란 붉은색 가죽의자가 놓인 바를 돌아 쑥 들어간 외딴 자리로 나를 안내했다. 장의자 등받이에 죽 박힌 장식용 청동 택tack들과 그 위의 선반에 세워져 있는 책들, 윤기 나는 체리목 식탁과 맞은편의 아늑한 의자들이 우아한 개인 서재 분위기를 풍겼다. 동료 작가 친구들과 편집자와 만나는 꿈이 현실이 되었다면, 나는 이 구석 자리를 지정석으로 정하고 매주 그곳을 빌려 팬들과 대화를 나누고 비싼 브랜디를 마시고 좀처럼 허락하지 않는 인터뷰를 진행했을 것이다.

그러나 오늘밤에는 편집자도, 인터뷰도, 브랜디도 없을 것이다.

그래도 디저트 정도는 있다. 나는 커피를 주문한 뒤 자리에서 일어나 그 유명한 디저트 뷔페 코너로 갔다. 토르테와 페스트리, 치즈케이크와 아이스크림 테이블 사이를 오가다 결국 맛있어 보이는 뜨거운 호박 브레드푸딩 한 그릇을 들고 자리로 돌아왔다. 한 주걱의 메이플 아이스크림이 푸딩 안에서 녹으며 흰 접시의 테두리 쪽으로 흘러내리고 있었다.

내 자리에서는 피아노 앞 편안한 의자에 자리 잡은 무리가 정면으로 보였다. 다섯 명의 여자들이 나처럼 녹아 가는 디저트를 들면서 크리스마스 선물을 주고받고 있었다. 망사천으로 싸고 싱싱한 상록수 가지로 묶은 선물 봉지와 상자들에서는 은그릇, 윤기 나는 나무 보석함, 에르메스 스타일의 스카프가 나왔다. 모든 여자의 손에는 구석진 내 자리에서도 보일 만큼 커다란 보석이 하나씩 매달려 신호등처럼 빛을 내고 있었다.

여자들 너머로는 긴 창이 넓게 펼쳐져서 도로가 내다보였고 그 너머의 퍼블릭가든도 눈에 들어왔다. 한때는 철제 로프로 둘러쳐진 꽃밭들과 잘 다듬은 잔디밭, 나선형으로 다듬은 관목들의 질서정연한 모습을 좋아했다. 그러나 이제 그것들은 묘지처럼 엄숙하고 무심해 보였고, 완벽하게 방부 처리한 시체처럼 부자연스러웠다.

"이번에는 내가 늦었군요." 그 말과 함께 한 젊은이가 내 우울한 공상에 급히 끼어들어 아늑한 의자 하나를 뒤로 뺐다. 감청색 바지와 버튼다운 셔츠로 말쑥하게 차려입었고, 느슨하게 맨 타이는 비스듬한 모양새가 희미하게나마 올가미를 연상케 했다. 대학을 갓 졸업한 인턴 같기도 했다. 하버드대 딘앤토닉스나 브라운대 더비 같은 아이비리그 대학의 아카펠라 합창단원에게서 볼 수 있는 장난기 많고 활기찬 얼굴이었다. 연한 밤색 곱슬머리가 얼굴 주위를 감싸고 귀까지 덮고 있어서 적당히 바람만 불어 주면 지저분한 후광처럼 보일 것 같았다. '인형 같은 얼굴의 게루빔이라.' 그는 자리에 앉더니 한 다리를 다른 쪽 무릎 위에 올려놓고 가죽의자에 등을 푹 기댔다. 스물하나 정도 되었을까? 힘든 하루를 보낸 듯한 모습이었다.

"왜 그렇게 피곤해 해요?" 나는 약간 짜증이 나서 말했다. 나는 전날 밤에 겨우 다섯 시간을 자고 사무실에서 열한 시간을 일한 다음 곧장 나온 길이었다.

"나 바쁜 사람이에요." 그가 미소 지으며 말했다. 상기된 분홍빛 왼쪽 볼에 보조개가 팼다. 뭔가에 한창 빠져 열중해 있는 젊은이 같은 모습. 처음 보는 모습이었다.

"위원회에 제출한 원고를 사람들이 좋아하더라는 이야기는 할 필요 없겠죠?"

"물론 좋아했지요." 그가 다시 미소 짓고는 주위를 둘러보았다. "여기 확장 공사 이후로는 처음 왔군요." 웨이트리스가 주문을 받으러 왔다. 그는 그녀에게 미소 지은 뒤 내 잔을 힐끔 보더니 커피를 달라고 했다.

"헬렌은 나 혼자 창작한 소설이라고 생각해요." 나는 브레드 푸딩의 모서리를 떼서 아이스크림과 함께 먹으며 말했다.

"물론 그러겠죠."

"정직하지 못한 행동 같아요."

그가 어깨를 으쓱했다. "원한다면, 이름 뒤에 '받아 적다'라고 쓰세요. 그런다고 신빙성이 높아질 것 같지는 않지만."

"필명을 쓸 생각이에요." 그렇게 하면 양심의 부담을 좀 덜 수 있을 것 같았다. 루션의 이야기를 내 것이라고 주장하기엔 아무래도 거북했다.

"농 드 플룀 *nom de plume*(필명이란 뜻의 프랑스어—옮긴이)? 신비롭기도 하지."

거기에는 이전에 출간한 실패작들과 이 작품을 분리하고자 하는 실용적인 목적도 있다는 말은 하지 않았다.

악마는 마음이 딴 데로 가 있는 것 같았다. 대화에 몰두하지 못하고 가라앉아 있는 것이 영 마음이 쓰였다. "편한 대로 하세요."

"이야기가 어떻게 끝나는지 알아야 마음이 편하겠습니다." 나는 어느새 그렇게 말하고 있었다. 생각보다 훨씬 차분하게 말이 나왔다.

"곧 알게 될 겁니다. 약속하지요." 멍한 미소와 함께 그의 시선이 다시금 내게 꽂혔다.

"이해를 못하시는 것 같은데요. 주요 내용을 완성하려면 꼭……." 웨이트리스가 다시 나타나자 나는 말을 멈추었다. 루션은 그녀를 올려다보며 미소 지었고, 나는 두 사람의 잡담을 듣고 싶지 않아 눅눅한 브레드푸딩을 쳐다보았다. 이성 간의 그런 가벼운 대화를 지켜볼 기분이 아니었다. 서점에서 루션에게 당한 이후 나는 그런 대화를 나눠 보지 못했다.

"너무 불쾌하게 여기지 말아요, 클레이." 그녀가 떠난 후 그가 말했다.

"난 불쾌하지 않아요."

"이걸 보면…… 그럴 걸요." 그는 식탁에서 종이 한 장을 집어 들고는 의기양양하게 흔들었다. 전화번호와 '레나타'라는 이름을 보니 부아가 치밀었다.

"난 지금 당신에게 그렇게 중요하다는 회고록 얘기를 하려고 하는데 당신은 고작 여자 전화번호나 모으고 있어요?"

그는 종이를 재킷 안에 집어넣었다. 그 번호가 어떻게 쓰일지, 번호의 주인공이 앞으로 어떻게 될지 무척이나 궁금해졌다.

"좋아요. 책의 끝 부분으로 가고 싶은 거군요."

양팔의 피부가 따끔거렸다.

'괴물이 있어.'

집에 남아 있는 게 낫지 않았을까 하는 생각이 갑자기 들었다. 부족한 게 많았다. 잠, 텔레비전, 영화. 여느 사람처럼 뭔가 평범한 것에 초점을 맞추고 시간을 보낼 필요가 있었다. 멍하게 있는 시간이 필요했다. 그러나 나는 알았다. 내가 이 자리에 오는 것을 포기하고 잠을 자거나 한 달 이상 켠 적도 없는 텔레비전 앞에 앉는 쪽을 택할 리 없었다.

루션은 본격적인 이야기에 들어갈 것처럼 의자에 자리를 잡고는 커피 잔을 들었다. 나는 미심쩍은 눈길을 보냈다.

"우선, 건배합시다."

"무슨 일로요?" 내가 긴장하며 물었다.

"클레이, 당신을 위하여. 그 사람들, 당신 이야기를 좋아할 겁니다. 석 달 안에 계약을 하게 될 거예요. 선인세도 꽤 받게 될 거구요."

내 속에서 뭔가가 요동치며 땅바닥에 떨어진 동전을 줍듯 그의 말을 붙잡으려고 허우적댔다. 그의 말을 믿고 싶었다. 얼마나 믿고 싶었는지 모른다!

"모든 걸 다 알지는 못한다고 했잖아요." 그러나 나는 커피 잔을 들었다. 그가 잔을 부딪쳤고 두 잔 모두에서 커피가 튀었다.

"그렇지요. 하지만 말했다시피 난 확률을 따져서 움직여요. 돈이라도 걸까요?"

나는 머뭇머뭇 한 모금을 들이키면서 책 생각을 하지 않으려 했지만 이미 너무 늦어 버렸다. 내 마음은 흥분을 주체하지 못하고 꿈틀대기 시작했다.

솔직히 나는 그 돈을 쓸 데가 있었다. 책들과 얼마 안 되는 소지품을 케임브리지로 옮기고 오브리에게 준 가구 대신 다른 가구를 구하고 보니 남은 돈이 별로 없었다. 러소 부인이 '스파르타식'이라고 관대하게 표현한 내 아파트의 삭막한 실내 장식에 신경 쓸 겨를이 없게 만들어 준 루션에게 감사라도 해야 할 판이었다.

"말이 나왔으니, 특별 휴가도 쓰도록 해요. 좀 지나면 못 쓰잖아요."

"형편이 안 돼요."

"신용카드를 써요. 그럴 자격이 있어요. 해변에서 이야기를 마무리할 수 있을 거예요."

나는 고개를 떨구고 두 손으로 머리를 쓰다듬었다. 해변이라. 마지막으로 해변을 보거나 해변으로 휴가를 간 적이 언제였는지 기억도 나지 않았다.

"써야 할 책이 있으니 우리 할 일을 진행해야겠네요. 자 그러면……." 그가 뒤통수를 어루만졌다.

"메시아가 태어났어요." 내가 천천히 말했다. 소름끼치는 미소로 일그러진 그 맥빠진 얼굴을 기억하고 싶지 않았다.

"그렇지요." 그는 의자 앞으로 몸을 당긴 뒤 무릎에 팔꿈치를 얹고 두 손은 느슨하게 깍지를 꼈다. "그 끔찍하고 섬뜩한 밤이 찾아올 즈음, 루시퍼는 신실한 자들을 유혹한 뒤 말썽쟁이 어린아이 끌고 가듯 엘 앞에 데려가는 것을 필생의 업으로 삼고 있었어요. 그 일에서 큰 기쁨을 느껴서 그런 건 아니었지만."

"그건 그가 원한 일이었잖아요, 아닌가요?"

"그 일로 인한 만족감이 점점 줄어드는 것 같았어요. 내성은 강해지고 욕구는 커진 거지요. 그러니 루시퍼와 우리가 할 일이 뭐가 있었겠어요. 그저 우리의 신세를 골똘히 생각하고 점점 오그라드는 희망이 검은 수렁 속으로 사라지며 가망 없이 멀어지는 꼴을 지켜보는 수밖에. 엘의 총애를 다시 얻길 갈망할수록 인간들이 얼마나 실망스러운 존재인지 드러내야 한다는 부담도 더 커졌어요. 루시퍼, 이젠 사탄이 된 그가 맡긴 임무를 수행할 수록 우리는 더욱 엘의 눈 밖에 났어요."

"수확 체감의 법칙이 따로 없군요."

"맞아요. 결국에는 애초의 목적에 그리 개의치 않게 되었어요. 수단 자체가 목적이 되어 버린 거예요. 삶의 방식, 목표가 된 거죠.

사탄의 경우엔 상황이 이렇게 된 게 벌써 오래 전이었지만, 그는 언제나 사명을 다하는 피조물, 어두운 비전가였어요. 그리고 그의 비전이 우리 안에 새롭고 사악한 불을 지폈지요. 우리의 울적함은 전보다 덜했고 새로운 과제에 전적으로 집중했어요. 우리의 과제는 더 이상 창조주 엘로힘에게 영광을 돌리는 것이 아니었어요. 그건 다시 회복할 수 없는 일이었죠. 우리는 엘로힘이 총애하는 인간들을 전혀 새로운 방식으로 전부 타락시키고 그들의 것을 빼앗으려 했어요. 그제야 진정한 쾌감이 느껴졌지요. 그렇게 움츠러들지 말아요."

"움츠러들지 않았어요"라고 나는 거짓말을 했다.

"처음에는 한 걸음 빗나갔는데 그다음에는 걸음을 내딛기가 점점 더 쉬워져서 이전엔 생각도 하지 못했던 길로 한참이나 접어든 경험. 당신도 알잖아요. 상상해 본 적 있어요? 거의 넉 달 동안 매일 밤 만취 상태로 보내게 될 날들을? 사흘간 정신없이 술을 마시고 깨어나 보니 말 그대로 빈털터리에다 여전히 혼자임을 깨닫게 되는 처지를?"

나는 시선을 돌렸다. 떠올리고 싶지 않은 기억이었다. 술에 절어 보내던 시절, 부엌 바닥에서 미친 듯이 흐느끼던 몇 주. 홧김에 하룻밤 정사를 벌이기도 했다.

"당신에게 뭐라 하려고 여기 온 게 아니에요. 내 주장의 정당성을 보여 주려는 것뿐이에요."

다시 커피 잔을 들이켰다. 브레드푸딩을 잊고 있었던 게 생각났다. 차갑게 식어 버린 푸딩이 흐물흐물 녹으며 한쪽으로 기울어져 있었다.

"루시퍼는 매사에 찬찬하죠. 보좌를 올리려던 첫 번째 시도가 실패하고 욥의 일도 뜻대로 되지 않자, 그는 실패라면 질색을 하게 되었어요. 첫 번째 남자와 여자가 있던 그 동산에서도 그는 오랜 세월에 걸쳐 인간들을 관찰하고 그들의 행동을 연구하고 성향을 가늠해 보고 고유 서식지에 있는 이국적 동물들을 대하듯 그들을 지켜보았어요. 그는 위험 회피의 대가예요. 절대 충동적이지 않고 계획을 세울 때는 어두운 마음속에서 오랫동안 숙성시키지요. 위대한 발명가는 자신의 계책을 오랫동안 숙고하며 혁신가로서의 면모를 잃지 않죠. 그가 좀처럼 실패하지 않는 이유이기도 해요.

그리고 마침내 그에게 걸맞은 일거리가 나타났어요. 그 일이 그의 욕망을 얼마나 자극했던지 다른 일은 모두 제쳐 두고 그것만 갈망하게 되었어요. 한 가지에 미친 듯이 몰두하는 그 모습은 실험실에 틀어박힌 과학자 같기도 하고 투기장 문 뒤에서 왔다 갔다 하는 짐승 같기도 했어요."

그런 종류의 몰두라면 나도 좀 알 것 같았다. "그 과제가 무엇이었나요?"

"전능자의 영. 인간의 진흙 몸을 입은 하나님 자신. **땅에 내려온 엘로힘.**"

나도 모르게 이마에 주름이 잡혔다. "그러니까 그가 하나님이었다는 말은 진짜군요. 말 그대로 하나님이자 사람이라는 거였어요." 말 속에서 의심이 고스란히 배어나왔다. 나는 언제나 예수를 간디, 부처, 마틴 루터 킹 2세와 같은 반열에 두었다. 그러나 그들 모두 죽을 수밖에 없는 인간에 불과했다.

그의 얼굴 표정을 보자 당황스러웠다. 벌어진 입술이 약간 올라가 미소를 지을 듯했다. 왠지 모르지만 내가 무슨 말을 하길 기다리는 것 같았다.

우리의 웨이트리스 레나타가 나타나면서 그와 나 사이의 팽팽한 긴장이 깨어졌다. 그녀가 내 잔에 커피를 채우고 조금 전에 건배하느라 흘린 커피를 닦는 동안 나는 딴 곳을 쳐다봤다. 부담스러운 상황에서 벗어나게 되어 기뻤다. 방금 우리 사이에 무슨 일이 벌어진 것인지 잘 파악이 되지 않았다.

그녀가 떠나자 그는 다시 앞으로 나와 앉더니 양손의 손가락 끝을 붙여 삼각형 모양을 만들었다. "클레이, 내 말을 잘 들어야 해요. 믿어지지 않거든 그냥 이야기의 일부라고 생각하세요. 난 그 정도로 만족하겠어요. 아니, 그 정도면 대단히 만족할 거예요." 그의 입 한쪽 끝이 올라갔다. '물론이지. 그것이 이야기의 일부라는 것만 중요해', 나는 그렇게 생각했다.

"이 신인神人이 루시퍼에게 너무나 큰 목표였다는 것을 모르면 안 돼요. 너무나 탐났다고 할 수 있겠죠." 그가 웃을 때 볼의 보조개가 들어갔다. 나는 이전처럼 그의 웃음이 멈추기를 기다렸다. 웃음소리가 갑작스럽고 불안하게 멈춘 후, 그는 이전까지 한 번도 살펴본 적이 없는 듯 자신의 손을 이리저리 돌리며 관찰했다. "아들을 꺾는 것은 곧 엘로힘의 뜻을 꺾는 일이죠. 루시퍼가 내려놓기엔 너무나 귀중한 목표였어요. 루시퍼에게는 매우 중요한 의미가 있는 일이었지요. 그의 필생의 사업이 집약된 일이었어요."

"당신 말은 그가 하나님을 유혹하려 했다는 거군요."

"그래요."

"그건 불가능하지 않나요?"

"완전히 그렇지는 않아요." 아무리 봐도 젊은 학자의 모습과 말투였다. 볼이 발그레한 것이 이상을 추구하는 신학생 같기도 했다. "진흙으로 된 몸이 급소였어요. 이제까지 존재한 모든 인간, 진흙 몸에 들어 있던 모든 영혼은 유혹에서 완전히 자유롭지는 못했어요. 최초의 인간에게서 나온 모든 진흙 인간은 한 번씩 유혹에 넘어간 적이 있고, 엘의 기준으로 볼 때 도덕적 실패를 경험했어요. 그런데 여기, 헤아릴 수 없는 조합이 갑자기 나타난 거예요. 잘못될 가능성이 있는 진흙 몸에 깃든 엘의 완벽함. 완벽함과 나약함이 한데 융합된 존재."

"인간에게서 괜찮은 부분을 본 적이 없나요?" 내가 조심스럽게 물었다.

그는 뭔가 말하려다 마지막 순간에 대답을 바꾸는 듯했다. "클레이, 인간이라는 그릇이 원래 그런 거예요. 금이 갔다고요. 한번 망쳤으면 오래 전에 도공의 물레에서 꺼내 쓰레기 더미에 던져 버렸어야 마땅한 물건이라구요. 이 사실을 입증할 최선의 방법이 무엇일까요? 그들 중 하나가 된 엘에게서 실패를 이끌어 내어 그를 모욕하는 것 아니겠어요? 그는 당신네 중 하나가 되기로 **선택**했어요. 그가 자청한 조건이었다구요. 그렇게 한 손을 등 뒤로 묶은 채 싸우고 싶다면, 그럼 얼마든지……." 그가 어깨를 으쓱했다.

"그런 식으로 말하는 걸 들으니 그리 공평한 것 같진 않군요."

"그는 분명히 엘이면서도 육신을 가진 존재였어요. 그러나 여전히 완전한 엘이었죠. 루시퍼는 말 그대로 입에 거품을 물고 있었지만 적당한 순간을 신중하게 골랐어요. 기다렸죠. 신인이 사막에서 금식할 때까지. 그가 배고파질 때까지. 그리고 적군의 가장 취약한 방어물을 공격하는 장군처럼 그의 허기를 노렸어요. 그의 정체에 의문을 제기했어요. '네가 하나님의 아들이라면'이라고 말을 꺼냈어요. 루시퍼는 경험이 풍부해요. 하고 싶은 말을 은근히 암시하는 수사학의 전문가예요. '이 돌들에게 빵이 되라고 말해 보아라.' 그러나 그 사람은 확고부동했어요. 그 금식에는 목적이 있었고 그는 유혹에 넘어가지 않았어요. 육신의 명령에 굴복하지 않았어요."

저혈당 증세가 나타날 때마다 꼼짝도 못하던 내 모습이 생각났다. 배가 조금만 고파도, 아프거나 잠을 못 자도 그랬다.

"그래서 루시퍼는 그의 자부심에 호소했어요. 그를 예루살렘 성전 꼭대기로 데려갔지요. '네가 하나님의 아들이라면 뛰어내려 보아라.' 정말 기발했어요."

"그게 왜 기발한 겁니까? 높은 데서 뛰어내리라고 한 거 아닙니까? 죽으라는 겁니까?"

루션이 능글맞게 웃었다. "그렇게 생각할 수도 있군요. 하지만 아니에요. 성전은 사람들이 메시아를 보게 될 것으로 기대했던 곳이지요. 하늘군대는 그가 물리적으로 떨어져 죽도록 내버려 두지 않았을 것이고요. 그것은 성경이 보장하고 있는 사실이고, 루시퍼도 그것을 알고 있었어요. 그가 신인에게 은혜를 베풀고 있는 거라고 주장할 수도 있을 거예요. 그렇게 되면 적어도 사람들이 그가 누구인지 정도는 알게 될 테니까요. 루시퍼의 생각이 들리더군요. '그렇다면 그들에게 그를 보여 주자. 그가 뛰어내려서 자신이 누구인지 증명하게 해주자.'"

"하지만 그는 그렇게 하지 않았지요."

"그래요. 그는 자아에 지배당하지 않았어요. 자신이 하나님이라고 말하고 다니는 사람으로선 다소 의외의 모습이었죠. 그때쯤 루시퍼가 긴장하는 조짐이 보였어요. 그는 마지막 판을 남겨둔 도박꾼처럼 모든 것을 다 걸었어요. 우선 신인을 산으로 데려가 온갖 나라들의 강력한 환상을 하늘 위에 펼쳐 보였어요. 바빌론과 페르시아, 로마 정부와 지중해의 상업. 향료와 올리브와 포도주, 선단들, 오만함으로 똘똘 뭉친 왕들과 여왕들과 황제들의 모습이 펼쳐졌죠."

그가 말하는 동안 식탁 위가 희미하게 반짝이며, 반사된 전등 빛과는 다른 묘한 빛이 흘러나왔다. 먹다 만 브레드푸딩 그릇과 그의 커피 잔 사이로 진한 황금 원반 모양의 지는 해가 보였다. 그것이 지평선과 합쳐지는 듯하더니 이집트의 밀 들판으로 변했다. 밀 줄기들을 가만히 보니 밀이 아니라 사람들의 밭이었다. 한 민족의 사람들. 루션의 음성이 가수의 노랫소리처럼 들려왔다. "수많은 사람들이 사는 강력한 한나라漢朝의 땅, 비단이 넘쳐 나고 교역으로 도로가 붐비는 곳이지요." 도로들이 내 밑으로, 광택 나는 테이블 표면 아래로, 한 번에 몇 킬로미터씩 획획 지나가다가 쭉쭉 뻗어 가는 도시들이 되었고 피라미드들이 시야에 들어왔다. 이집트였다. 아니, 이집트가 아니었다. 그것들은 미발굴된 서부의 계단식 성탑聖塔이었다. "신들의 도시, 테우티우아칸입니다." 황금 가면들, 예복을 입고 태양을 향해 양손을 든 제사장들이 보였다.

그 이미지 위로 커피 잔이 다가왔다. 루션이 내 쪽으로 그것을 밀었던 것이다.

"동양의 보물들과 미래의 어느 시대, 아직 발견되지 않은 비옥한 땅들, 풍부한 물자들. 이교도들과 정복되지 않은 사람들의 땅, 분봉왕들과 봉신들의 땅, 이후 등장할 자치령들. 루시퍼는 세계와 신인의 소유가 될 모든 것을 검은색 벨벳 천 위에 다이아몬드를 진열하듯 그지없이 화려하게 보여 주었어요. 그 모든 거리와 회랑들을 거닐고 그 내실에서 살아 봤던 우리는 모든 영광이 한데 모여 있는 광경에 마음이 흔들려 눈만 깜빡였지요. 에덴의 모든 부를 합쳐 놓은 모자이크였어요. 루시퍼는 신인이 한 가지 일만 하면 그 모두를 다 주겠노라 했어요. 내 앞에 엎드려 경배하라. 간단하고 유례없는 행동 한 번이면 족했어요." 그가 나를 올려다보았다. "너무나 쉬운 일이었을 겁니다. 내가 해봐서 알아요."

"그런다고 루시퍼에게 어떤 유익이 생겼을까요?"

그는 보일 듯 말 듯 고개를 가로저었다. "그는 늘 경배에 굶주렸어요. 종종 경배를 받기도 했지만 정말 의미가 있는 사람, 욥은 그를 거부했지요. 그런데 엘이 사람의 몸을 입고 사람의 성향과 갈망들을 품은 채로 손만 뻗으면 닿을 거리에 서 있는 거예요. 우리는 감히 숨도 쉴 수 없었어요. 한동안 나는 그 옛 바위 동산에 다시 서 있는 듯했어요. 사막의 모래가 그곳의 바위들처럼 뜨거웠어요. 나는 영의 눈으로 루시퍼를 올려다보았어요. 아래로는 우리 군대, 위로는 하늘군대에 둘러싸인 루시퍼는 그토록 원하던 신성을 열망했고, 그의 아름다운 눈은 영원 전의 그 첫째 날 하늘로 갈고랑쇠 같은 야심을 던져 올릴 때처럼 탐욕에 불탔어요."

그의 시선이 오락가락했다. 바 쪽의 무엇인가를 보고 있는 듯했다. 무슨 일인가 싶어 그쪽을 바라보았지만 각양각색의 출장객 무리, 위층에서 진행 중인 리셉션이 지루해 빠져나온 몇 사람, 그리고 대화를 나누는 한 쌍의 남녀가 있을 뿐이었다. 최근에 그는 점점 더 산만해지는 듯했고 그것 때문에 나도 덩달아 걱정되기 시작했다.

나는 그에게서 시선을 떼고 다시 바를 보면서 리셉션 참석자들을 좀더 자세히 살폈다. 두 여자였는데 자매처럼 보이기도 했다. 둘 다 아시아계 혼혈로, 한 명은 곱슬머리에 브리지를 넣었다. 그녀는 바 쪽을 보고 앉아 있고 나머지는 바에 기대고 섰는데 몸이 정면으로 우리 쪽을 향하고 있었다. 앉아 있는 여자가 곁눈질로 내 쪽을 보나 했는데 아니었다. 그녀는 루션을 보고 있었다. '그럴 줄 알았다.'

"이번에는 폭력이 없었어요. 클레이, 내 말 똑바로 들어! 시간이 얼마 없다고 했잖아."

퍼뜩 정신이 돌아왔다. "듣고 있어요." '달리 할 수 있는 일이 뭐가 있다고!' 그리고 그가 한 말은 내가 얼마나 경청했는지 여부와 상관없이 전부 기억날 게 분명했다.

"이번에는 폭력이 없었어요." 그는 안절부절못하며 두 손으로 머리카락을 쓸어 올렸다. "그는 말로, 단순 거래로 천국을 차지할 생각이었어요. 그렇게 신으로 선언 받는 대가로 세상을 주겠다고 제의했지요."

"그가 정말 그렇게 많은 것을 제시한 걸까요? 내 말은, 그 모든 것은 엘이 만든 것 아닙니까?"

"그것은 루시퍼의 부와 왕국의 총합, 그가 가진 전부였어요. 그는 그 안에 있는 모든 것을 확실하게 소유하고 있었어요. 그가 그것을 잃어버릴 위험을 기꺼이 감수하고서, 인간의 육신이라는 한계에 갇혀 굶주린 채로 사막에 서 있는 하나님에게 다가가 단 한 번의 위험한 유혹을 시도할까요? 그럼요. 그럼요. 그가 틀림없이 그럴 거라는 것을 나는 알았어요. 뜻대로만 된다면 그것은 루시퍼 최고의 순간, 가장 위대한 순간이 될 테니까. 그 승리에 비하면 부富 따위는 아무것도 아니라는 걸 알아야 해요." 그는 힐끔 뒤를 돌아보았다.

'뭔가 잘못된 거야.'

"엘의 아들이라는 작자가 사기꾼이며, 다른 인간들과 똑같이 진흙 옷을 걸친, 가망 없이 나약한 죽을 존재라는 것을 입증할 수만 있다면, 그 승리에 비한다면 세상의 모든 나라가 대수겠어요?" 고개를 돌리고 말하던 그의 말소리가 잦아들었다.

"뭡니까?" 마침내 내가 화가 나서 말했다.

그가 눈을 깜박였다. "난 괜찮아요. 잘 들어요. 중요한 이야기니까. 그런데 더 중요한 것이 있었어요. 게루빔인 루시퍼가 인간으로 말하자면 땀 흘리는 것에 가까운 상태로 있는 모습을 보면서 나는 그 자리에서 깨달았어요. 당시에는 자세한 내막을 몰랐지만, 루시퍼는 그 사람 안에서 뭔가 큰 환상, 잠정적인 위험 요소를 보았던 거예요." 루션은 의자에서 자세를 자꾸 바꾸고 손목시계를 들여다보았다. "그는 따로 말하지 않았지만 그 순간 나는 그의 절박한 심정을 깨달았어요."

마음이 편치 않았다. 루션의 이런 모습을 본 적이 없어 나도 덩달아 신경이 쓰였다. 그가 너무 빨리 일어설까 봐 걱정됐다. 나는 그와 함께 있는 시간이 필요했다. 그가 쏟아 놓는 모든 말이 필요했다. 내 원고를 완성하기 위해서. 나 자신을 위해. 그러나 내가 불안해지는 데는 그것 말고 다른 이유도 있었다. 도대체 무엇이 악마를 불안하게 만든단 말인가? 바를 바라보았다. 두 여자는 사라지고 없었다.

루션은 커피 머그잔을 밀어내고 뭔가를 찾아 주머니를 뒤졌다. 웨이트리스의 전화번호가 적힌 종이였다. 그 행동을 감지하기라도 한 듯, 볼륨 있는 몸매와 튀어나온 광대뼈와 입술의 레나타가 나타났다. 그녀는 작은 접시에 계산서를 놓았고 루션은 주머니에서 고액권을 꺼내 황급히 미소 지으며 잔돈은 가지라고 했다.

그녀가 떠나자 루션이 말했다. "약하고 목마르고 굶주린 그 인간이 그 꼭대기에서 바람을 맞으면서 루시퍼의 제안을 거부했어요. 그는 엘의 권위로 루시퍼를 쫓아 보냈어요. 하늘에 그려진 환상 속의 나라들은 거대한 유리창처럼 산산이 깨어져 조각들이 머나먼 지평선까지 흩어졌어요. 그리고 그 사람은 사막에 쓰러졌어요."

루션은 선 채로 손가락으로 곱슬머리를 훑으면서 가장 가까운 출구를 찾는 듯했다.
　이 정도로는 충분치 않아! 나는 벌떡 일어났다. "그다음? 그다음에는 무슨 일이 있었나요?" 내가 미웠다.
　"루시퍼의 계획은 끝나지 않았어요." 그는 의자를 돌아 나가면서 말했다.
　레나타가 그에게 손을 흔들려 했지만 그는 쳐다보지도 않고 성큼성큼 걸어 나갔다.

22

생협 농산물 코너에는 파프리카, 당근, 토마토 등 생소한 야채들이 가득했다. 재료를 다듬어서 요리해 본 것이 언제였던가, 기억도 나지 않았다. 그것이 잊어버린 의식처럼 신비롭고 높은 경지로 보였다.

최근 내 식사 습관은 엉망이었다. 먹는 것을 완전히 잊어버릴 때도 많았다. 오전에 이어 이른 오후까지 커피만으로 버텼다. 퇴근하고 집에 돌아오면 전날 밤 먹다 남은 테이크아웃 음식을 먹었다. 저녁 늦은 시간까지 한 무더기의 원고를 읽거나, 점점 늘어가는 악마의 회고록 기록을 정리하다 보면 참을 수 없이 배가 고파졌다. 그러면 밤늦은 시간에 야식을 시켜 실컷 먹고는 소파에 쓰러져 정신없이 잠이 들었다.

매주 일주일간의 업무 시간에 맞먹는 시간을 들여 인터넷과 온라인 성경을 뒤졌고, 출간 제안서의 마케팅 측면을 보강하기 위해 악마 픽션, 악마와의 만남, 천사에 대한 소설 등을 연구했다. 천사와 악마가 찾아왔다는 기록들도 조사했다. 그러나 내가 경험한 것과 같은 이야기는 전혀 없었다. 그런 기록들이 이미 픽션 작품으로 나와서 서점 어딘가에 숨어 있지 않을까 하는 생각도 들었다.

가끔 오브리 생각이 났다. 이전처럼 시간마다, 날마다 생각나지는 않았지만 전혀 뜻밖의 것들이 기억을 자극했다. 이불 밑의 베개는 그녀의 누운 몸을 떠올리게 했고, 폭넓은 슬랙스 바지의 흔들림을 보면 그녀가 즐겨 입던 개버딘 바지가 생각났다. 파프리카를 보니 그녀가 그 안에다 쌀과 고기를 잔뜩 채워 요리하던 기억이 났다. 내가 아주 좋아하는 메뉴였다. 나는 커다란 파프리카를 집어 들고 손바닥에서 이리저리 돌리다가 다시 내려놓았다.

궁금했다. 루션이 확신하는 대로 편집 위원회에서 내 원고를 받아준다면, 그녀는 내가 책을 냈다는 사실을 알게 될까? 보나마나 쉴라가 그녀에게 말해 주겠지. 오브리가 그 책을 읽을까? 그 안에서 자신의 모습을 보게 될까? 가명을 썼는데, 그래도 알아볼까? 내가 그녀를 그냥 내버려 두지 않고 지난 결혼생활을 노골적으로 들추고, 망상과 불화, 그녀에 대한 내 복잡한 감정을 적어 놓은 것을 보고 넌더리를 내며 책을 덮어 버릴까, 아니면 그것을 이야기의 한 부분으로 간주하고 말까? 갑자기 분노의 불길이 타올랐다. '오브리, 당신 정말 멍청해! 작가에게 그런 짓을 하다니. 작가는 그 일을 세상에 널리 알릴 힘이 있다구!'

그러면서도 한편으로는 여전히 궁금했다. 책에 대한 반응이 어느 정도라도 된다면, 그래서 방송 출연도 하고 인터뷰도 하고 (어쩌면 브리스틀라운지에서), 몇몇 도시라도 홍보를 다닌다면, 그녀가 나를 새롭게 보게 될까? 내가 어떻게 지냈는지 궁금해져서 나와 이야기하고 싶어 할까? 자체 추진력을 갖고 새롭게 살아가는 내 모습을 보면 오브리왕국의 문화에 완전히 동화된 리처드가 시시해 보이지 않을까? 혹시라도 그런 일이 벌어진다면, 나는 어떻게 하게 될까?

루시퍼가 망가진 에덴으로 돌아간 것처럼 그녀가 버렸던 남편에게 돌아간다고 상상하니 분노가 치밀었다. 그 자리에서 나는 맹세했다. 그녀에게 결코 문을 열어 주지 않으리라. 그녀가 리처드를 떠난다 해도 쉽사리 마음을 열지 않으리라. 우리가 혹시 화해한다 해도, 그것은 그녀 쪽의 큰 변화와 내 쪽에서는 최소한의 양보라는 조건 안에서만 받아들일 수 있는 일이었다.

나는 어느새 유기농 쇠고기와 놓아기른 닭고기가 가득 든 냉장고 유리를 들여다보고 있었다. 유리에 비친 내가 나를 빤히 쳐다보고 있었다. 기울인 고개에는 뭔가 관대함이 서려 있었다. 마치 내가 알아야 할 내용을 깨달을 때까지 참을성 있게 기다리는 듯. 내가 오르지 못할 나무를 쳐다보고 있다는 깨달음이었다. 오브리는 달라지지 않을 것이고, 나는 다시는 그녀에게 속내를 다 털어놓을 수 없을 것이다. 근래 몇 주, 몇 달 동안 벌어진 일, 루션과 만났던 일을 말할 수 없을 것이다. 오브리만이 아니라, 누구에게도 말할 수 없을 것이다. 내 원칙과 정직성에 자부심을 갖던 나, 오브리가 배신한 후에도 정직을 소중하게 여긴 나였지만, 다시는 누구에게도 온전히 정직할 수 없게 되었다.

양털 풀오버 차림의 남자가 내 뒤쪽에 나타난 것이 냉장고 유리창에 비쳤다. 어깨가 넓었고 다소 거칠어 보였다. 이틀 정도 안 깎아 거뭇거뭇 난 수염은 턱 아래의 갈색 염소수염과 이어졌다. 베레모 아래의 소녀 같은 곱슬머리가 극도로 남자다운 면모와 어울리지 않았다. "당신, 요리할 시간 없어." 그가 말했다.

"꿈은 자유잖아요." 하지만 그의 말이 옳았다. 내가 유기농 쇠고기나 물소고기, 자유롭게 놓아기른 닭의 고기를 해동해서 요리할 리가 없었다.

"이봐. 여기 카페에서 연어를 먹고 집에서 먹을 음식을 좀 사 가면 돼. 이러고 있을 시간 없어."

나는 몸을 홱 돌려 그를 쳐다보고 말했다. "내가 시간이 더 있으면 좋겠다는 겁니까? 그러면 내 책상에 잔뜩 쌓인 어설픈 스릴러랑 《러블리 본즈》 짝퉁들, 《섹스앤더시티》 모작들, 조이스 캐롤 오츠를 흉내 낸 원고들을 당신이 읽어요. 그럼 내가 시간이 더 날 거예요." 나는 빈 식료품 바구니를 흔들었다. 그를 보자 안도감과 분노가 동시에 찾아왔다. 내 일정표에는 그가 나타날 거라는 조짐이 전혀 없었다. 나에겐 평범한 생활 비슷한 것, 오브리와 함께하던 시절이 끝났음을 애도할 짧은 시간도 허락되지 않는 것일까? 그런 것 같았다.

생협 카페의 작은 식탁에 앉아 있으니 서점에서 매력적인 빨간 머리 악마와 함께 앉았던 갈색의 2인석이 생각났다. 나는 나이프로 자연산 연어의 연분홍 살을 자르고 포크로 연한 브로콜리 줄기를 찍었다.

루션은 의자의 휘어진 등받이에 등을 기대고는 식탁 양옆으로 발을 쭉 뻗고 말없이 나를 지켜보았다.

얘기를 시작하는 게 좋을 거요. 휴가를 떠나기 전에 내가 최대한 많은 분량의 원고를 헬렌에게 넘기겠다고 말해 버렸거든. 이렇게 말하고 싶었지만 주요 내용을 완성하려는 시도를 완전히 포기한 상태였기에 나는 시무룩한 얼굴로 말없이 먹기만 했다. 아직 이야기가 마무리되지 않았고 어떻게 끝나게 될지도 모르겠습니다, 헬렌에게는 그렇게 말해 놓았다. "지금으로서는 캐릭터들이 나를 어디로 데려갈지 도통 모르겠어요." 작가들이 그렇게 말하면 나는 늘 비웃으며 작품 속의 캐릭터들은 무의식적이라도 작가의 지배하에 있다고 응수했다. 내 생각에는 변함이 없었지만, 나처럼 공개적으로 인정하거나 예측할 수 없는 세력의 영향을 받는 작가가 있지 않을까, 하고 생각하게 되었다. 어쨌거나, 헬렌은 분량이 얼마가 되건 내가 써놓은 원고 정도면 결정을 내리는 데 충분할 거라고 했다. 1월에 사무실이 다시 문을 열면 회사 쪽에서 원고를 살펴볼 것이고, 그동안 나는 낮에는 카보해변에서 일광욕을 하고 밤에는 방에 틀어박혀 노트북으로 글을 쓸 것이다.

이제 나의 관심사는 루션이 언제 어디서 나타날까, 만난 기록을 어떻게 쓸까에서 그 기록이 어떻게 끝날 것이며 그렇게 되면 우리의 이상한 관계도 끝나는 것인가로 넘어가고 있었다. 그것은 거의 집착에 가까웠다. 루션의 소중한 이야기가 출간되고 나면 그는 내 인생에서 사라져 버릴까? 그런 생각이 들자 마음이 편치 않았다.

루션은 머리 뒤쪽으로 깍지를 끼고 천장을 올려다보았다. 그가 한숨을 내쉬었다. "루시퍼는 실패했어. 난 혼란스러웠어. 그 모든 면이 하나같이 이해되지 않았고, 해답을 얻지 못하자 마음이 더 어지러워졌어."

나는 그 기분을 알았다. "무엇 때문에 마음이 어지러웠나요?"

"전부 다." 그는 고개를 가로저었다. 소년 같은 곱슬머리가 목에 불거진 굵은 핏줄들을 쓰다듬었다. "신인神人이자 죽을 몸을 입은 전능자의 한 측면인 메시아는 대단히 불미스러운 모습으로 일을 해나갔어. 창녀들과 세금 강탈자들과 어울렸단 말이지. 당황스럽더군. 인간이 되는 수고까지 감수했으면서 왜 더 나은 사람들과 어울리지 않을까? 왜 팡파르를 울리며 자신의 등장을 알리지 않는 걸까? 조금의 허세도 없이 말이야. 망할. 왜 군중에게 두려움을 심어 주지 않을까? 그는 우주의 창조주란 말이야."

루션이 두 손을 쳐들었다.

"그게 당신과 무슨 상관입니까?" 나는 쿠스쿠스를 포크로 퍼 올렸다.

"사람들이 그를 대하는 모습을 보자 초조해지더군. 그가 환영과 경배를 받기를 바란 건 아니야. 하지만 나는 그가 누구인지 알고 있었다고."

루션의 이야기가 상당 부분이 그렇듯, 이 대목 역시 내가 생각하지 못한 내용이었다. 그리스도 이야기는 우리 문화의 한 축을 이루어 왔고 줄곧 역사의 중심 테마 중 하나였기 때문에 나는 이런 자세한 내용까지 깊이 생각해 본 적이 없었다.

"하지만 그게 다가 아니었어. 나는 다가올 일들을 보지 못한 것뿐이지." 그는 턱을 숙이고 양털 풀오버의 목에 매달린 지퍼를 살폈다. "그가 몇 가지 기적을 행하기는 했어. 대단한 것이었지. 그래도 나는 실망할 수밖에 없었고 뭔가 더 큰 것을 기다렸어. 그는 처음과 끝인 엘로힘이었으니까!"

"더 큰 것이라면?"

"대규모 치유. 뭔가 거창한 거." 그는 고개를 들더니 염소수염을 문질렀다. 입이 약간 벌어져 있었다. "텔레비전 전도자들도 그 정도는 한다고 주장하거든. 하지만 그 사람은 엘이었어. 원하기만 하면 지구를 새롭게 만들고 에덴을 회복할 수 있었을 것이고, 말만으로 초록이 무성하고 야생동물이 날뛰는 땅이 생겨나게 한 그 무시무시한 능력의 일부라도 보여 줄 수 있었을 거야.

인간들을 원래 상태로 회복시킬 수도 있었을 거야. 아니, 그는 그들을 구원하러 온 거 아니었냐고. 그들이야 애초부터 별 볼일 없는 피조물들이었다 해도, 그러면 적어도 그 정도는 할 수 있었을 거야."

"그가 그렇게 안 한 이유가 뭘까요?"

루션이 어리둥절한 표정을 지었다. "그는 한 사람 한 사람을 회복시키는 데 더 관심이 있는 것 같았어. 이해할 수 없더군. 주위의 그릇들이 죄다 금이 간 상황인데 어쩌자고 하나를 고치는 걸까? 나머지 사람들이 자기를 좋아하는 것도 아닌데 말이야." 그가 웃었다. "그런데 이상한 일이 벌어졌어. 엘의 제사장들이 그를 신성모독자라고 불렀고, 그가 우리의 능력을 끌어 쓴다고 주장한 거야."

나는 어째서 이 모든 내용을 하나도 듣지 못했을까 의아해졌다. 내가 어릴 때 접한 교회와 교회에서 전해 들은 판에 박힌 하나님의 모습은 얼마나 실체가 없고 피상적이며 의식에 얽매인 것이었던가.

"우리 능력은 그에 비할 바가 아니었는데 말이지. 한마디로 웃기는 상황이었어. 엘은 굴욕을 자초하고 온갖 노력에 대해 욕을 먹고 있었어. 결국 그가 이 진흙 종족의 비참함을 직접 겪겠구나, 다 자초한 일이니 꼴 좋다, 그런 생각이 들더군. 그래도 사람들의 증오와 조롱, 손가락질을 생각하면, 그가 그것을 어떻게 감내했는지 지금도 모르겠어."

"사람들은 왜 그런 짓을 했습니까?"

"그가 기존 종교 질서에 반대했거든!" 루션이 웃었다. 굵은 목에서 핏줄이 꿈틀댔고, 처음의 작은 웃음소리가 사람이 낼 수 없는 고음으로 변해 귀에 거슬렸다. 앞치마를 두르고 카페 카운터에 앉아 있던 사람이 우리 쪽을 쳐다봤다. 악마의 일회용 이목구비에는 적응되었지만 그 얼굴에 깃든 신들린 표정은 여전히 감당하기 어려웠다.

"루시퍼는 그의 실패를 말해 주는 산 증거가 땅을 배회하고 다니는 당혹스러운 상황을 마음에 들어 하지 않았어. 그에게 뭔가 일이 벌어지기 시작했어. 그의 빛나는 눈이 뭔가 일을 꾸미는 것 같았지. 새 에덴 이후 그렇게 화난 모습은 처음이었어. 우리는 그를 슬금슬금 피했고 그의 기분이 나아지기를 바라면서 그의 지상 정부 운영이나 신자들을 유혹하는 일 같은 일상적인 업무에 몰두했지. 그는 예수가 어디를 가건 어김없이 쫓아다녔어. 그건 집착이었어. 그를 대단히 증오하면서도 떨어지질 못하더군."

나는 구겨진 냅킨과 플라스틱 식기를 접시에 쌓았다. "그런 상태가 얼마나 계속되었나요?"

"몇 년. 그러다 하룻밤 새 모든 게 달라졌지.

그날은 유월절이었어. 유대인들은 그날을 문설주에 어린양의 피를 발라 장자의 목숨을 구한 날로 알고 있지만, 내 머리는 완벽한 대량 살상에 차질이 생긴 날로 기억하고 있지."

나는 그를 빤히 쳐다보았다.

"그날 저녁 신인은 이상한 일을 했어. 추종자들과 떡을 나누고는 그것이 자신의 몸이라고 했어. 포도주를 주면서 자신의 피라고 했지. 그다음 그가 한 말을 듣고 내 불멸의 심장은 얼어붙는 듯했어. 내 말 잘 들어. 그는 그것이 **죄 사함**을 얻게 하려고 흘리는 새 언약의 피라고 했어. 들었어? 이해하겠냐구?" 그 말을 하고서 루션은 벌떡 일어서서 내 대답을 기다리지 않고 몇 걸음 왔다 갔다 했다. "이런 인간적인 반응을 양해해 줘. 피부가 스멀거려서 말이지."

나는 어리둥절했다.

그는 다시 자리에 앉더니 식탁 앞으로 바싹 몸을 기울였다. 그의 얼굴이 내 얼굴과 너무 가까워서 거북했다. "우리는 엘이 인간들을 없애 버리고 최소한 그들에게 응분의 유죄 판결을 내릴 때를 기다려 왔어. 우리 영광스러운 피조물들이 하나님의 총애에서 이렇게 멀어져 버렸는데, 진흙 사람들, **인간들**이 우리 대신 그의 사랑을 받는 꼴을 손 놓고 방치하고 있으라고? 그건 안 돼지. **절대로.**"

목덜미의 털이 주뼛 일어섰다.

"그러나 유월절 식탁에서 그가 한 말들은 영원한 운명을 종결짓는 지하 감옥의 텅 빈 메아리처럼 들렸어. 당신들을 창조한 첫 번째 말들이 충만하고 의미심장한 것이었다면, 이 말들은 우리가 제외되었다, 돌이킬 수 없다, 저주받았다고 밝히는 가혹한 선고 같았지."

"죄 사함은 당신들을 위한 것이기도 하지 않을까요?"

그가 웃음을 터뜨렸다. 그 소리는 지평선 너머에서 우르릉대는 우렛소리처럼 낮았다.

"클레이, 당신 정말 눈이 멀었군."

오랫동안 우리는 서로 노려보았다. 전에는 감지하지 못했던 큰 간극이 느껴졌다. 한 종족의 대표로서 다른 종족을 보는 그는 그 간극과 더불어 자신의 죽을 운명을 보고 있었다. 상대편이 자신을 앞질러 자신이 멸망한 후에도 살아남을 것이며, 부지중에 자신의 자리를 넘겨받았음을 아는 자의 눈으로.

"그 모든 것이 얼마나 신물 나는지." 말은 부드러웠지만, 과장된 표정에다 눈도 약간 커졌다. "그들은 그를 죽이려 했어. 그는 죄가 없었지만, 그건 중요하지 않았지. 합법적인 절차를 거치지 않은 재판이었지만 상관없었어. 정치와 정부가 사탄의 양대 무대라는 게 오히려 악재였지. 그가 하나님이라는 사실조차도 문제가 되지 않았어. 피조물들이 창조주를 살해하다니, 섬뜩한 생각 아닌가? 그건 모든 자연법을 거스르는 행위였지." 그 목소리에서는 동정이나 공포가 아닌, 기괴한 놀라움이 전해졌다.

"그러나 사탄은 통제 불능이었어. 매끄럽고 기름기 많은 깃털 위로 빗물이 굴러 떨어지듯, 그에게서 살기가 줄줄 흘렀어. 엘은 육체의 유혹에 굴복하지 않았지. 그렇다면 그 안에서 고통을 당하게 해주자! 게다가, 이 신인에게 고통을 가할 장본인들은 그가 끈질기게 참아 주었던 자들, 너무나 깊이 사랑했던 비참한 진흙 피조물이 아니던가. 그 고통은 실상 엄청날 것이다. 우리의 군주는 태양을 무색하게 하는 화려함을 뽐내며 떨치고 일어나 포효했어. '그들이 그의 사랑에 어떻게 보답하는지 보여 주자!'"

"당신은 그걸 원하지 않았다는 말인가요?"

"그야, 원했지. 그러나 그건 실수였어, 어리석은 일이었지. 나는 신인이 유혹을 거부하고 흠 없이 살아가는 모습을 너무나 분명히 보았어. 그 안에서 유월절 어린양의 형상을 보았다구. 나는 사태를 막아 볼 작정으로 두 팔을 들고 목소리를 높이며 날개를 퍼덕였어. 무슨 일이 벌어지는지 파악했고 중지시켜야 한다는 걸 알았어. 당장, 확실하게, 수단 방법을 가리지 않고 무력을 써서라도 그래야 했어. 그러나 인간과 천사들의 목소리가 뒤섞여 울려 퍼지는 북새통 안에서 내 말을 들어 줄 자는 없었지. 루시퍼와 그를 따르는 내 눈먼 동족들은 제정신이 아니었고 전투를 앞둔 전사들처럼 흥분 상태로 예수를 십자가로 끌고 가는 데만 정신이 팔려 있었거든. 폭주 기관차가 달려오는 줄도 모르고 놀이에 몰두하는 아이처럼 말이야." 그는 이마를 문지르고 작은 소리로 말했다. "나는 다가오는 그것을 봤어. 하지만 난 혼자였어. 아무것도 할 수 없었지."

"당신은 그를 죽이고 싶지 않았단 말이군요." 믿기 어려웠다.

그때 그의 입술이 빛났다. "아, 한편으로는 그자의 내장이 다 드러나고 가죽이 벗겨져 인간이 겪어선 안 될 방식으로 온몸이 찢어지기를 바랐어. 그자가 고통 받는 광경을 보며 기뻐했어. 그것을 원하고 갈망했어. 그러나 동시에 그것이 유혹이라는 걸 알았지. 그자의 등과 팔에서 피가 나와 다리를 타고 흘러내려 땅속으로 스며드는 것을 보았을 때……"

움츠러드는 그의 모습을 보자니 마음이 불편했다. 평소의 그는 자신감이 넘치고 오만하기 그지없었다. "뭐요? 뭐였습니까?"

그는 손등으로 이마를 눌렀다. "차라리 내게 선견지명이 없었으면 싶더군. 내 평생 처음으로, 차라리 아무것도 몰랐다면 좋았겠다고 생각했어. 그랬다면 나도 한순간이나마 우리의 승리를 기뻐하고 그 달콤함에 취할 수 있었을 테니까." 그는 눈썹을 비비고 콧잔등을 꼬집었다. "그러나 엘은 그 모든 일을 견뎌 냈어. 이전에 에덴의 폐허와 인간들의 부정不貞을 견뎌 냈던 것처럼, 사랑하는 진흙 종족을 위해 하늘 아래서 울며 아파했던 것처럼, 고통스러워하면서도 견뎌 냈어. 엘로힘이 자기 피조물들의 살기등등한 손에 자신을 내맡기다니, 끔찍한 일이었어."

"이해가 안 됩니다."

"피 흘림. 그건 피 흘림이었어." 그의 목소리가 갈라졌다.

"왜 자꾸 그 얘기를 하는 겁니까? 피에 뭔가가 있었나요?"

"멍청이!" 그가 소리를 지르고는 벌떡 일어나 식탁에서 멀어져 갔다. 나는 눈으로 그 뒤를 좇았고, 카페의 다른 사람들도 대화 상대나 노트북 등에서 시선을 돌려 그를 쳐다봤다. 자리에서 일어서려던 찰나, 그가 성큼성큼 걸어서 돌아오더니 의자에 털썩 앉아서 식탁에 몸을 기댔다. 식탁이 삐걱거리더니 쓰러질 뻔했다. 머리카락은 헝클어졌고 베레모는 보이지 않았다. 그는 한 손으로 수염을 닦고 불쑥 이렇게 외쳤다. "유월절! 유월절 어린양!" 그는 자제력을 잃고 있었다. 나는 그를 진정시킬 말을 찾았다. 카운터에 있는 사람의 얼굴에 긴장감이 서린 걸 보니 얼마 못 가 나가 달라는 말을 들을 것 같았다.

"죽음이 동물, 왕, 노예를 막론하고 이집트의 모든 장자에게 임했어. 흠 없는 어린양의 피를 문에다 바른 이스라엘 사람들만 예외였지. 죽음은 그 문들을 그냥 넘어갔어. 그리고 거기 그 신인의 다리와 팔로 흘러내렸던 것은 피였어. 흠 없는 어린양의 피, 핏줄에서 빠져나와 물동이에 담겼던 진홍색 배상물, 속죄의 피, 유월절에 문들에 발렸던 그 피처럼 없어선 안 될…… 이제 사람의 마음에 새겨지는 피였어."

'하나님의 어린양'은 여러 찬송가에서 들어 본 표현이었다. 예수쟁이들이 예수가 자신들의 죄를 위해 죽었다고 말하는 것을 들어 보았지만 나는 그 의미를 이해할 수 없었다.

"나는 유령처럼 울부짖었어. 그러나 너무 늦고 말았지. 그들은 너무나 끔찍한 일을 저질렀어. 그를 공개처형장으로 끌고 갔지. 온갖 소리들로 표출되는 군대의 열기가 내 귓가에, 주위 모든 곳에 가득했어. 사탄은 하나님의 아들에게만, 우주를 형성하고 땅을 고쳐 만들고 무엇보다 사탄을 거절했던 엘로힘의 그 부분에만 관심을 가졌어. 신인은 부서졌어. 그 영혼을 더 이상 담을 수 없을 만큼 심하게 부서져서 그지없이 비참한 모습으로 크게 부르짖었어."

조깅하던 여자의 부서진 몸, 으스러져서 생명이 떠나 버린 그 몸이 생각났다.

"'다 이루었다.' 그가 말했어. 나는 생각했지. '그래. 다 끝났어.' 시간이 창조되던 그 첫째 날부터 내게 존재하게 된 모래시계, 미지의 불가피한 종말 때까지 남은 시간을 알려 주던 모래시계가 덜컹 하더니 엄청난 모래가, 제한된 시간을 알리는 소중한 모래알들이 그 목을 통해 와르르 빠져나가 영원히 사라졌어. 내 미래의 부스러기들을 모아 봐야 한 줌밖에 안 될 듯했지."

그의 손목에 매달린 튼튼한 멀티 다이얼 손목시계를 다시 보니 온갖 방식으로 측정된 시간, 측정의 대상으로 사로잡힌 시간이 팔만 뻗으면 닿을 거리에 있었다. 그 정밀한 시간 기록 장치 안에 소유의 대상이 되고 멈추어 버린 시간.

그가 말했다. "그래. 이제 이해하는군. 자, 봐." 손목시계는 멈춰 있었고 초침도 움직이지 않았다.

"그가 죽을 때 난 그걸 느꼈어. 그가 육신을 입고 땅을 이리저리 돌아다니는 느낌에 너무 익숙해져서 그만 둔감해진 거지. 그래서 그가 세상에 있을 때는 오히려 그의 존재를 예리하게 인식하지 못했는데 떠나는 순간은 다르더군. 어두워진 하늘을 보며 벌벌 떨던 죽을 인간들보다 더욱 깊이 느껴졌지. 몸이 없는데도 덜덜 떨렸고 얼음으로 덮인 황무지에서 해가 지듯 엘이 물러나는 것이 뼛속 깊이 느껴졌어. 주위에 있던 동료들이 하나둘씩 조용해졌어. 부르짖음은 사그라지고 언제 변할지 모르는 불안한 침묵으로 바뀌었어. 그들을 마구 두들겨 패고 싶었어! 다들 뭘 **기대**한 걸까? 내 말에 귀 기울인 이가 아무도 없단 말인가? 그들은 살인 충동에 사로잡혔고 루시퍼의 분노와 열정에 같이 휘말려 버렸던 거야. 그제야 루시퍼도 나와 같은 깨달음에 이르렀지. 하지만 너무 늦었어. 일은 벌어졌고, 사람의 몸인지 알아볼 수 없을 만큼 철저히 부서진 몸이 섬뜩한 모습으로 나무에 달려 축 늘어져 있었지. 우리는 그저 가만히 서서 우리 계획의 잔해를 지켜볼 따름이었어. 하늘을 탐내던 우리의 광포한 손들이 루시퍼의 왕좌를 놓친 이후, 밤의 암흑이 에덴을 덮고 물이 땅을 삼킨 이래 가장 으스스한 순간이었어."

나는 가만히 있었다. 물어보고 싶은 게 있었지만 그의 두 눈에 담긴 공허함 때문에 그 안의 어두운 빛이 한 쌍의 검은 구멍처럼 보였다. 나는 그에게서 시선을 거두고 작은 식탁들과 웅크린 채 노트북으로 뭔가를 하는 사람들, 그들의 샌드위치와 라떼를 바라보았다. 그들의 몰두한 모습에서 위안을 얻고 커피 기계 소리를 들으며 현재를 되찾고자 했다. 낮 시간에 공포 영화를 보고 극장에서 나오는 사람이 햇살에 눈을 깜빡이며 거리의 차 소리를 접하고 나서 안도하는 모습과 비슷했다. 그러나 나는 다시 루션을 봐야 했다. 그의 눈이 구멍 같다는 생각이 다시 들었다.

"그것은 왜곡되고 어두운 우리 희망과 야망의 마지막 한 조각이 산산조각 나는 것보다 더한 일이었어. 그게 바로 저주받은 상태라는 것이었지. 자신이 이미, 영구한 시간 동안 저주받은 상태였음을 깨달을 때 찾아오는 느낌이었어. 신물이 올라와 속이 쓰리고 아팠어. 두려움 때문에 심장이 쿵쾅거렸어. 해법을 찾아보려고 버둥거렸어. 그 느낌을 참을 수가 없었거든. 정말 미칠 지경이더군. 나는 악의와 격노에 사로잡혔고, 우리 군주 루시퍼, 위대한 사탄이 토해 내는 분노의 아우성이 들려오길 갈망했어. 두려움만 아니라면 뭐든 상관없었어."

"루시퍼가 그렇게 했나요?" 내 목소리가 너무 크고 투박하고, 너무 인간의 소리 같다고 느껴졌다.

"에덴이 깜깜해졌을 때 그가 우리를 그냥 내버려 두었던 것처럼, 이번에도 마찬가지였어. 그는 아무것도 하지 않았어. 우리의 장군, 우리의 군주는 침묵 속에서 빤히 앞을 바라만 보고 있었어. 그리고 나는 불가피한 상황을 인식한 데 따른 새로운 느낌과 영혼을 장악해 버린 두려움에 놀라는 것 외에 아무것도 할 수 없었어. 모든 게 엉망이었어. 모든 게."

그때, 그가 발딱 고개를 들고 생협 입구 쪽을 바라보고는 뭔가에 놀란 것처럼 허리를 꼿꼿하게 세웠다.

"뭡니까? 뭐예요?" 나는 깜짝 놀라 물었다. 그게 무엇이었는지 보려고 몸을 틀어 봤지만 사람들로 혼잡한 통로 때문에 아무것도 보이지 않았다. 루션은 통로를 꿰뚫어 보려는 듯 두꺼운 목을 길게 뺐다.

"우린 시간이 많지 않아." 그가 말했다.

"처음 만났을 때부터 했던 말이잖아요."

그가 불쑥 고개를 돌려 나를 보더니 "아니"라고 말하고 의자를 타일 바닥에 끌면서 뒤로 뺐다. "더 짧아지고 있어."

자리에서 일어선 그가 길쭉한 측면 통로를 지나 문으로 가는 모습을 보자 오싹한 느낌이 들었다. 나는 일어나서 보란 듯이 접시와 주스 병을 치우면서 누가 그를 그렇게 놀라게 했을지 둘러보았다. 그러나 상점 입구나 가운데 통로에는 아무도 없었고 세 개의 체크아웃 구간에만 손님이 한 명씩 있었다. 내가 상점 앞에서 늑장을 부리는 동안 계산원들은 라이스칩, 야채수프, 콩요구르트, 두부아이스크림 통을 스캔했고 그때마다 상품을 인식하는 전기음이 삐 하고 들렸다. 루션의 별난 행동과 그답지 않게 감정을 주체하지 못하는 모습에 답답함을 느끼며 상점을 나섰다.

문을 나서서 다섯 발짝도 못 갔을 때 러소 부인과 마주쳤다. 그녀는 황갈색 코트를 감싸 입고 캔버스 쇼핑백을 걸치고 있었다. 여기서 그녀와 마주치는 것은 이상할 게 없었다. 내가 처음 이사 왔을 때 생협을 소개해 준 사람이 바로 그녀였으니까.

"어머나, 클레이! 안녕하세요? 요기하러 온 건가요?" 그녀는 장갑 낀 손으로 내 팔을 붙잡았고 나는 애써 미소를 지었다.

"예, 자연산 연어와 브로콜리를 먹었습니다." 말하는 동안 내 머릿속에선 이상하고 새로운 생각이 떠오르기 시작했다.

"아, 맛있었겠다. 나도 뭘 좀 먹어야겠군요. 벌써 식사를 하셨다니 아쉽네요. 같이 들면 좋을 텐데." 그녀가 미소를 지었다. 그대로 자리를 떠나고 싶은 마음과 그녀의 유명한 레몬바를 나눠 먹으며 함께 있고 싶은 마음이 동시에 일었다. 그녀에겐 뭔가 사람을 안심시키는 구석이 있었다. 그녀와 함께 있으면 어떤 해도 입지 않을 것 같았다.

"점심 식사는 다음에 같이 하기로 하지요, 러소 부인. 혹시 교회 다녀오시는 길인가요?" 나는 설명조로 이렇게 덧붙였다. "너무 멋지시네."

"아니에요. 하지만 오늘 밤에는 소그룹 모임이 있어요. 별 문제 없는 거예요? 요즘 당신에게 마음이 많이 쓰여요."

다 괜찮은데 그녀의 독실한 신앙심이 거슬리던 때가 있었다. 교회에 가자거나 성경공부 모임에 참석해 보라는 그녀의 말을 다단계를 멀리하듯 경계했었다. 그러나 지금 나는 입술을 깨물었다. 나를 보호해 주고 타인과 분리시켜 주던 벽에 금이 갈 것 같아 불안해졌다. "아무 문제 없습니다."

"혹시 필요한 게 있으면 알려 주세요. 부담 가질 필요는 전혀 없어요." 그녀에게서 이전에 보지 못했던 강인함이 느껴졌다. 그 순간, 필요하다면 그녀는 죽음을 무릅쓰고라도 나를 보호해 줄 거라는 생각이 들었다. 나는 잠시 말을 잃었고, 북받쳐 올라오는 감정을 간신히 억눌렀다. 피곤해서 그런 게 분명했다. 잠시나마 그녀의 눈에서 루션의 비범한 지성 못지않은 분별력과 날카로운 통찰력을 봤다고 생각한 것도 다 내가 너무 지친 탓일 것이다.

그날 밤, 생협에서 나눈 대화를 입력한 후, 최근 입수한 원고들을 읽어 보려 했지만 집중이 되지 않았다.

우리의 시간이 왜 짧아지고 있다는 걸까? 그의 이야기가 막바지로 치닫고 있다는 뜻일까, 아니면 뭔가 일이 벌어졌다는 말인가? 여하튼 얼마 후면 루션에게서 벗어나게 될 것이다. 원고를 마무리하는 데 필요한 내용도 확보하게 될 것이다. 일단 원고가 출간되고 나면 다시 내 삶을 살아갈 수 있을 것이다. 하지만 기분이 아주 좋아져야 할 것 같은데 그렇지가 않았다.

뭔가 산만했던 루션의 모습 때문에 마음이 편치 않았고, 그 까닭을 꼭 집어 말할 수 없어서 더 심란했다. 그렇게 격앙되거나 감정을 주체하지 못하는 모습을 본 적이 없었다. 그리고 도망치듯 생협을 빠져나가던 그의 모습······.

무엇이 악마를 도망치게 만들 수 있을까?

러소 부인의 친절한 얼굴이 문득 떠올랐다.

정오가 지난 지 얼마 후, 이메일이 왔다는 신호음이 났다. 스팸일 수도 있었고 내가 맡고 있는 작가들 중 한 명이 보낸 쪽지일 수도 있었다. 이런 생각을 입 밖에 낸 적은 없지만 작가 중에는 잠을 전혀 안 자는 인간이 있다는 생각이 들었다. 카트리나가 보낸 메일일 수도 있었다. 내가 알기로 그녀는 밤에 일하는데, 대낮에도 돌아다니는 뱀파이어가 아닐까 생각한 적도 있었다. 여동생이 보낸 쪽지일지도 모른다. 여동생이 내가 올케언

니를 쫓아낸 거나 마찬가지라는 식으로 말한 이후로 서로 연락이 뜸했었다.

그러나 발신인은 그중 누구도 아니었다.

보낸 사람: Light1
보낸 시간: 오전 12:18
받는 사람: BandHClay@brooksandhanover.com
제목: 덧붙이는 말

그때 벌어진 다른 중요한 일을 하나 이야기해야겠어.

유대교 성전에서, 엘의 영은 지성소至聖所에 머물렀지. 그게 뭔지 모르겠거든 인터넷에서 검색해 봐. 꼭 알아야 할 내용은 그곳이 지상에서 가장 신성한 장소였다는 거야. 대제사장만 들어갈 수 있었는데, 그나마도 1년에 단 한 번, 속죄의 피를 가지고서야 들어갈 수 있었지. 엘이 진흙 인간들에게 베푼 많은 특권 중 하나였어. 성전의 나머지 부분과 지성소를 나누는 휘장은 매우 무거워서 100명이 넘는 사람이 달라붙어야만 옮길 수 있었어. 실수로 그곳에 들어가는 일은 있을 수 없었어. 그것이 상징하는 바는 분명했어. 에덴동산에서 쫓겨난 이후 엘과의 자유로운 교제는 없다는 것이었지.

당신이 알아야 할 내용은 이거야. 신인이 평범한 범죄자처럼 십자가에 달려 죽었을 때, 지성소의 휘장이 찢어졌다는 것. 정해진 사람들을 제외하고는 그토록 오랜 세월 동안 누구에게도 허락되지 않았던, 하나님에게 나아가는 길이 모두에게 활짝 열린 거지. 옛 율법에 따라 속죄의 피가 완전히 치러졌거든. 엘의 영과 타락한 인간의 영혼을 갈라놓았던 육중한 칸막이가 영원히 깨어졌어.

네놈들이 밉다.

나는 마지막 줄을 오랫동안 쳐다봤다.

23

 카보 산 루카스 행 865편에 탑승한 후 눈을 감았다. 크리스마스 연휴에도 줄곧 일했었다. 일 외에 한 일은 그나마 집에서 만든 로스트비프 샌드위치를 먹은 것과 조카딸 수재너에게 전화한 것이 전부였다. 수재너는 내가 아마존에서 주문해 보낸 《나니아 연대기》 세트를 잘 받았다고, 감사하다고 말했다. 그리고 몇 분간 여동생과 오랜만에 통화를 했다.
 러소 부인도 헤이버힐의 딸 집을 방문하러 떠나고 아파트 2층에 나 혼자 남아 있던 그 조용한 며칠간 정말 열심히 일했지만 이번 휴가는 쉬러 가는 게 아니었다. 나는 노트북 컴퓨터와 첫 번째 저녁 이후 벌어진 모든 만남을 손으로 기록한 원고를 챙겼다. 할 일이 출판사 편집 일뿐이었다면 그렇게 많은 자료를 가져갈 생각을 하지 않았을 것이다. 다른 원고 두 개를 챙기긴 했지만 내 마음은 현재 7만 8천 단어에 이르렀고, 분량이 더 늘고 있는 자료와 노트북 하드드라이브에 담긴 회고록에 완전히 빠져 있었다.

21A석 창문에서 바깥을 내다보니 섬유유연제 광고에 나와도 될 것 같은 부드러운 구름이 하늘의 바닥을 이루고 있었다. 땅이 보이지 않아 실망스러웠다. 대학생 시절 중국으로 갈 때, 비행 도중 창문 가리개를 올렸었다. 희미한 조명 아래 있던 다른 사람들은 잠을 자거나 영화를 보거나 좌석 조명을 켜놓고 일을 했지만, 나는 시베리아로 짐작되는 곳을 내려다보았다. 흰색의 강들이 대리석의 결처럼 키 작은 산들 사이로 구불구불 이어지고, 밀가루 반죽 같은 눈이 트래버틴 석회암의 구멍을 메운 충전물처럼 땅 위의 갈라진 틈들을 메우고 있었다. 그 연회색 땅과 오염되지 않은 황무지를 3분가량 쳐다봤을 것이다. 유리창에 입김이 서리면서 문득 《아웃오브아프리카》의 작가 아이작 디네센처럼 내가 "하나님의 눈으로 세상을 엿보고" 있는 것이 아닐까 하는 생각이 들었다. 이전까지 하나님 외의 다른 누구도 바라본 적이 없는 지역을 보는 건 아닐까?

그것이 이제껏 내가 경험한 것 중 가장 종교적인 체험이었다. 이후 비행기를 탈 때마다 거의 매번 창가 좌석을 요청하여 땅을 내려다봤지만 그와 같은 광경은 다시 보지 못했다.

검은 깃털 눈썹에다 정수리까지 머리가 벗겨진, 옆자리의 키

작은 아시아계 남자가 좌석 사이의 팔걸이 너머로 몸을 기울여 밖을 내다보았다.

"그리고 나는 생각했다. 그래, 알겠어, 이것이 제대로 된 세상의 모습이야." 그는 디네센의 말을 인용했다.

우리는 이야기로 한데 묶여 있었고 나름의 이유로 서로가 필요했지만, 그 순간 나는 깨달았다. 나 또한 그를 증오하고 있었다. 다시 궁금해졌다. 우리 둘 다 이 협력 관계에서 원하는 것을 얻고 나면 어떤 일이 벌어질까. 우리는 어떻게 될까? 이 모욕적인 상호 의존 관계는 어떻게 될까?

악마는 신발을 벗어 앞좌석 밑에 찔러 넣었다. 골드토우 양말을 신고 있었다.

"생협에선 왜 그렇게 떠난 겁니까? 왜 그렇게 집중을 못했던 겁니까?" 내가 다짜고짜 물었다.

그는 좌석을 뒤로 기울이고 짧은 다리를 쭉 뻗었다. "우리가 함께 있는 시간을 좋게 보지 않는 이들이 있다고 말했잖소."

기억하고 있었다. 그런 질문은 자기 목적에 도움이 안 된다며 그가 회피했던 것도 생각났다.

"누구 말입니까? 하늘군대?"

그가 츠읍 소리를 내며 침을 삼켰다. 매끄러운 피부만 봐서는 나이를 짐작할 수 없었지만 얼굴에 있는 몇 개의 반점으로 보아 육십 가까이 되었을 것 같았다. 그가 마침내 말했다. "그렇소."

"그들을 봤나요?"

"이쯤 합시다, 클레이. 당신은 지금 뭘 캐묻고 있는 건지도 몰라요."

"혹시 러소 부인과 관계가 있나요?"

그의 표정이 날카로워지더니 나를 무섭게 노려보았다. "그 여자 가까이하지 말아요."

"왜요?"

"우리에게 남은 시간을 위태롭게 만들고 싶지 않거든, 내 말대로 해요."

쇼핑몰에 있던 두 남자, 브리스틀라운지 바의 여자들이 떠올랐다. "비토리아식당에서는 뭐였습니까? 난 아무도 못 봤는데."

"당신은 못 봤을 거요."

"하지만……."

"지금 그런 거 설명하고 있을 시간 없어요. 당신 질문에 대답했잖소. 당신이 없는 사이에 편집 위원회 모임이 있으니, 책을 끝내는 데 좀더 집중해야 하지 않겠소."

'괴물이 있어.'

머리를 뒤로 기울여 머리 받침에 기댔지만 받침이 비뚤어져 있는지 더 불편했다. "그들이 신인을 죽였어요." 말은 꺼냈지만 나는 지난 모임에서 이상한 점은 없었는지 따져 보고, 그가 예민해져서 떠난 후 황갈색 코트 차림의 러소 부인이 나타난 시간을 다시 계산하고 있었다. 충실하게 교회에 나가고 집에서 가끔 성경공부 모임을 여는 러소 부인.

영적 잡음. 루션은 그것을 그렇게 불렀다.

"인간들은 신인이 죽은 자들 가운데서 살아났다고 놀랐지만, 내겐 전혀 놀랍지 않았소. 신인의 정체를 어떤 죽을 존재보다 잘 알았거든. 물론 그의 능력은 죽음 너머까지 펼쳐졌소."

이 말을 듣자 내 관심이 다시 그에게로 돌아갔다. "그가 정말 죽은 자들 가운데서 살아났다는 말이군요."

"그렇소, 정말이오. 그 무렵 나는 복음이 사실이란 걸 알고 있었소. 끔찍하게도 모든 것이 성취되고 있었지. 엘이 자신의 한 부분을 다시 불러들이고, 신인이 하늘로 올라가리라는 것도 알았소. 나중에 생각하니 루시퍼가 오래 전에 시도했던 그 일, 하늘에 올라가 전능자의 우편에 앉는 일을 그가 간단하게 이뤄 냈다는 것이 아이러니하게 느껴지더군. 루시퍼는 그 일로 충격을 받았지만, 현실은 그보다 더 가혹했소. 루시퍼의 별이 새 아들 앞에서 빛을 잃어버렸거든.

예수의 추종자들은 흩어져서 그에게 벌어진 일을 퍼뜨렸소. 사람들이 그 말을 믿고 통찰력을 얻게 되자 나는 화가 났고 놀라기도 했소. 그 유대인 목수가 광신자가 아니라 대단한 존재라는 것은 그렇다 쳐도, 진흙 인간들이 그 사실을 믿는 것은 결코 방치할 수 없었소."

"그게 당신과 무슨 상관이 있습니까?"

그는 한숨을 내쉬었고 그에 따라 폴로 티셔츠에 찍힌 섀도우 크릭골프클럽 로고가 늘어났다 줄어들면서 주름이 잡혔다. "그

때까지 눈먼 상태로 있던 보통 사람들이 그 구원의 피가 무엇인지, 그 사람, 메시아가 누구인지 보기 시작했소. 그렇게 된 이유는 엘이 그들에게 또 다른 선물을 주었기 때문이오. 인도하는 분별력, 그의 영. 처음에는 자기 영을 신인에게 주더니 그가 메시아로 피를 흘린 다음에는 사람들에게 아낌없이 나눠준 거요. 누구에게나. 터무니없는 일이었지. 이스라엘이 엘리트였던 시절, 유대인들의 전성기는 끝났소. 누구든지 구하기만 하면 이 '성령'을 거저 받을 수 있었으니까." 그는 기류에 적응하려고 고개를 들었다가 다시 숙였다.

"나는 그것, 그 선물을 받은 첫 번째 사람의 모습을 절대 잊지 못할 거요. 깨어진 표면 어느 쪽을 보아도 그림자밖에 비추지 못하는 거울처럼 산산조각 난 어두운 물건에 불과하던 그가 바로 내 눈앞에서 온전한 존재로 바뀌어 엘의 광채를 비추는 바람에 나는 고개를 돌려야 했소. 그럴 수밖에 없었소. 냉정을 되찾은 나는 그것이 사실임을 인정해야 했소. 잘못 본 게 아니었지. 겉으로 볼 때는 여전히 흠이 있었지만 내면의 영혼은 모든 결점이 지워진 듯 살아났더군. 사랑스러움과 빛만 보였소. 찬란하게 빛났지."

"하지만 그는 여전히 인간이었죠."

"그렇소. 하지만 차이점이 있었지. 엘은 에덴동산에서 아담에게 그랬던 것처럼 자기를 부르는 이들에게 가까이 다가갔소. 그는 그들과 동행했을 뿐 아니라, 그들을 변화시키기 시작했소. 그들 안에서 내가 본 것은 최초의 남녀와 기분 나쁘게 닮은꼴 정도가 아니었소. 그들이 원래 기대할 수 있었던 수준을 넘어가는 신분이었지. 엘은 그들을 '자녀'라고 불렀소."

"하나님의 자녀." 말하면서 나도 다소 놀랐다.

"나는 그들이 미웠소! 나는 그렇게 높은 것을 감히 바란 적도 없소. 상상조차 못했었지. 망할, 이것도 저것도 미처 헤아리지 못했다는 말도 아주 지긋지긋하구만. 하지만 헤아리지 못했어. 그것은 어떤 천사의 꿈도, 어떤 인간의 자격도 완전히 뛰어넘는 것이었거든. 그것을 얼마나 갈망했는지, 당신네가 받은 유산을 얼마나 질투했는지 몰라. 아벨을 대하는 가인처럼 네놈들이 죽기를 바랐어."

그의 마지막 말이 귀에 거슬리면서 그가 보낸 이메일의 마지막 줄이 떠올랐다.

"처음으로, 세월이 루시퍼에게 끼친 악영향이 보였소. 나이 먹은 인간의 얼굴에 생기는 첫 주름살처럼, 지나간 세월이 그에게 타격을 입혀 광채가 약해졌지. 그것을 보는 순간, 나는 그도 미워졌소. 그 무렵 자연스럽게 찾아오던 모멸과 분노가 한꺼번에 너무나 강하게 밀려드는 바람에 할 수만 있었다면 그를 죽여 버리고 싶었소."

"당신은 한때 그를 흠모했잖아요." 우리가 처음 나눈 대화의 메아리들이 잔잔한 해변의 파도처럼 나를 덮쳐 왔다. "오, 내 아름다운 분이여!"

루션의 웃음은 둔탁했다. 광기 어린 고음은 들리지 않았다.
"그를 좇은 내가 얻은 게 무엇이오? 내 영혼을 잃어버린 것 말고 어떤 상이 있었소? 내 증오도 비참함에서 나를 구할 수 없었소. 그 수가 점점 늘어나는 예수를 따르는 자들, 새로워진 사람들, 신자들을 볼 때마다 나는 점점 더 처참해졌소. 그날 루시퍼를 죽이고 싶었던 것만큼이나 그 신자들 각각으로부터 새 영혼의 광채 나는 흔적을 빼앗고 싶었소. 우리를 위해, 나를 위해서는 엘이 그런 계획을 갖고 있지 않았거든."

내가 뭔가 할 말을 찾고 있을 때 음료수 카트가 통로에 멈추어 섰다. 루션의 머리 위에서 승무원이 미소 지으며 뭐 좀 드시겠느냐고 묻고 있었다.

그 후로 그는 말이 없었고 나를 쳐다보지도 않았다. 나는 창밖을 내다보며 토마토주스를 홀짝였고 그것이 블러디 메리(보드카에 토마토주스를 넣어 만든 칵테일—옮긴이)였으면 좋겠다고 생각했다. 그의 말이 여전히 우리 사이에서 메아리치고 있었다.

"우리를 위해, 나를 위해서는 엘이 그런 계획을 갖고 있지 않았어."

비행기가 착륙한 직후 그는 안전벨트를 풀고 일어나더니 자리를 떠났다. 화장실에 가는 줄 알았는데 돌아오지 않았다. 비행기가 터미널로 이동하는 동안, 여전히 앞좌석 아래에 놓여 있는 그의 신발이 눈에 들어왔다.

24

해변, 파라솔 아래 누워 있었다. 첫날부터 가슴과 등의 피부가 너무 벌개져서 햇살을 그냥 받을 수가 없었다. 자외선차단지수 45의 선크림을 발랐는데도 그랬다. 햇볕에 피부가 벌겋게 탄 데다 장시간의 비행기 여행으로 다리가 퉁퉁 붓는 바람에 내 모습은 놀랄 만큼 핫도그와 비슷해졌다. 그러나 그런 것은 문제가 되지 않았다. 나는 보스턴을 벗어나 양팔과 가슴에 부는 바람을 느끼고 있었다. 노트북을 갖고 조식 뷔페 식당에 앉는가 하면 손에 펜까지 들고 수영장 옆에서 원고를 읽었다. 그저 흐뭇할 따름이었다. 속옷은 벗고 매일 트렁크 수영복 차림으로 지내고, 내킬 때마다 버거를 먹으러 그릴로 느릿느릿 걸어가고, 비키니로 덮인 풍경을 지켜보는 것에 익숙해지고 있었다.

원래 맥주는 안 마시니까 코로나스와 도세키스는 어렵지 않게 참을 수 있었지만, 데킬라 한 잔의 유혹은 너무나 당겼다.

데킬라가 따로 필요하진 않았다. 이곳에 오기 위해 신용카드를 잔뜩 긁었지만 한 푼 한 푼이 그만한 가치가 있었다. 딱 하나 부족한 게 있다면 루션이었다. 그날 그는 신발만 남겨 두고 비행기에서 그대로 사라졌다. 나는 일부러 그 생각을 안 하려 했다. 그 생각이 나면 편안하게 쉬고 있을 때에도 이상하게 심장이 떨렸다. 나에겐 느긋한 혼자만의 시간이 필요했다. '난 이걸 누릴 자격이 있어.' 연한 청록색 바다를 내다보며 그렇게 생각했다. 저 멀리 코르테즈해와 거대한 태평양이 만나는 카보 산 루카스 아치 쪽으로는 수상오토바이들이 하얀 거품을 일으키며 바다 표면에 자국을 남겼고, 그것들이 지나간 자리에 햇빛이 비쳐 바닷물이 백색으로 얼룩졌다.

'보여 줄 게 있소. 신자들의 모습이 어떤 건지 아시오?'

나는 태양이 바다에 남기는 서투른 붓질을 보고 있었는데, 어느 순간 그것은 더 이상 바다가 아니었다. 물살이 빨라지고 바닥이 훤히 들여다보였다. 시내, 샛강이었다. 바닥에 깔린 돌들이 물속에서 오색찬란하게 반짝였다. 물의 중간 부분은 맑았지만 소용돌이치는 부분은 흙탕물이었다. 시내 한쪽에서 흙덩어리가 부서져 떨어지면서 물이 부옇게 흐려졌지만 빛나는 자갈 몇 개가 진흙과 부유물을 뚫고 번쩍였다.

그때 한 아이가 물 쪽으로 맹렬하게 달려들었고 그 뒤를 아이 엄마가 쫓아왔다. 그 소리에 정신이 번쩍 들면서 내가 몽상에 빠져 있었음을 알았다.

얼마 후 나는 바깥의 물을 내다보면서 달빛 아래에서 해변을 거닐었다는 루션의 말을 생각했다. 그 물, 대양의 밝은 파랑색을 지켜보는데 구름 하나가 태양을 가리면서 하늘이 흐려졌다. 파라솔 아래 있던 나는 그것이 소나기구름임을 보지 못했다.

그날 저녁, 408호실 발코니에 비가 세차게 들이쳤다. 보기 드문 큰비라고들 했다. 지금 철에는 너무나 특이한 일이라고 호텔 직원들이 말했다. 그러나 내게는 특이하지도 평이하지도 않았다. 그런 단어들은 내게 의미가 없어져 버렸다.

하지만 루션의 침묵은 곤혹스러웠다. 나는 그가 시시각각, 매일매일, 그러니까 오늘밤에도 불쑥 나타나 내 내면의 녹음기에 대고 길게 이야기를 늘어놓을 줄 알았다. 그러면 나는 밤에 홀로 이곳의 책상에 앉아 내가 들은 모든 단어를 꺼내 놓고 그 단어들을 밝은 실 삼아 내 원고를 짜게 될 줄 알았다. 그러나 우리의 시간이 짧다고, 아니 더 짧아지고 있다고 계속 말했던 그는 나타나지 않았다.

풀장 옆 그릴에서 제공하는 버거로 언제라도 요기할 수 있고, 의자에 누운 매끄러운 몸뚱이들을 보며 적당히 저속한 상상을 하는 낮에는 그 생각 없이 어찌어찌 지날 수 있었다. 그러나 넷째 날이 되자 수영장 옆, 쟁반에 놓인 멋진 음료수들이 싸구려

플라스틱 잔에 담긴 것이 보였고, 긁힌 자국이 선명한 피에스타웨어 접시에 놓인 저녁을 먹으면서 보는 야외 바 옆 무대의 저녁 공연이 이류라는 것을 알 수 있었다. 플라멩코 댄서들의 의상 끝단이 해진 것과 소녀들의 서툰 화장도 눈에 띄었다. 칠이 벗겨진 무대 끝 부분, 부주의한 일꾼들이 부딪쳐 벗겨진 황금색 소용돌이 장식, 계단 아래 금이 간 멕시코 타일이 눈에 들어오기 시작했다. 너무나 으리으리했다가 무너져 돌무더기가 되어 버린 벨몬트의 집이 자꾸만 떠올랐다.

그러던 어느 저녁, 바깥에서 식사를 하던 나는 무대 한쪽 끝에서 조금 떨어진 식탁에 앉아 있는 한 쌍의 남녀를 보았다. 그들은 심하게 취한 것 같지도 않았고 나이도 많아 보이지 않았는데 댄서들에게 보내는 박수갈채는 할머니 할아버지들이 무용 공연을 볼 때의 반응과 비슷했다. 그들의 자리에는 마실 거리가 하나도 없었다. 30대로 보이는 남자는 빌라봉 티셔츠와 카고 반바지가 아주 편안해 보였고 여자는 구슬 장식이 달린 홀터넥 원피스가 우아했지만, 왠지 쇼핑몰에서 봤던 남자들, 포시즌호텔의 바에서 본 두 여자가 떠올라 나는 황급히 식사를 마쳤다. 그리고 등 뒤로 강하게 꽂히는 그들의 시선이 상상일 뿐일까, 의아해하며 수영장 구역을 가로질러 내 방으로 걸어갔다.

다음 날 밤, 방이 너무 어둡게 느껴졌다. 달빛 없는 밤, 램프 불빛은 흐리고 창백했으며 대양의 암흑이 해변을 잠식하는 듯했다. 나는 안절부절못하고 초조해하며 시계와 노트북 일정표를 확인했다.

바람의 방향이 바뀌면서 빗물이 미닫이 유리 문틀을 세차게 때렸다. 일어나서 문을 닫는데 전화벨이 울렸다. 밤에 침대에서 듣는 빗소리, 파도 소리와 너무 다른, 전기적이고 기계적인 그 소리에 깜짝 놀랐다. 나흘 만에 처음 듣는 전화벨 소리였다.

인상이 찌푸려졌다. 여행 안내 센터에서는 계속 내게 수많은 유람 코스 중 몇 개라도 팔아 보려고 했고 나는 하나같이 거절했던 터였다. 이놈들이 이제 내 방으로 전화까지 한 걸까? 그러나 10시가 지난 지 오래였다. 대부분의 호텔 투숙객들은 춤을 추거나 술을 마시러 나갔거나, 새미 헤이거가 출연하기를 바라며 시내의 카보와보 캔티나에 가 있을 시간이었다.

전화를 받았지만, 상대편의 목소리가 잔뜩 쉰 데다 감정을 주체하지 못하는 바람에 내 이름을 말하는 소리도 알아듣기 힘들었다.

"여보세요?"

"클레이? 어떻게 해냈어요?"

"쉴라?" 혼란스러웠다. 그녀에게 리조트 전화번호를 남긴 것은 회사에서 무슨 일이 생길 경우를 대비해서였다. 편집 위원회에서 좋은 소식이 있고 내가 돌아올 때까지 기다릴 수 없을 경우를 대비한 조처이기도 했다. 내 호텔 번호를 아는 사람은 쉴라뿐이었다. 내가 출발할 때 러소 부인은 헤이버힐에서 아직 돌아오지 않았기 때문이다.

러소 부인을 멀리하라던 루션의 경고가 다시 떠올랐다.

"어떻게…… 어떻게 해냈어요? 어떻게 버티고 있어요?" 말을 하면서도 자꾸 목이 메어 어린아이가 너무 심하게 울었을 때 딸꾹질 때문에 중간 중간 말이 끊기는 것과 비슷한 소리가 났다.

"쉴라, 무슨 일이에요?" 나의 놀라움에 짜증이 섞였다. 나는 카보에 와 있었다. 사무실에서, 보스턴의 독신 생활에서, 겨울에서 벗어나기 위해 패키지여행 코스를 열심히 조사했고, 장거리 비행기를 두 번이나 타고 대륙 반대쪽 해안까지 온 것이다.

"당신은 어떻게 해냈어요?" 숨이 막혔는지 그녀는 중간 중간 넘어갈 듯 숨을 들이쉬었다.

"뭘 말이에요, 쉴라?"

"버티는 거. 오브리가 떠난 후에." 마지막 말은 흐느낌이었다.

"어떻게 해내다니, 그게 무슨 말이에요? 쉴라, 무슨 일이에요?"

"내가 할 수 있을지 모르겠어요. 어떻게 해야 할지 모르겠어요." 나의 짜증은 울컥 불쾌감으로 바뀌었다. 쉴라가 자초한 혼란의 뒤처리를 떠맡고 싶은 마음은 전혀 없었다.

"난 그냥 했어요, 쉴라."

"그는 아무것도 몰라요. 도대체 몰라요." 그녀가 말했다. 목소리가 새되게 한 옥타브 정도 높아졌다. 쉴라의 이런 목소리는 처음이었다. 남의 말을 잘 들어주는 쉴라, 그녀는 남편 댄에게 많은 것을 요구하는 법이 없었고, 아내의 따뜻한 사랑의 빛을 받은 댄은 처가 식구들과 아이들, 친구들에게 매우 친절했다.

"그가 뭘 모른다는 거예요? 무슨 일이 있었어요?"

"그이가 떠났어요. 그이가 떠났어요."

"알아요, 쉴라. 하지만 오늘 무슨 일이 있었기에 이렇게 어쩔 줄 몰라 하는 거예요?" 나는 차분하고 신중한 내 목소리가 싫었다. 서점에서 루션이 내게 말하던 투와 비슷했다.

"그이…… 그이는 돌아올지 어떨지 모른다고 했어요. 오, 클레이!" 내 이름은 여지없는 곡소리가 되었다. 한숨을 내쉬며 나는 동정심을 짜내려고 했다. 오브리가 나를 떠날 때 이렇게 울었던가? 그녀가 눈물 한 방울이라도 흘렸던가?

"쉴라, 아이들은 어디 있어요?"

"댄과 함께요. 아이들은 댄과 함께 있어요. 아이들을 데려갔어요. 아주 데려간 게 아니라 오늘밤만 함께 있는 거예요."

"알겠어요. 아이들 때문에 걱정하는 건 아니죠, 그렇죠?" 그들 부부가 아이들에게 어리석은 일을 저지른다고는 상상할 수 없었다.

"아뇨. 그런 걱정은 안 해요. 난 괜찮아요." 그녀는 숨을 크게 들이쉬고 호흡을 가다듬었다. "그이는 자기가 뭘 원하는지 모르는 거예요. 괜찮아요. 난 화나지 않았어요." 나는 수화기를 빤히 들여다보았다. 화나지 않았다? 자기가 바람을 피워 놓고는 화나지 않았다? 나는 뜨거운 도로에서 녹아드는 타르처럼 솟아오르는 분노를 간신히 억눌렀다.

"무슨 말을 해야 할지 모르겠군요. 당신 말을 들어 보니 이미 상황을 다 파악……."

"그녀를 미워해선 안 돼요." 쉴라가 대뜸 말했다.

"누구 말인가요?"

"오브리요. 자신이 뭘 원하는지 모르는 것뿐이에요. 그건 실수였어요. 그녀도 알았어요. 몰랐을 리가 없어요."

"쉴라, 당신 지금 횡설수설하고 있어요." 나는 단호하게 말했다. 말을 고르려 애쓰고 있었지만 점점 어려워졌다. 멀리 나와 있어서 그녀를 찾아가 볼 수 없다는 게 기뻤다. 좋은 사람 노릇은 정말 신물이 났다. "내가 무슨 생각하는지 알죠? **당신**이야말로 **자신**이 원하는 게 무엇인지 파악해야 해요."

침묵. 그리고 훌쩍임.

"맞아요. 맞아요, 클레이."

나는 아무 말도 하지 않았다.

"고마워요."

나는 그녀가 볼 수 없다는 걸 알면서도 고개를 끄덕였다. 잠시 더 기다렸다 전화가 툭 하고 끊어지는 소리를 듣고 수화기를 내려놓았다.

25

 카보를 떠나는 날 오전, 내가 탄 비행기는 한 시간 동안 활주로에 서 있었다. 폭풍 때문에 여러 항공편이 취소되고 연기되었으나, 이제 다시 해가 비치고 있었고, 비행기들은 말리려고 늘어놓은 물고기처럼 활주로에 줄지어 서서 햇볕을 쬐고 있었다. 나는 옆자리에 앉은 사람을 힐끔힐끔 쳐다보면서 반바지와 샌들 차림의 그가 혹시 인간이 아닌 존재인지 살폈다. 그런데 그의 머리가 뒤로 홱 젖혀지더니 입을 쩍 벌리고 코를 골기 시작했다. 창밖을 내다보던 나도 회색의 시멘트를 바라보다 깜빡 잠이 들고 말았다. 입이 바짝 마른 채로 잠이 깨고 보니 비행기는 댈러스 포트워스 국제공항으로 내려가고 있었다. 쉴라와 통화를 좀 더 오래 했어야 하는 건가, 헬렌에게라도 전화를 했어야 했나, 싶었다. 닷새 동안 루션은 어디 있었는지, 위원회는 내 책을 어떻게 생각하고 있는지도 궁금했다.

내 책. 지난 며칠 사이에, 그것은 내 원고에서 '내 책'으로 진화했다. 브룩스앤하노버에서 받아 주지 않으면 다른 곳으로 보내기로 이미 마음먹었다. 카트리나에게 에이전트가 되어 달라고 해서 대형 출판사 중 하나, 랜덤하우스나 어쩌면 펭귄그룹에 보내 볼 요량이었다.

그러나 이야기가 어떻게 끝나는지 알아야 했다.

댈러스공항, 내가 들어갈 게이트 앞에 죽 늘어선 자리 가운데 한 곳에 앉아 휴대폰으로 손을 뻗었다. 전원을 켜려다가 망설였다. 그 버튼을 누르면 중요한 결정을 알게 되리라. 헬렌이 보낸 메시지가 기다리고 있거나 없거나, 둘 중 하나일 것이었다. 메시지가 있다면, 비행기에 타기도 전에 내 책의 운명을 알게 될 것이고. 적어도 카트리나에게 전화해야 할지 여부는 알게 될 것이었다.

그러면 이야기를 어떻게 끝내야 하는지만 모르게 되겠지.

전원을 켜지 않았다. 이 림보(지옥의 변방—옮긴이)를 환영하리라, 다짐했다. 지난 석 달 동안 나는 아내와의 결별에 적응하는 과정에서 루션과 만나면서 거의 매순간 연옥을 경험했다. 그리고 이제, 뭔가, 혹은 어떤 새로운 방향의 초입에 서 있었다. 그러니 비행기를 갈아타기 전까지 여기 앉아 전환기를 지나는 느낌을 만끽하기로 마음먹었다.

휴대폰을 가방 바닥 깊숙이 밀어 넣은 뒤 펜과 가져온 원고들의 마지막 몇 쪽을 꺼냈다. 다리가 다시 부어올라 장딴지 살이 당겼다. 원래는 잠시 걸을 생각이었지만 어차피 다음 비행기를 타면 다리는 다시 부을 테니, 가져온 일거리나 모두 끝내고 집으로 돌아가리라 자신과 약속한 터였다. 내 책을 제외한 모든 작품을.

그러나 펜은 종이 위에서 멈추어 있었다. 오브리의 불륜을 알아채기 전까지 몇 달간 그녀가 집을 비우는 일이 잦아지는 것을 알아채고 느꼈던 불안한 심정으로, 루션이 어디 있을까, 나와 함께 있지 않을 때 어디 가는 걸까 생각했다.

'참 한심하구만.'

누군가가 나를 보고 있었다. 탑승 대기실에서 내가 앉은 줄 맞은편 한 칸 너머에 있는 자리에 앉은 여자였다. 신축성 있는 긴 치마 아래로 다리를 꼬고 있었다. 약간 곱슬인 갈색 머리카락을 모아 꽁지머리로 묶은 것이 소녀 같은 인상을 풍겼지만, 눈가와 입가의 주름을 자세히 들여다보니 마흔 정도 될 것 같았다. 그녀는 여성 액세서리 가게에서 파는 장신구를 하고 있었다. 오브리는 그런 장신구들을 경멸했다. 골동품이나 예술 작품처럼 보이지만 터무니없이 비싼 값에 팔리는 대량 생산품에 불과하다는 게 이유였다. 장신구를 제외한 그녀의 복장은 보스턴에서 잘 어울릴 법한 검은색 일색이었다.

"살 탄 것 좀 봐." 그녀가 말했는데 입술 바로 위의 인중에 얇은 흉터가 있었다. "그건 그렇고, 우리 원고 있잖아요, 위원회가 좋아했어요."

들고 있던 종이들을 무릎에 떨어뜨릴 뻔했다. 안도감이 너무나 컸던 탓이었다. 곧바로 분노가 이어졌다.

"어디 있었던 거예요?" 그렇게 따지면서도 너무나 속 보이는 내 모습이, 절실함이 뚝뚝 묻어나는 내 목소리가 싫었다.

"돌아다녔죠." 그녀는 입술을 오므려 작은 고양이 입처럼 만들었다. "당신은 휴가를 누릴 자격이 있다고 생각했어요. 상황이 바빠지기 전에."

"바빠요? 바쁘다니, 무슨 말이에요? 우리 시간이 짧다고 했잖아요."

그녀가 건너와서 내 옆자리에 앉았다. 엉덩이가 컸지만 보기 흉하지는 않았고 손톱은 네모나게 다듬어 하얀 매니큐어를 발라 놓았는데, 그런 손톱이 어디가 예쁘다는 건지 이해할 수가 없었다.

"다들 원고를 눈을 뗄 수 없을 만큼 훌륭하다고 했어요. 당신을 포Edgar Allan Poe에다, 블레이크William Blake의 《유리젠*Urizen*》에다 비교했어요."

소리 없는 탄성을 내질렀다. 말이 나오지 않았다.

"나 같으면 그들이 제시하는 것보다 선인세를 조금 더 요구하겠지만, 그 외에는 거의 정해졌다고 봐요."

일이 되고 있었다. 일이 될 것이었다. 나는 자리에 축 늘어졌다. 종이들이 떨어져 주위 바닥으로 미끄러졌다. 그다음, 나는 고개를 숙여 손으로 얼굴을 감쌌다. 그리고 웃었다. 웃음은 내 안에서 터져 나와 점점 커졌다. 마침내 나는 크게 웃다 못해 루션이 보여 준 히스테리에 가까운 소리를 내고 있었다. 그러고도 나는 더 크게 웃었다.

한참이 지났는데도 주체할 수 없었던 요란한 웃음소리는 여전히 귀에 쟁쟁했다. 그런데 루션은 선심이라도 쓰듯 말없이 나를 쳐다보다가 내 이야기가 아직 끝나지 않았음을 상기시켰다.
"맞아요. 그리고 나는……." 나는 손목시계를 확인했는데 그것이 너무 아이러니하게 느껴져서 다시 웃을 뻔했다. "탑승할 때까지 30분 남았어요."
"그러니 진정하고 내 말을 들어요."
책이 나올 것이다. 선인세는 중요하지 않았다. 하지만 어쨌건 협상을 할 참이었다.
"당신도 알아챘겠지만, 나는 일종의 철학자이기도 해요. 신인이 하늘로 올라가고 신자들이 회심하자, 이런 생각이 들었어요. 어쩌면 엘은 가장 강력한 피조물들과 가장 총애하던 인간들에게 버림받는 데 지친 게 아닐까. 엘의 생각이 어떻게 돌아가는지 누가 알 수 있겠어요? 내가 아는 건, 그가 늘 믿기 어려운 일을 벌이는 장본인이라는 점이에요. 클레이, 내 말 들어요!"
"듣고 있어요." 내가 말했다. 새 식탁도 살 수 있겠구나. 새 바지도 몇 벌 사야지. 사람도 만나야겠다. 오브리가 소식을 듣게 될까? 축하한다고 전화를 걸어올까?

"말했다시피 이스라엘은 엘에게 특별했어요. 그런데 뭔가 일이 벌어졌어요. 이전 시대까지만 해도 유대인들과 나머지 모든 사람들은 명확하게 갈라져 있었어요. 유대인들은 율법과 하나님의 총애를 받아 구별되어 있었고, 나머지 세상 사람들은 개종한 경우가 아닌 한 혼자 힘으로 살아야 했어요. 엘은 자기 백성을 충실하게 사랑하는 연인이었어요. 그러나 이제 새 신자들이 밖으로 나가, 유대인이건 아니건 가리지 않고 만나는 사람마다 예수의 메시지를 전했어요. 부자, 과부, 제사장, 거친 여자, 거리의 고아 거지들 등, 예외는 없었어요. 한 가지 말해 줄게요. 이 새로운 은혜, 이 새로운 선물에 대해 듣고 그것을 믿고 받아들인 비유대인들은 내 눈에 다른 신자들과 정확히 똑같은 존재로 보였어요. 모두가 흙탕물 속에서 빛나는, 진주처럼 반짝이는 돌들이었어요."

해변에서 봤던 환상이 떠올랐다. 몽상인 줄 알았는데, 아니었구나.

"나는 섬뜩하면서도 그런 상황에 매료되었어요. 방금 전 당신처럼 바보같이 웃었고, 터무니없는 소리를 늘어놓았어요. 안 될 게 뭐야? 안 될 게 뭐냐고. 다 말해 버려. 그렇게 아낌없이 나눠 주고 그토록 오래 참다니, 너무나 엘답잖아. 그의 애정이 이렇게 큰데, 도무지 받을 자격 없는 선물로 커졌는데, 그것을 어느 한 민족에게만 제한할 이유가 어디 있겠어? 이제 곧 이 지구는 용서받아 빛나는 영혼들로 가득해지겠지. 여전히 불완전하지만 오래전 첫 번째 남녀만 경험했던 특별한 관계의 우리 안으로 들어온 빛나는 돌들로 가득할 거야.

나는 흥분했어요. 그리고 절망했어요. 엘은 신자들에게 자녀의 권리를 주었고, 원하기만 한다면 모든 타락한 것들과 나를 제압할 수 있는 권능을 부여했어요." 그녀는 네모나게 자른 손톱으로 흉골을 눌렀다. "상상해 봐요! 이제 나는 엘의 권위를 덧입은 인간들로부터 명령을 받고, 떠나라는 말을 듣고, 내쫓기게 되었어요."

정말 생각도 못해 본 상황이었다. 나는 러소 부인과 그날 생협에서 그녀가 보여 준 강인함, 루션이 들어오지 못하는 성소인 듯한 우리 아파트 건물을 생각했다.

"나는 루시퍼와 함께 당신들 가운데 자리를 잡았었다고. 그런 내가 너무나 나약하고 더럽고 천한 인간들의 명령을 받고 지시에 따라야 하다니, 그런 상황을 어떻게 견딜 수 있겠어?" 어느 순간 그녀가 내 팔을 붙들었는데, 그 네모난 손톱들이 살을 파고들었다. 지하철에서 곰팡이로 덮이기라도 한 듯 손톱으로 살을 파내던 장면이 다시 기억났다.

"그러나 쓸데없는 걱정이었어요. 영리한 군주인 루시퍼에겐 계획이 있었거든요. 그것에 비하면 그때까지 기울인 그의 노력들은 별것 아니었지요. 우리는 기껏해야 되는 대로 싸우고 있었고 제대로 협력도 되지 않았죠. 알아챘는지 모르겠지만, 충성과 헌신은 우리의 장점이 아니거든요. 그러나 이제 루시퍼는 나를 포함한 폭풍 같은 악마들을 풀어 게릴라 공격을 감행하고 상상할 수 있는 무기를 총동원해 엘의 자녀들을 공격했어요." 그녀의 눈에는 광기가 어렸고 입술은 섬뜩한 미소로 떨렸다.

"그는 엘의 새로운 자녀들을 얼마나 증오했는지 몰라요! 미래가 보장되었을지는 몰라도 그들은 여전히 죽을 수밖에 없는 존재에 불과했어요."

"무슨 일을 했습니까?" 나는 꼼짝도 하지 않고 물었다.

"우리는 많은 수를 죽였어요. 죽은 신자는 구원의 소식을 다른 사람들에게 퍼뜨릴 수 없으니까. 그리고 나는 상당히 많은 사람들이 그들의 최후를 보고 동일한 선택을 내리기를 주저하게 될 거라고 확신해요."

살해당한 여자, 도로에 펼쳐진 그녀의 금발머리를 얼룩덜룩하게 물들인 피가 보였다. 원고를 둘러싼 기쁨이 가라앉았다.

"루시퍼는 우리 모두를 징집했어요. 그는 구원받은 자들이 금세 잊어버린다는 것과 그 언약으로 달라지는 게 아무것도 없다는 것을 전능자에게 보여 주려 했어요. 진흙 인간들은 처참할 만큼 실망스러운 존재였고, 구원받았건 못 받았건 앞으로도 죽 그럴 게 분명했어요. 그들은 엘의 위대한 은혜의 행위를 비웃을 것이고 루시퍼는 그렇게 되도록 조치를 할 참이었어요. 사탄이라 불리는 고발자 루시퍼가 전쟁을 선포했어요."

옷 스치는 소리와 함께 회색 옷이 지나가는 것이 얼핏 시야에 들어왔다. 정형외과용 구두와 스타킹을 신은 수녀 두 사람이 자리를 찾고 있었다. 루션이 우아한 미소를 머금고 일어나 손목시계를 빛내며 자기 자리와 비어 있는 옆자리를 가리키며 말했다. "수녀님들, 여기 앉으세요."

수녀들은 그녀에게 고맙다고 말했고 루션은 무슨 말씀이냐며 완벽한 미소를 띤 채 나를 노려보았다.

26

 햇볕에 벌겋게 익었던 피부가 더러는 황갈색으로 바뀌고 더러는 물집이 잡히고 벗겨질 무렵, 헬렌이 나를 사무실로 불렀다.
 "클레이, 대단한 걸 해냈어요. 정말 작품이에요." 그녀가 책상에 놓인 종이 더미들을 가리키며 말했다. 내 원고, 내 책이었다. 그것은 영락없이 내 몸의 일부처럼 느껴졌다. 내 팔을 떼어 내어 넘겨준 것 같았고, 새끼손가락은 굽고 가운뎃손가락은 굳은살이 박인 내 손이 그녀 앞에 놓여 있는 것 같았다. 그것을 보노라니 자부심과 이별의 아픔이 동시에 느껴졌다. 헬렌은 내가 살펴볼 수 있도록 금요일까지는 아무가 계약서를 갖다 줄 것이고, 내가 다음 두 달 안에 원고를 마칠 수 있다면 내년 여름에 책을 내고 싶다고 했다. 나는 원고에서 눈을 떼지 못한 채, 회사에서 제시하는 선인세 액수보다 오천 달러를 더 요구했다. 헬렌은 어깨를 으쓱 하더니 안 될 이유가 없을 거라고 했다.

"영업부에서 흥분하고 있어요. 상당히 잘나갈 것 같아요."

나는 꿈에서 깨어나는 사람처럼 미소를 지었다.

"쉴라가 자리에 없더군요." 나는 나가려다 말고 물었다. 아침의 짧은 출근 시간 내내 그녀를 보면 뭐라고 말하나, 우리의 이상한 대화를 화제에 올려도 되나, 괜히 얘기를 꺼냈다가 그녀는 곤혹스러워하고 나는 눈치 없는 사람이 되는 민망한 상황이 연출되지 않을까 걱정했다. 내가 그토록 심란했던 까닭이 단지 쉴라가 전화를 했기 때문이 아니라 그녀의 우려스러운 감정 상태 때문이었음을 안 것은 나중의 일이다. 그녀는 언제나 공감의 뜻으로 고개를 약간 기울이고 초롱초롱한 눈으로 쳐다보며 남의 말을 들어 주었다. 간단한 위로의 말뿐 아니라 말없이 들어 주는 것만으로도 큰 힘이 되던 사람이었다. 그런데 최근 그 파란 눈, 앳된 얼굴선과 뾰족한 턱이 어쩐지 위험한 무기처럼 느껴졌고, 총을 가진 몽유병자처럼 그녀가 그것을 마구 휘두르는 것 같았다. 그러나 그녀와 통화한 그날 이후 내내 걱정이 되었다. 나중에 다시 전화하라고 했어야 했나, 다음 날 오전에라도 그녀에게 전화를 걸어 상태를 확인했어야 했나?

"개인적인 사유로 며칠 휴가를 냈어요." 헬렌의 엷은 미소는 그 개인적 사유가 무엇인지 정확히 안다고, 내용을 말해 줄 생각은 전혀 없지만 물어본 건 잘했다고 말하는 듯했다.

문 앞에서 고맙다고 말하려고 고개를 돌리니 그녀가 앉았던 의자에는 꽃무늬 쿠션만 남아 있고 헬렌이 내 쪽으로 오고 있었다. 안경줄에 걸린 안경이 가슴께에서 흔들렸다. 헬렌이 자리에서 일어나 내게 문을 열어 주고 배웅한 적이 있었던가? 기억나지 않았다. 내가 편집자나 작가로 존중받는다는 느낌을 받은 기억도 가물가물했다.

하지만 그 느낌, 마음에 들었다.

남자 화장실에 들어서니 필이 거울을 멍하게 들여다보며 손을 씻고 있었다. 그는 매우 지쳐 보였는데, 이상한 일이었다. 그는 늘 쾌활했고, 이혼 후 1년 반 만에 후다닥 재혼하고 아들을 낳아 정신없는 와중에도 오브리와 헤어진 나를 밖으로 불러내 준 첫 번째 사람이었다. 그리고 마지막 사람이기도 했다. 우리는 두 차례 레드삭스 프로야구 경기를 관람하며 맥주를 마셨지만, 그가 마련한 우정의 시간이 너무 기계적으로 느껴져서 이후에는 그의 초대를 정중하게 거절해 왔다.

"괜찮아?" 내가 물었다.

그가 고개를 끄덕였다. "자네가 자리를 비운 사이 많은 일이 있었어."

나는 관심을 가장하며 물었다. "뭐? 편집장님이 그러시던데, 쉴라가 며칠 휴가를 냈다고. 쉴라는 괜찮나?"

필은 한숨을 내쉬고는 종이타월을 뽑았다. "며칠 전에 급성 알코올중독으로 병원에 실려 갔어."

나는 그를 멍하게 바라보았다. 위장이 저절로 오그라드는 것 같았다. "뭐?" 머릿속에서 날짜를 헤아리며 그녀가 전화했던 밤을 떠올렸다. 죄책감이 들고 상당히 부끄러웠다.

"괜찮을 거야. 하지만 위험했던 모양이야. 댄이 아만다의 간질약을 가지러 오지 않았더라면 어떻게 되었을지 모를 일이지."

나는 어색하게 말했다. "믿기지가 않네. 정말 그녀답지 않아. 지금 댄이 그런 일을 당하면 안 되는데."

필이 이상하다는 듯 나를 쳐다봤다. "클레이, 그녀는 지금 어려운 시기를 겪고 있어. 사람들은 이럴 때 어리석은 일들을 저지르지." 그가 넌지시 말하려는 게 뭔지 알 수 없었지만, 오브리가 떠난 후 내가 술을 마신 기억이 났다.

"맞는 말이야." 나는 그렇게 말하면서 그녀와 나는 처지가 전혀 다르다고 생각했다.

"댄이 몇 가지 일을 끝낼 수 있도록 우리 부부가 아이들 돌보는 일을 돕고 있어."

이제야 그의 피곤한 얼굴을 이해할 수 있었다. 내 기억이 맞다면 쉴라의 세 아이는 두 살에서 여덟 살 사이였다.

하마터면 내가 도울 일이 있으면 알려 달라고 말할 뻔했는데 간신히 참았다. "정말 안됐군." 그렇게만 말했다.

"있잖아, 이 말 하고 싶었는데, 그 원고 대단한 물건이야. 그거 꼭 마무리하게. 어떻게 끝나는지 궁금해 죽겠어."

'나도 그래.'

지하 세탁실에서 올라오다 1층에서 잠시 멈췄는데 눈앞이 부옇게 흐려졌다. 부은 다리가 뻣뻣하고 부자연스러웠다. 숨을 가다듬었다.

'운동이 부족해.' 사실 그랬지만 나는 과체중도 아니고 몸매가 흉하지도 않았다. 이 원고를 마무리해서 내 손을 떠나게 되면 검진을 받아 볼 참이었다.

집으로 들어오면서 다시금 궁금해졌다. 루션이 자신의 뜻을 이루고 나면 내 삶에서 사라질까? 아니면 지하철에서 그랬던 것처럼 주변에 머물면서 몰래 나를 지켜볼까? 그가 불쑥불쑥 끼어드는 생활을 어떻게 견디나 상상이 안 되던 때가 있었다. 이제는 그가 나타나지 않는 삶이 상상이 되지 않았다.

그날 밤에는 2시가 넘도록 앉아서 책을 썼다.

잠자리에 들 무렵 분량을 계산해 보니 300쪽이 넘고 8만 5천 단어가 넘어갔다. 전혀 부족함 없는 책 분량이었다. 이제 결말 외에는 더 필요한 게 없었다. 하지만 내 일정표는 여전히 비어 있었다.

우리의 시간이 짧아지고 있어요, 그는 그렇게 말했었다.

그런데 그는 어디 있는 걸까?

이틀 후에도 쉴라의 책상은 여전히 비어 있었다. 그녀의 의자 뒤에 늘 걸려 있던 카디건과 가족사진이 들어 있는 액자들, 그녀의 아들 저스틴이 음료수 캔으로 만든 연필꽂이, 옆에 케일럽의 이름이 적혀 있고 눈이 부리부리한 개구리를 그려 놓은 돌 문진 paperweight도 보이지 않았다. 그녀의 사탕 접시만 남아 있었다. 필에게 무슨 일이냐고 물었더니, 쉴라가 퇴직 신청을 했고 은퇴하신 부모님이 골프장을 운영하시는 사우스캐롤라이나로 아이들을 데리고 이사 갈 계획이라고 했다.

"누가 댄에게 전화해 봤나?" 말하면서도 내가 얼간이 같다는 생각이 막연히 들었다. 그건 내가 했어야 할 일이었다. 전화해야 한다는 생각도 여러 차례 했었다.

필이 말했다. "전화를 걸어 봤는데 받지를 않아. 말하고 싶지 않은가 봐."

나는 그 심정을 알았다. 그래서 그를 탓하지 않았다.

나흘. 나흘이었다. 그날 저녁, 불안과 초조가 몰려왔다. 일하려 해봤지만 원고에 더 이상 덧붙일 게 없었다. 무력한 심정에 창의력은 위축되었고 일정표는 여전히 비어 있었다.

나는 다음 시즌에 나올 책들의 시험 인쇄본 편집을 마무리하고, 한 신인 작가의 원고 어느 부분이 마음에 들어 더 많은 선인세를 지불하는 배팅을 감행했는지 기억하려 애쓰고…… 다시 내 책으로 돌아와 문법을 손보고 아무 문제 없는 문장들을 고쳐 쓰고 하이픈을 너무 많이 쓰지 않았는지 확인했다. 내가 글을 쓸 때 하이픈을 남발한다는 것은 최근에 알게 된 사실이다. 속에서 꿈틀대는 염려를 가라앉힐 길이 없어 꾸역꾸역 이 모든 작업을 하면서도 마음은 점점 더 불안해졌다.

그러다 그 이메일 생각이 났다.

삭제한 폴더를 살펴 그것을 찾았다. 'Light1'이 성전 휘장에 대해 써 보낸 메일이었다. Light1이라는 아이디만 보이고 메일 주소가 다 나와 있지는 않았지만 나는 불쑥 답장을 클릭했다.

딱 두 단어를 썼다.

어디 있어요?

3시가 넘어 소파에서 잠이 들었다. 문간에 묻은 피, 유월절 잔에 담긴 포도주, 지하 감옥이 닫히는 것과 같은 저주, 종소리, 알링턴스트리트에 울리던 종소리, 식당 문에 매달려 딸랑거리던 종소리, 종들……

휴대폰이 울리고 있었다.

바지를 뒤적거린 다음 식탁에 올려 두었던 재킷 호주머니들을 더듬거렸다. 전화기를 찾고 보니 "발신자정보없음"이라고 나와 있었다. 쉴라인가 싶었다. 좀더 부드럽게 말해야지, 다짐했다. 휴가 때는 그녀의 마음이 얼마나 불안정하고 폭발 직전의 상태였는지 알지 못했었다.

"여보세요?"

쉰 듯한 목소리가 들려왔다. "안녕하세요, 클레이." 남자 목소리 같기도 했고 나이 많은 여자 목소리 같기도 했다. 어느 쪽인지 알 수 없었다.

"루션?"

침묵. 나는 초조하고 불안해졌다. 어디로건 당장이라도 코트를 집어 들고 그를 만나러 갈 참이었다.

"당신인가요? 내가 보낸 이메일 받았어요?"

또다시 침묵.

그러다 들려온 목소리. "루션의 전화를 기다리고 있었습니까?"

어깨에서 목덜미로 한기가 지나갔다.

"당신인가요?" 내가 속삭였다. 내 심장 소리가 너무 크게 울려서 상대편의 대답을 알아들을 수 있을지 알 수 없었다. 이윽고 약간 쉰 목소리가 다시 들렸다.

"아닙니다." 이어진 답변. "아닙니다, 클레이."

휴대폰을 급히 닫았다. 심장이 어찌나 심하게 뛰는지 갈비뼈가 다 울렸다.

나는 꼼짝하지 않고 그대로 앉아 있었다. 문에는 자물쇠가 걸려 있었다. 컴퓨터는 절전 모드로 들어가 있었고, 거실의 등은 둘 다 켜져 있었다. 창문 밖, 동트기 전의 깜깜한 밤을 내다보았다.

간신히 일어나 등이 있는 곳으로 가서 딸깍 소리와 함께 하나씩 등을 껐다. 어둠 속에 있으니 무방비 상태에다 눈이 먼 것 같았다. 눈을 감았다가 서서히 뜨니 책상, 소파, 스탠드 위에 놓인 텔레비전, 창틀 모양이 눈에 들어왔다. 간신히 창 쪽으로 걸어갔다. 한 손으로 창틀을 잡았다. 창으로는 내가 사는 아파트 건물과 바로 옆집 사이의 공간이 보였다. 창틀에 몸을 기대고 목을 쭉 뻗어 도로 쪽을 내다보았다.

처음에는 그것을 보지 못했다. 그러다가 연석에서 눈을 뗐을 때였다. 거기, 도로 맞은 편 집의 현관 기둥에 기대 선 채 어둠 속에서 시커먼 형체 하나가 나를 올려다보고 있었다.

루션이 아님을 본능적으로 알았다.

창에서 황급히 뒤로 물러났다.

서둘러 침실로 들어가 문을 닫아걸고 침대에 올라가 이불을 덮어썼다. 심장 뛰는 소리가 쿵쿵 들려왔다.

시계를 힐끗 쳐다본 나는 기겁을 하며 침대에서 빠져나왔다. 화요일, 주간 편집 회의가 있는 날이었다. 비틀비틀 욕실로 들어가 샤워기를 틀었다.

그리고 잠시 그대로 멍하니 서 있었다. 밤중에 온 전화와 귀에 거슬리는 목소리가 기억났기 때문이다.

도로 맞은편에 있던 사람의 모습.

'지금은 대낮이야.' 대담해진 나는 곧장 창문으로 걸어갔다. 거실 유리창이 아니라 도로 쪽의 빈 방 유리창이었다. 블라인드를 걷었다.

그 집이 보였다. 그 옆에는 아파트 건물이 있고, 더 아래로 내려가면 세인트메리성당이 있었는데, 여름이면 종종 열린 창문으로 흘러나오는 예배 소리를 들을 수 있었다. 코트와 스카프로 꽁꽁 둘러싼 한 어머니와 어린 아들이 인도를 따라 매사추세츠 애버뉴 쪽으로 걸어가고 있었다.

나는 서둘러 샤워하고 면도하고 옷을 입었다. 잠시 머뭇거리다 휴대폰을 호주머니에 넣고서 1분 후에는 문밖으로 나섰다. 러소 부인의 아파트에서는 음악이 흘러나왔다. 바브라 스트라이샌드를 연상시키는 고음의 여자 목소리였다. 가사를 알아들을 수는 없었지만 그 음악이 한낮의 햇살처럼 내게 힘을 주었다.

센트럴 역에서 켄들 역으로 한 정거장을 가는 동안 몇 안 되는 승객 중 한 명이 내 옆의 기다란 손잡이를 잡고 나를 관찰했다. 적어도 쉰다섯은 되어 보였고 색이 바랜 칼하트 재킷을 입고 있었다. 머리카락은 주황색인데, 머리가 희끗희끗해진 지 오래된 남자들이 염색할 때 주로 쓰는 색깔이었다. 크고 두꺼운 안경은 얼굴의 삼분의 일을 차지하고 있었다. 대통령 사진과 함께 "난 이 사람 뽑지 않았다"라는 문구가 찍힌 범퍼스티커가 완장처럼 소매를 감고 있었다. 손목시계는 보이지 않았다.

"뭐 좀 물어봐도 될까요?" 그가 열차와 함께 흔들리며 말했다. 여행객이지 싶었다. 하지만 이상한 구석은 있었다. 보통 여행객들은 보스턴지하철이 노선별 색깔을 따라 이름 붙인 다섯 개의 단순한 노선이 아니라 생물체의 복잡한 모세혈관이라도 되는 듯 빨간색과 초록색이 섞인 노선도를 펼쳐 들고 있는데, 그는 맨손이었다.

"그러세요." 그렇게 말하고 퀸들역에서 두 정거장을 지나면 녹색선으로 갈아탈 수 있다고 말해 줄 준비를 했다.

"누군가 당신에게 말을 건 적이 있습니까? 당신에게 접촉했습니까?"

나는 그대로 얼어붙었다. 그리고 남자를 날카롭게 살폈다. 얼굴과 윗입술 끝 부분에 희미하게 찍힌 반점, 재킷 아래 입은 플란넬 셔츠, 빗으로 빗어 넘긴 듯 이마 너머로 곧게 뻗어 있는 머리카락이 눈에 들어왔다.

"겁내지 마세요." 그는 안경 때문에 커 보이는 늘어진 눈꺼풀 사이로 나를 쳐다보았다. "누군가 당신에게 말을 걸었습니까? 당신과 다른 누군가?"

전날 밤의 소름과 식은땀이 되살아났다. 달아나야겠다, 문 뒤로 숨어야겠다는 충동이 밀려왔다. 끽 하는 브레이크 소리와 함께 열차의 속도가 느려졌고, 열차가 멈추는 순간 벌떡 일어나 문 옆의 손잡이를 붙들었다. 문이 열리자마자 문틈으로 끼어들듯 빠져나가서 황급히 역으로 들어가 계단을 올랐다. 도로에 올라서서야 그가 따라오지 않는지 확인하기 위해 뒤를 돌아보았다.

루션과 얘기를 해야 했다.

나는 당황하고 준비도 안 된 가운데 편집 회의에 늦게 들어갔다. 회의에 거의 도움이 되지 못했고, 전철에서 만난 남자와 전화 목소리 외에는 다른 생각을 할 수 없었다. 군대의 다른 멤버들이 루션의 계획, 그의 이야기, 그리고 그들의 이야기를 공개하려는 포부를 알고 있을까? 그들이 끼어들 수 있을까?"

회의가 끝난 후 헬렌이 복도에서 나를 따로 불렀다. "클레이, 지금 멋진 작품을 쓰고 있다는 거 알아요. 하지만 회사에서 해야 할 일을 소홀히 하고 글을 쓰는 건 곤란해요. 원고를 마치는 데 시간이 더 걸려도 괜찮아요. 계약의 구체적인 내용을 놓고 아직 아무와 협의하고 있지요?"

"예." 계약 문제는 깜빡 잊고 있었다.

"그러면 어쨌거나 회사 업무를 처리하는 데 필요한 시간을 확보하도록 해요. 부탁해요."

나는 고개를 끄덕이긴 했지만 회의실 바로 앞에서 공개적으로 질책받는 것이 곤혹스러웠고 약간 화도 났다. 내 사무실로 들어가 문을 닫았는데, 생각보다 너무 세게 쾅 하고 닫혔다. 회의실에서 받아 온 서류 묶음을 책상 위로 툭 내려놓았다.

창가로 가서 지나가는 사람들을 내다보았다. 분명한 목적을 갖고 어딘가로 가는 사람들의 모습을 부러워한 적이 있었다. 작년 10월 초 이후로 평범한 나날을 보낸 적이 한 번도 없었지만, 책상으로 돌아와 가방의 짐을 풀고 여느 평범한 날과 다를 바 없다는 듯 책상 한쪽 구석에 꾸러미를 내려놓은 뒤 노트북에 전원 케이블을 연결했다.

회사 서버로 로그인하고 들어가 내 일정표를 보고 멈칫했다.

오늘 저녁 5시. L.

그러나 내가 주저한 까닭은 시간 약속 때문이 아니었다. 그 아래, 해당 시간대의 블록에 이렇게 적혀 있었다.

"다시는 내게 연락하려 하지 마, 절대."

나는 의자에 털썩 주저앉아 떨리는 두 손으로 얼굴을 문질렀다.

27

사무실 맞은편에 있는 메리어트 스타벅스에서 기다렸다. 루션을. 답변을. 이야기의 결말을.

5시가 되었고, 지났다. 커피를 홀짝이며, 호텔 로비를 지나는 투숙객들을 눈에 힘을 주고 지켜보았다. 커피숍으로 들어서는 모든 손님을 꼼꼼히 살펴봤는데 대부분 다시 나갔다. 노트북을 켜놓고 자리 잡은 사업가 한 명을 제외하면 그곳에는 나 혼자뿐이었다.

손목시계를 확인했다.

5:07.

이건 그의 앙갚음일까? 무엇에 대해서? 연락을 시도했다고?

5:11.

그날 공항에서 수녀들이 나타나기 전에 나누었던 마지막 대화를 곰곰이 되새겨 보았다. 그들은 루션에게 고맙다고 했는데, 낯선 이가 베푸는 친절을 접할 때 나이 많은 여자들이 보여 주는 호들갑이 아니라 존경받고 살아온 사람들 특유의 당당함이 배어 있었다. 그들의 대화를 엿들었는데 여행의 상세한 내용들이 전부였고 성경이나 마귀에 대한 논쟁은 들을 수가 없어서 적이 실망했다.

5:19.

지하철에서 만난 남자와 내 아파트 도로 맞은편의 어둠 속에 있던 사람의 모습을 생각했다. 동일 인물은 아니었다. 지하철에 있던 남자는 키가 작고 어깨가 약간 구부정했다. 도로 맞은편의 사람은 키가 좀더 컸는데, 어둠 속에서 아무것도 안 하고 편하게 그냥 서 있었다.

내가 보기를 기다리며.

나를 지켜보며.

그때 한 남자가 커피숍으로 성큼성큼 걸어 들어왔다. 호주머니에 지퍼가 달린 멜빵바지에다 "카르페 브루엠: 맥주를 잡아라"라고 적힌 스웨터를 걸치고 있었다. 큰 키에 네모난 얼굴, 콧대가 높았다. 버켄스탁 샌들 아래로 두꺼운 양말이 보이고, 스웨터 목 안으로 들어가 있는 은색 체인이 번쩍였다. MIT 대학원생일 수도 있겠다 싶었다.

하지만 아니었다.

"미안하게 됐어요, 클레이." 그가 내 식탁에 앉으면서 말했다. 그는 웃지 않았다.

"늦어서 말인가요?"

"어, 그래요. 하지만 대체로 우리가 처한 상황이 안됐다는 말이에요."

"우리 상황이 어떤데요? 어젯밤에 전화했었어요? 아파트 맞은편 도로에 서 있던 게 당신이었어요?"

그의 앞머리가 이마로 흘러내렸다. 그는 머리를 뒤로 쓸어 올리고는 인상을 찡그렸다. "누가 전화를 했어요?" 나는 고개를 끄덕였다. 그 전화에 대해 모르다니, 뜻밖이었다. 그러나 그는 자세한 내용을 묻지 않았다. 그저 한숨만 내쉬었다. "당신이 인식하기 오래 전부터 존재했던 싸움 한복판으로 내가 당신을 끌어들인 것 같네요. 이 싸움이 당신 주위에서 진행된 지는 벌써…… 글쎄, 그 이야기는 당신도 알잖아요."

"지하철에서 어떤 남자가 누군가 내게 말을 건 적이 있느냐고 물었어요."

"들었어요."

"적갈색 머리에다 정수리 부분이 대머리……."

"모습은 중요하지 않아요. 수백만 명 중 하나일 수 있으니까."

"군대 소속?"

"하늘군대 편인 것 같네요."

"그럼 어젯밤에는?"

"군대 쪽인 것 같군요."

몸서리가 나면서 가슴속에서 불안의 날카로운 발톱이 느껴졌다. 지금까지 루션과 여러 차례 만나고 함께 있으면서, 우리는 우리가 속한 영계와 물질계에서 떨어져 나와 이야기의 세계에만 머물러 있었다. 그런데 지난 24시간 사이에 나는 그 세 가지 영역이 하나로 합쳐지면서 픽션과 추측, 그리고 실제 세계의 삶을 이루는 구체적인 모든 것이 마구 뒤섞이는 것을 느꼈다. 그와 함께 심상치 않은 두려움이 섞인 묘한 흥분이 따라왔다.

"어떻게 둘 다 같은 것을 원할 수가, 아니면 원하지 않을 수가 있지요?"

"진실이 이미 드러났거든요. 하늘군대는 당신이 그것을 구하고 찾기를 바라는 거예요. 군대는 당신이 그것을 찾지 못하기를 바라고요." 그가 어찌나 담담하게 말하는지, 그 모습에 나는 화가 났다.

"그러면 왜? 왜 이런 일을 벌인 겁니까?" 어젯밤 전화를 받고 난 뒤에 그랬던 것처럼 손이 다시 떨렸다.

"그것도 말했잖아요."

"내가 한 일 때문에 내게 무슨 일이 생길까요? 그들이 내게 자객을 붙일까요? 난 지옥에 가게 되는 겁니까?"

도로에서 미끄러지는 타이어······.

그는 나를 찬찬히 살폈다. "전에도 한 번 물었었잖아요. 난 모른다고 대답했고. 당신은 본인이 어느 쪽으로 갈 거라고 생각하나요, 클레이?"

"나…… 난 몰라요! 내가 어떻게 알겠어요?" 이전 생활로 돌아가고 싶었다. 몇 주, 몇 달 만에 처음 든 생각이었다. 세상이 이상한 색상으로 물들기 전의 내 삶, 영화 〈오즈의 마법사〉에서 도로시가 오즈로 들어서기 전까지 펼쳐지던 화면처럼 칙칙한 회색의 삶으로 돌아가고 싶었다. 망쳐 버린 결혼생활, 나를 떠나간 아내를 향한 원초적 집착을 돌려받고 싶었다. 지금의 새로운 두려움에서 벗어날 수만 있다면 남편과 남자로서 실패했다는 자책도 기꺼이 감수할 의향이 있었다.

그러나 그것은 어머니 자궁 속으로 다시 기어 들어가겠다는 생각과 다를 바 없었다.

"우리에게 시간이 얼마나 있나요?" 내가 말했다.

"많지 않아요. 내 말 잘 들어요. 하늘군대는 당신의 말을 기다리지 않고 먼저 말을 걸 거예요. 하늘군대의 일원은 당신이 원하거나 부른다고 해서 나타나지 않아요. 천사를 불러낼 수야 있겠지만, 그렇게 해서 나타나는 천사는 아마 타락한 천사일 거예요. 전에 말했잖아요. 우리 주인도 내킬 때면 빛의 천사로 변장한다고."

내 이메일, 그날 밤늦게 걸려온 전화 생각이 났다. 하루 종일 무방비 상태로 노출된 느낌을 받았었다. "어떻게 할 겁니까?" 내가 말했다.

"어떻게 하다니, 무슨 소리예요?"

"우리가 어떻게 하느냐고요!" 내가 소리를 질렀다.

"이야기를 마무리해야지요." 그가 탁자 끝에 팔꿈치를 걸치고 깍지를 낀 채 몸을 앞으로 기울였다. 손목에 걸린 묵직한 스테인리스스틸 시계가 눈에 들어왔다. 당시엔 미처 생각하지 못했지만 지금은 안다. 나는 그의 말을 중단시켰어야 했다. 그의 대답이 충분하지 않다는 것을 알았어야 했다. 그런 상황에서 이야기를 계속 진행한다는 건 터무니없는 짓이었다. 그러나 나는 눈이 멀어 있었다. 내 책이 나의 전부가 되어 버렸고 거기에만 모든 관심이 쏠려 있었다.

"십자가 처형과 부활이 있고 신인이 떠나고 나서 얼마 후, 어느 날 나는 정신을 차리고 깨달았어요. 그동안 나는 얼음이 녹아 가는 호수의 무너지기 쉬운 가장자리에 서 있었던 것과 같구나. 눈앞에서 무너져 내리는 얼음과 그 아래 깊은 물을 내려다보니 내가 들어설 자리가 없다는 걸 분명히 알겠더군요. 나는 파멸의 언저리에 서 있었어요. 그것은 타락 후 처음 찾아왔던 느낌, 저 앞에서 뭔가 나를 기다린다는 느낌보다 훨씬 나빴어요. 내 코앞에서 구덩이가 입을 벌리고 있었으니까." 그의 무심한 눈빛 속에 살짝 광기가 어렸다.

"엘이 너희에게만 준 기회를 내게도 허락했다면 나는 구원받기에 충분했을 거야. 그런데 너희만, 또 너희에게만 그런 기회가 주어졌어. 그 때문에 너는 내가 선 자리, 그 무너지기 쉬운 가장자리에 설 일이 없겠지. 내가 얼마나 철저히, 얼마나 미친 듯이 너희를 미워했는지 몰라.

이제 너는 우리가 왜 두려움과 질투를 쌍둥이 자녀처럼 품고 있는지 알게 되었군. 무엇 때문인지 몰라도 넌 하나님에게 사랑을 받았어. 그것은 피조물에 대한 창조주의 애착 정도가 아니었어. 우리도 피조물이잖아. 그 사랑은 우리가 어떻게 할 수 없는 것, 우리의 손을 벗어난 그 무엇이었어. 네 경우도 마찬가지야. 그것만으로도 난 널 증오해. 하나님의 사랑. 그것 때문에 내가 너에게 품은 악심은 말로 표현할 수가 없어. 바로 그때 너는 내 철천지원수가 된 거야."

"그러니까…… 그때 인간들이 군대의 원수가 되었다는 거군요."

"아니. 난 대표인 동시에 개인이야. 클레이, 이게 바로 핵심이야. 난 알아. 네가 유일한 인간, 이제껏 존재한 유일한 인간이라 해도, 그래, 세상에 너 하나뿐이라 해도, 아무것도 달라지지 않았을 거야. 나는 여전히 지금과 같은 상태일 테고, 엘은 너를 엄청나게 사랑할 거야."

나는 그를 멍한 얼굴로 바라보았다.

"네 얼굴의 그 표정, 그게 바로 내 심정이야. 당황스러움 말이야. 네놈 인간들이 뭐야, 벌레밖에 더 되나? 벌레들을 위해 거룩한 피를 흘리다니. 그건 진흙 속의 다이아몬드처럼 어울리지 않아. 그는 너에게 자신의 호흡을 주는 것으로도 부족해서 자신의 피까지 줬단 말이야. 물리적이고 영적인 생명. 그는 네게 모든 걸

줬어. 넌 무엇 때문에 그렇게 특별한 거야? 물러나지 마! 다시 묻겠어. 왜 너야? 너. 너." 그 말과 함께 그는 주먹으로 식탁을 내리쳤다. 노트북을 들여다보던 사업가가 고개를 들어 이쪽을 쳐다보았다. "모든 것이 결국 너로 요약돼. 언제나, 너야!"

'떠나. 떠나야 해.' 어디서 나온 생각인지 모르겠다. 두려움이나 불쾌감 때문이었을까, 자기 보존 욕구였을까, 아니면 전혀 다른 곳에서 온 생각일까. 나는 일어섰다. 악마가 느긋한 표정으로 나를 쳐다보았다.

"네가 어디로 갈 것 같냐고 물었지? 천국에 갈 거라고 생각하나, 클레이?"

"그래요." 대답을 하면서도 나는 야생동물을 대하듯 경계를 늦추지 않았다.

"왜 그렇게 생각하지?"

"선한 사람으로 살아왔으니까."

그의 얼굴에서는 조금 전까지 넘치던 분노와 증오가 흔적도 없었다. "지금까지 내가 한 말을 하나도 이해하지 못했군."

나는 그 자리를 떠났지만 헤어질 때 그가 짓던 미소가 머리에서 지워지지 않았다. 집에 도착해서도 불길함은 여전했고 기분은 나아질 줄 몰랐다. 그가 화를 내거나 변덕을 부리거나 적대적인 모습을 보인 적은 전에도 있었다. 그러나 이번처럼은 아니었다.

아파트 앞에서 나는 도로 건너편, 낯선 사람이 현관 기둥에 기대고 선 모습을 보았던 집을 쳐다보았지만 거기에는 아무도 없었다.

러소 부인의 집에서는 여전히 음악이 흘러나오고 있었고, 디저트를 굽는 냄새까지 더해졌다. 내일 소그룹 모임 사람들이 찾아올 모양이었다.

나는 밤늦게까지 글을 썼다. 이성을 찾아, 광기를 쫓아내기 위해. 편집자 특유의 감으로 내러티브의 긴장이 고조되는 것을 느끼면서 나는 끝이 가까워지고 있음을 알 수 있었다. 사건들이 하나로 합쳐지면서 이야기를 마무리 짓는 클라이맥스가 다가오고 있었다. 그러자 안도감이 찾아왔다.

새벽 4시가 넘도록 일하다가 녹초가 되어 소파에 쓰러졌다.

28

 소파에서 자던 나를 깨운 것은 웃음소리였다. 남의 일로라도 유쾌함을 느낀 적이 언제였는지 기억도 나지 않았다. 문밖에서 들려오는 건 누군가에게 인사하는 러소 부인의 목소리였다. 그녀의 소그룹 사람들이 왔다 가는 모양이었다.
 나는 욕설을 내뱉으며 벌떡 일어나 비틀대며 부엌으로 가서 가스레인지에 달린 시계를 보았다.
 정오가 지난 시간이었다.
 샤워할 생각도 못 하고 셔츠만 갈아입고 코트와 노트북, 지갑을 챙겼다. 문밖을 나서자 러소 부인이 모임에 왔던 한 사람과 아직도 이야기를 나누고 있었다. 그녀와 비슷한 나이로 보이는 남자는 팔에 재킷을 걸치고 있었다.

"어머나, 클레이! 평일인데 집에 있었군요. 혹시 이분 만나……."

"죄송합니다. 얘기할 시간이 없어요." 그렇게 말하고 나는 그 남자를 지나 서둘러 계단을 내려갔다.

지하철이 그렇게 느리게 느껴진 적이 없었다. 열차를 기다리다 속이 터지는 줄 알았다. 켄들 역에서는 계단을 한 번에 두 칸씩 오를 수가 없어 화가 났다. 그렇게 해봤지만 곧 숨이 턱까지 차오르고 눈앞이 노래지는 바람에 계단 손잡이에 기대어 쉬어야 했다.

브룩스앤하노버출판사 건물로 들어와서 쉴라의 책상 옆을 지나쳤다. 그 자리에는 임시직원이 앉아 있었다. 마커로 눈썹을 그리지만 않았다면 예쁜 얼굴이었을 이십 대 여자였다. 아무도 모르게 내 사무실로 들어갈 수만 있다면 내가 오전 내내 거기 없었다는 사실을 들키지 않을 수도 있었다. 사무실 문을 닫고 노트북 컴퓨터를 전원 케이블에 연결한 뒤 책상 모퉁이에 있는 끈 달린 노란 봉투 안의 사무실 우편물들을 바라보았다.

정확히 10분 후 전화가 울렸다. 헬렌이었다.

"클레이, 나 좀 보러 올래요?"

"편집장님, 안녕하세요. 오늘 정말 늦었습니다. 아침에 몸이 안 좋았거든요." 거짓말을 했다. "하루 스케줄을 살펴보고 있어요. 아무에게 계약서도 아직 돌려주지 않았고……."

"클레이, 그냥 내 사무실로 와요, 네?"

나는 한숨을 내쉬었다. "알겠습니다."

면도도 안 한 얼굴을 긁적이고는 손가락으로 머리를 빗었다. 또다시 야단맞을 기분이 아니었다. 나는 이제 곧 이 출판사에 이중으로 기여할 사람이 아닌가. 획일적인 기준으로 재단하거나 함부로 대할 상대가 아니었다.

헬렌이 늘 입는 캐시미어 터틀넥이 오늘은 회갈색이었다. 안경은 구슬 안경줄에 매달려 있었고, 고등학생들과 50대 여자들만 좋아하는 머리띠를 하고 있었다.

내가 자리에 앉자 그녀는 한숨을 내쉬었다. "클레이, 이 얘기를 어떻게 해야 할지 모르겠어요."

당장 떠오른 것은 책이었다. 선인세를 더 줄 수 없다거나 출간을 한 분기 미루자는 얘기구나 싶었다.

"이런 식으로는 일할 수 없어요. 영업부는 일정이 늦어졌고, 당신은 지난 석 달간 위원회를 통과한 쓸 만한 출간 제안서를 하나도 내놓지 못했어요. 당신 작품은 빼고 하는 얘기에요. 게다가 우리가 얘기를 나눈 것이 바로 어제였는데도 오늘 이렇게 정오가 한참 지나서야 나타났어요." 그녀가 양손을 들어올렸다. "그렇잖아요, 우린 바로 어제 얘기를 나눴다구요!"

나는 구겨진 슬랙스 차림으로 거기 앉아 말없이 그녀를 바라보았다.

"몇 주 정도 시간을 내서 일정보다 늦어지는 책이 얼마나 될지, 당신 자리를 대신할 편집자를 얼마나 빨리 구할 수 있을지 다시 따져 봐야 할 것 같아요. 당신 책에 대해 우리 출판사가 계약할지 여부는 그때 가서 원점에서 검토하기로 했어요. 당신 책은 좋아요, 클레이. 지금은 작가로서 당신의 일을 말하는 게 아니에요. 편집자로서의 업무 태도가 문제가 된 거예요."

그녀의 모든 말이 마치 타임워프(시간 왜곡 현상, 혹은 생방송 중인 프로그램을 정지하거나 뒤로 돌려볼 수 있는 기술—옮긴이)를 거쳐 오는 듯 한 마디 한 마디가 꾸물꾸물 느린 바리톤으로 늘어졌다.

"지금 농담하는 겁니까?" 마침내 내가 입을 열었다. 믿을 수 없다는 생각이 서서히 나를 덮쳐 왔다. "농담하는 거냐구요?" 그녀가 아무 말이 없어서 나는 또 한 번 물었다. 그녀는 한방에 내 일자리를 앗아갔고, 출간된 것이나 다름없던 책도 날려 버렸다. 어떻게 이런 일이 있을 수 있나?

루션은 말했었다. "내 이야기를 들려주지요. 당신은 그걸 글로 써서 출간하는 겁니다." 분명히 그렇게 말했다. 나는 이야기를 썼고 위원회는 그것을 받아들였다! 이 결정은 뒤집힐 게 분명했다. 뭔가 일이 벌어져서 헬렌의 생각이 달라질 것이다.

"안됐지만 아니에요." 그녀가 고개를 가로저으며 말했다.

"계약서가 내 이메일에 있습니다. 난 계약서를 받았다고요." 왜 계약을 마무리 짓지 않았던가? 세세한 계약 조건 따윈 개의치 말고 그냥 서명해서 보냈어야 했다.

"서명을 하지 않았잖아요, 클레이." 그것은 어른이 반항적인 10대를 상대할 때의 말투였다. "이것이 서로에게 최선일지도 몰라요. 양쪽 다 생각할 시간을 가질 수 있잖아요. 더 큰 출판사에 보내 보는 것도 괜찮을 거예요. 당신 책은 정말 괜찮거든요."

"지금 사람 약 올리는 겁니까?" 내 목소리는 어느새 올라가 있었다. "그리고 우리는 어제 대화를 나눈 게 아니에요. 편집장님이 불량 학생 대하듯 나를 복도 한쪽으로 끌고 간 거지."

"클레이, 거기에 대해선 미안하게 생각해요. 하지만 사실이……."

"사실은 편집장님이 내 생활에 대해 전혀 모른다는 겁니다. 지난 몇 달 동안 내가 어떤 일을 겪었는지요. 편집장님은 아무것도 몰라요." 나는 몸을 떨고 분통을 터뜨리면서 벌어져야 할 일이 벌어지기를 기다렸다. 결정이 바뀌기를.

"클레이." 그녀의 목소리는 비정했다. "문제는 당신에게만 있는 게 아니에요."

"내 말이 그 말입니다. 쉴라가 거의 죽을 만큼 술을 마시고 병원에 실려 갔을 때, 그녀를 해고했나요? 아니죠. 안 그랬을 겁니다. 자신을 추스를 시간을 주었죠. 사람을 그렇게 차별하면 안 되죠, 편집장님."

대포가 포를 토해 내듯, 내 속에 쌓여 있던 지난 주, 지난 석 달 반의 모든 긴장이 터져 나왔다.

그녀가 일어나서 손을 내밀었다. "클레이, 행운을 빌어요."

나는 그 손을 잠시 쳐다보다가 몸을 홱 돌려 성큼성큼 걸어 나와 문을 쾅 닫았다. 복도에는 임시직원이 상자를 하나 들고 기다리고 있었다.

"정리하는 걸 도와드리러 왔어요." 그녀가 말했다. 이건 뭐야, 스물두 살? 아마 대학을 갓 나왔겠지. 대학에 들어가기는 했을라나? 쉴라는 그나마 커뮤니티칼리지라도 다녔지. 어디서 굴러 나왔는지 알 수 없는 임시직원이 뭘 안다고? 무슨 권리로 상자를 들고 내 사무실까지 따라 들어오는 거야?

나는 책상 위에 있는 물건들을 상자 속으로 쓸어 담고 서랍의 내용물들도 던져 넣었다. 대부분 내가 발굴한 저자들의 사인이 담긴 사진과 책들, 여러 해 동안 쌓인 연하장들이었다. 명함 파일을 넘겨 몇 개를 빼서 챙겼다. 카트리나 던 램프의 명함도 그중 하나였다. 커피잔들, 크로스펜 세트 하나, 7월 7일자가 펴져 있는 작년도 365 명언 캘린더도 집어넣었다.

원고들, 출간 제안서들, 교정쇄들, 표지들 등 나머지는 책상에 그대로 놔뒀다가 홧김에 쳐서 바닥으로 쏟아 버렸다.

컴퓨터의 전원 케이블을 빼어 상자에 넣었다. 임시직원이 입술을 깨물었다. "그거 회사 노트북이죠, 그렇죠?"

나는 그 자리에서 멈추었다. 내 이야기는 노트북 안에 들어 있었다. 거의 이야기만큼 중요한 일정표도 거기 들어 있었다. 그것이 내가 가진 유일한 일정표였고 루션과의 불가사의한 시간 약속은 언제나 거기에 떴었다.

나는 악마의 끔찍한 미소와 카페에서의 첫날 저녁과 너무나 비슷한 불길함, 스타벅스에서 나가라고 다그치던 내면의 목소리를 잊고 있었다. 그가 내게 겁을 준 일은 종종 있었고, 내가 그를 내버려 두고 자리를 박차고 나간 적도 있었지만, 언제나 또 다른 모임이 있었다. 그러나 앞으로 그와 어떻게 만나야 하나? 그가 만날 시간을 정한다 해도 내가 알 방법이 있을까?

그와 접촉할 길이 없었다. 그에게 얘기할 방법이 없었다. 그는 다시는 연락하지 말라고 했고, 지난번에 있었던 일을 생각하면 더럭 겁이 나 그럴 엄두도 나지 않았다. 그가 알까? 윙윙대는 그의 네트워크가 그에게 알려 줄까?

상자 속을 뒤져 싸구려 USB메모리를 찾아 책을 복사했다. 그다음에는 하드드라이브에 있는 내 원고를 그동안 사용한 이메일의 흔적과 함께 지웠다. 유치하지만, 초벌 편집이 끝난 원고 몇 개도 삭제했다.

누구도 나를 잡지 않았다. 내가 떠나는 동안 뒤를 쫓아오는 사람도 없었다.

나는 편집자, 작가, 그리고 출간을 앞둔 저자로 이곳에 와서 일을 시작했고, 쓰레기로 가득 찬 상자의 오만한 주인이 되어 떠났다. 역으로 걷다 보니 근처 건물 바깥에 대형 쓰레기 수납기가 눈에 띄었다. 상자를 내려놓고 수납기 뚜껑을 연 다음 상자와 그 안의 내용물을 통째로 던져 버렸다. 모두 쓰레기였다. 가치 있는 유일한 물건, 내 원고가 들어 있는 USB메모리는 코트 주머니에 들어가 있었다.

노트북을 반납했기에 당장 컴퓨터가 없었다. 새 컴퓨터 값은 말할 것도 없고 현재로선 카보 여행 비용을 어떻게 지불할지도 막막했지만, 몇 블록을 걸어 갤러리아로 갔다. 노트북이 한 대 있었다면, 아니면 헬렌이 사전에 어떤 경고라도 했더라면 온라인으로 주문할 수 있었을 것이다. 하지만 지금은 컴퓨터 가게에 있는 물건을 사는 수밖에 없었다. 내 나이 절반쯤 되는 젊은이의 도움을 받아 가장 저렴한 기본형을 골라 신용카드로 결제했다. 주류 가게에 들렀다가 택시를 타고 집으로 갔다. 무릎에는 작고 하얀 운반 상자에 담긴 새 컴퓨터가 얹혀 있었고 옆 좌석에는 종이가방이 놓여 있었다.

다음 이틀 동안 나는 술을 마셨고, 잠을 잤고, 어찌어찌하여 새 컴퓨터를 설치했다. 컴퓨터에는 나름의 일정관리 프로그램, 인맥관리 프로그램, 메일 소프트웨어가 딸려 있었다. 일정표를 설치했지만 그 안은 텅 비어 있었다. 무료 온라인 서비스를 통해 새 이메일 계정을 만들었다. 그리고 기다렸다.

모임 약속이나 마감 시한 표시로 훼손되지 않은 채 드넓게 펼쳐져 있는 일정표 속 노란색의 새로운 나날들을 보니 너무나 이상했다.

'이건 사는 게 아냐.' 그렇게 생각하니 미친 듯이 우스웠다. 사실은 전혀 웃기지 않았지만, 방금 빈속에 부티크 메를로 와인을 두 병째 들이켰고, 엄청나게 웃기는 상황이 끔찍하게 슬픈 것보다는 나아 보였다.

다음 날, 지독한 두통으로 머리가 지끈거리고 심장이 두근거리고 온 몸이 부어올라 주치의에게 전화를 걸어 다음 주로 진료 예약을 했다.

일정표, 이메일을 확인했다.

아무것도 없었다.

내 원고의 진로가 불확실한 상태에서는 루션에게도 더 이상 내가 쓸모없는 것일지도 몰랐다.

아무 때나 배고프면 먹고 졸리면 잤다. 헬렌의 새로운 부하 여직원이 전화를 걸어 집에 있는 나머지 원고들을 보내 달라고 했다. 페덱스 상자(또 상자였다)를 보내겠으니 사무실을 방문할 필요는 없다고 했다. 어차피 내가 직접 갖다 줄 생각은 전혀 없었다. 계약 건에 대해 물어보고 싶은 마음이 굴뚝같았지만 기다리는 게 낫겠다는 생각이 들었다. 지금 상태에서 내게 중요한 문제는 루션과 내 책의 결말을 알아내는 것뿐이다.

나는 새 노트북 컴퓨터의 전원을 켜 놓고 모퉁이에 일정표도 띄워 놓았다. 책상에서 멀리 떨어져 있어도 집안 어디서든 땡 하는 신호음을 들을 수 있도록 스피커의 볼륨을 높였다. 하지만 책상에서 오랫동안 떨어져 있는 일은 없었다. 나는 금세 내 원고로 다시 돌아가 꼼꼼히 읽고 멀쩡한 몇몇 문장, 때로는 몇 단락을 고쳐 썼다. 어스름하게 해가 비칠 때부터 오후가 지나 어둑어

둑해질 때까지 원고를 들여다보니 눈이 피곤하고 등이 아팠다. 스크린과 전등불 하나만 빛을 내고 있는 걸 보고, 나는 자리에서 일어나 언제 이렇게 사방이 어두워졌나 생각하면서 전등을 하나 더 켰다. 그리고 책상으로 돌아와 다시 일정표를 확인했다.

며칠이 흘렀다. 문득 어느새 수염이 덥수룩하게 자랐음을 알았다. 내가 전형적인 몰락의 길에 접어든 것은 아닌가, 흔히들 하는 말로 갈 데까지 간 것은 아닌가, 싶었다. '이놈아, 넌 미쳐가는 거야.'

'아니, 난 기다리는 거야.'

그러나 일정표는 여전히 비어 있었고, 열어 볼 때마다 텅 빈 얼굴로 도리어 나를 응시했다. 나는 그것을 경멸했다. 아무것도 내놓지 못한다고 욕하고, 욕설을 퍼부으며 책상 서랍들을 쾅쾅 닫았다.

8일째 되는 날, 소파에 앉아 거실 너머에 있는 노트북을 응시하고 있는데, 그 불빛이 대형 LCD 야간등처럼 느껴졌다. 나는 어느새 쉴라 생각을 하고 있었다. 그녀가 어떻게 지내고 있을지 궁금했다. 전화번호를 알면 전화를 걸어 내 무정함을 사과할 수 있을 텐데, 아쉬웠다. 그녀는 실수를 저질렀지만, 오브리와 달리 그 때문에 충분히 고통을 겪었다.

오브리가 떠난 후 내가 얼마나 중심을 못 잡고 갈팡질팡하며 지냈는지도 생각했다. 그러다 내 생존의 버팀목으로 삼을 만한 새롭고 거부할 수 없는 존재, 루션이 나타난 것이었다. 그러나 지금은 그도 나를 떠나지 않을까, 오브리의 빈자리를 채워 준 그의 자리를 도대체 무엇이 대신할 수 있을까, 걱정하고 있었다. 오브리를 잃을 때도 이 정도는 아니었다. 이렇게까지 불안하거나 공포가 밀려오거나 마음이 쓰이지는 않았다. 지나간 날들을 돌이켜 보니 슬펐다. 슬프고 안타까웠다. 오브리의 기대에 부응하지는 못했다 하더라도, 그녀가 떠나는 것을 막을 수는 없었다 해도, 내가 할 수 있는 일은 많이 있었고, 그 일을 했더라면 아쉬움이 덜했을 것 같았다.

모니터가 동면 상태에 들어가기 시작했다. 툭 쳐서 깨우려고 일어나는데 모니터가 깜빡거리며 살아났다. 나는 깊은 숨을 들이쉬었다.

4:30. 빨리.

4시 28분이었다. 신발에 발을 쑤셔 넣고 재킷을 들고 집을 나섰다.

후들거리는 다리를 이끌고 가장 가까운 식당으로 갔다. 노퍽 스트리트와 매사추세츠애버뉴가 만나는 모퉁이에 있는, 샌드위치와 수프를 파는 식당이었다. 이곳에선 음식을 먹어 본 적이 없고 늘 지저분해 보인다고 생각했다. 드문드문 놓여 있는 때 묻은 식탁을 둘러보니 내 생각이 옳았음을 알 수 있었다. 카운터 뒤에서는 한 대학생이 전화를 하고 있었다. 굽은 나무로 만든 한 쌍의 의자가 놓인 식탁에서는 한 커플이 싸늘한 침묵 속에서 식사 중이었다. 그 외의 유일한 손님인 금발 여자가 내게 열심히 손을 흔들었다.

창백한 피부색에 비해 눈썹이 너무 진했고, 금발의 곱슬머리는 지나친 블리치로 탈색이 많이 되어 있었다. 내가 자리에 앉을 때도 그녀는 미소 짓지 않았다.

우리 사이에 놓인 쟁반에는 샌드위치가 하나 놓여 있었다. 그녀가 그것을 내 쪽으로 밀었다. 나는 먹고 싶지 않았다.

"직장을 잃었어요."

"알아." 그녀는 의자 깊숙이 앉더니 무심히 나를 쳐다봤다. 그 모습을 보니 놀랍기도 하고 부아가 치밀기도 했다. 나는 하염없이 기다리고 설명을 들어야 하는 상황에 넌더리가 났는데, 그녀는 부모가 돌아올 때까지 시간만 때우고 있는 베이비시터처럼 나를 쳐다보고 앉아 있었다.

"하지만 계약 건을 완전히 접은 것은 아니라고 편집장이 그랬습니다. 내가 사인을 하지 않았……."

"그들이 계약을 한다면 내가 놀랄 거야."

나는 입이 쩍 벌어졌지만 소리는 나오지 않았다.

"네놈이 망쳤어, 클레이."

나는 새파랗게 질렸다. "하지만 당신이 그랬잖아요. 그들이 출간할 거라고."

"아니, 난 네가 내 이야기를 출간할 거라고 했어."

"지금 꼭 말 트집을 잡아야겠습니까? 당신이 그랬잖……."

"내가 무슨 말을 한다고 해서 그 일이 꼭 벌어지는 건 아니야, 클레이." 그녀는 팔짱을 끼고 고개를 들어 나를 쳐다보았다. 서툰 블리치와 싸구려 화장에 어울리지 않게 귀족적으로 보이는, 튀어나온 광대뼈가 도드라졌다. 내가 그동안 바라던 이득, 거의 다 왔다고 생각했던 보상이 멀어져 가고 있었다.

"그럼…… 그러면 다른 곳으로 보낼 겁니다. 부룩스앤하노버보다 더 큰 출판사로 말이죠."

그녀는 내 생각을 고려하는 듯했다. 반지 낀 손이 창백한 머리카락 한 가닥을 만지작거렸다. 다시 내게 눈길을 주더니 내 눈을 살폈다. "좋아. 그럼 그렇게 해봐."

바로 그때 나는 그녀의 눈을 주목했다. 그렇게 사람의 눈 같지 않은 눈은 처음이었다. 갈색의 베니어판 아래 수은 계통의 온갖 색깔들이 번쩍이는 듯했다. 어찌할 바를 모른 채 꼼짝 못하고 앉아 있는 내 머릿속에서 그 목소리가 다시 들려왔다. '떠나!'

"이야기는 어떻게 끝납니까?"

그녀가 간단하게 대답했다. "네놈으로. 내가 말했잖아. 그건 언제나 너에 대한 이야기였다고."

"또 그 말이군요. 도대체 그게 무슨 뜻입니까?" 내 질문에는 하나같이 절박함이 섞여 있었고 그녀의 답변은 하나같이 충분하지 않았다.

"내 이야기는 네 이야기에 밀려났어. 모르겠나? 그래, 물론 모르겠지. 내 말을 들어 봐. 모두 끝난 일이었어. 하나님의 자녀들이 옥수수 낱알이 펑 하고 터져 팝콘이 되듯 펑펑 살아나고 있었거든. 어느 순간, 엘이 어디에나 있었어. 그저 이 메시아를 믿기만 하면, 그가 흘린 피의 선물을 수락의 잔으로 받아 마시기만 하면 엘이 나타났어. 우리는 잊혀졌고 새로운 상속자가 된 진흙 종족에게 밀려났어. 내 아래에서 입을 벌리고 있는 검은 호수가 날이 갈수록 넓어지는 게 보였어. 우리 모두에게 보였지. 우리는 포기하고 드러누울 수도 있었을 거야. 하지만 우리는 이전보다 더욱 맹렬하게 공격에 나섰고 더 큰 고통으로 고통을 달랬어. 우리의 마음은 마비되었고, 두려움을 잊고 더 유쾌한 임무에 집중했어. 증오하는 것이지. 감각이 무뎌지니 기분이 나아지더군. 우리는 한 가지 목적에만 몰두했어. 엘을 믿는 자들을 파괴하는 일이었지."

"하지만 당신들은 이전에도 그들을 못살게 굴었잖아요."

"이번에는 달랐어. 이번에 우리는 사탄의 우렁찬 호령이 울려 퍼지는 걸 들으며 전쟁에 돌입했어. 모든 군사 행동과 인종 청소에서 그렇듯, 우리는 그들의 멤버들, 리더들, 장군들을 공격했지. 그들은 네가 생각하는 그런 부류의 사람들이 아니야."

"무슨 뜻입니까?"

"네이선 사일즈가 죽은 데는 이유가 있어, 클레이."

양팔에 소름이 돋았다. 네이선 사일즈, 펑크족이었던 고등학교 동창. 커먼공원에서 루션을 만난 날, 그가 몇 년 전에 죽었다는 사실을 알게 되었다. "그는 물에 빠져 죽었어." 내가 속삭였다.

루션은 내가 거미줄에 걸려 버둥대는 벌레라도 되는 듯 쳐다보았다.

"조깅하던 예쁜이로 말하자면……."

나는 의자 뒤로 물러앉아 죽음의 조각들을 거부하며 손을 내저었다. 금이 간 차 앞유리, 따로 떨어져 있던 운동화 한 짝, 그리고 도무지 잊혀지지 않는, 핑크색 MP3플레이어의 박살 난 모양. "그 여자에게는 흥미로운 사연이 있어. 남편이 작년에 전처를 버리고 이 여자에게 왔거든. 그런데 올해 그가 양심의 가책에 반응하기로 한 거야. 당장이라도 그가 그들 중 하나, 활짝 핀 영혼 중 하나가 될 상황이었어. 그냥 둘 수 없었지. 그는 영향력 있는 사람이거든."

"그래서 그의 아내를 죽였단 말입니까?"

"너희 미국인들은 달리 믿고 싶어 하지만, 전쟁에는 어떤 규칙도 없어."

"그녀를 죽이는 일이 어떻게 그가 신자가 되는 걸 막을 수 있다는 거죠?"

"그는 마음이 상해서 엘을 탓하고 있지." 그녀가 어깨를 으쓱 했다. 그녀의 목소리는 무덤덤했고 어떤 감정도 들어 있지 않았다. 그녀는 손을 들어 머리를 쓸어 올렸고 등을 약간 굽혔다.

"당신들은…… 이런 일이 자주 일어나나요?"

"말했잖아. 이건 전쟁이라고."

"사람들이 그걸 꿰뚫어 볼 수 없나요? 사람들이 알지 않나요?"

"너는 그걸 꿰뚫어 본 적이 있나?"

그녀가 몸을 앞으로 기울이면서 스웨터의 앞부분이 V자로 벌어졌다. "사람들의 관심을 분산시키는 방법들은 많아. 인간 사회의 관행이 용인하는 기분 좋고 무해한 오락거리라 할 수 있지. 만족. 성공. 인간 사회가 중요하고 귀하게 여기는 모든 것을 추구하는 것도 괜찮지. 멕시코 여행, 포시즌호텔에서 마시는 브랜디, 아우디, 벨몬트의 사립학교." 그녀는 접어서 집어넣은 추첨 번호를 어항에서 꺼내듯 내 머릿속에 들어 있던 항목들을 하나씩 꺼내 나열하면서 나를 쳐다보았다. 얼굴이 화끈거렸다. "그런 게 효과가 있어. 다들 자기는 행복할 자격이 있다고 생각하거든. 미국 헌법에도 적혀 있잖아. 정말 대단한 나라야." 그녀가 능글맞게 웃었다.

벨몬트를 찾았던 그날, 나의 갈망들과, 그곳에 있던 집의 환상이 생각났다.

"인간들을 혼란시키고 속이고 죽이면…… 당신은 무엇을 얻게 되나요?"

그녀가 어깨를 으쓱했다. "아무것도 없어."

"아무것도 없다니, 무슨 뜻입니까?"

"이건 실적별 보상제 같은 게 아니야, 클레이. 현재 상황의 원리일 뿐이지. 아무것도 이해를 못한 거야? 이건 전부 네놈 얘기라고. 부서지기 쉬운 진흙으로 그가 얼마나 조심스럽게 너를 빚었는지. 너를 얼마나 오랫동안 참을성 있게 대했는지. 그는 너를 위해 별별 수고를 다하다가 결국엔 단번에 이루어지는 대속의 기회를 주었어. 그걸 받을 자격이 거의 없는 너에게. 아니, 아무런 자격도 없지!" 그녀는 한 문장을 마칠 때마다 손바닥으로 식탁을 내리쳤다. 그 충격으로 식탁이 흔들리면서 소금통과 후추통이 덜렁대는 이빨처럼 얼룩진 식탁 위에서 흔들렸다. "또 너야!"

'떠나.'

그러나 나는 그저 바라보고만 있었다. 꼼짝도 할 수 없었다. 그녀의 분노와 그 눈에서 이글거리는 검은 빛 때문이었다.

나를 향한 그녀의 증오 때문이었다.

그녀는 등받이에 기대앉으며 별안간 침착해졌다. "하지만 엘의 대단한 선물을 모두가 원하는 것은 아니야. 내가 우려했던 것만큼 나쁜 상황은 아니더군."

"무슨 말입니까?" 내 목소리는 속삭임에 가까웠다. 사람이 듣기에는 너무 작은 소리였다.

"사람들이 선하기 때문이지. 너처럼 말이야, 클레이. 너는 선한 사람이야. 착하게 살아왔지. 네가 그렇듯, 인간들은 자선을 받아들이는 데 익숙하지 않아. 그보다는 자기 힘으로 구원을 얻고 싶어 하지. 하지만 하나 물어보자고. 도대체 선이라는 게 뭐야, 클레이? 점잖은 거? 비교적 나쁘지 않은 상태? 선의를 품는 것? 지옥으로 가는 길은 선의로 포장되어 있다고 했던가? 선의

나 비교적 선한 상태로 충분했다면 엘이 그런 수고를 감수했을 것 같아? 넌 자신이 고통을 겪었다고 생각하지. 하지만 네놈이 고통에 대해 뭘 알아?"

그녀를 치고 싶었다. 고통! 그녀가 내게 고통에 대해 말한단 말인가? 그러나 독선과 분노에 사로잡힌 나는 그녀의 입 끝이 올라가는 것을 보았다. 그녀가 내 별것 아닌 고통을 한심하게 여긴다는 것을 알 수 있었다.

"하지만 내가 뭐라고 네 말을 반박하고 나서겠어?" 그녀가 팔짱을 끼고 말했다. 그녀는 난로에서 열기가 나오듯 온몸으로 분노를 뿜어내고 있었다. "굳이 네 선행의 공로로 판단을 받으시겠다? 그러면 엘은 네 생각을 존중해 줄 거야. 난 그런 모습 많이 봤어. 하지만 엘의 기준에 이른 사람은 아직 없었지. 어쩌면 네가 그 첫 번째 사람이 될지도 모르지. 안 그래?"

"러소 부인에 대해 말해 주세요."

루션은 내 귀에서 뱀이라도 한 마리 빠져나간 것처럼 나를 쳐다보았다.

"그녀는 종교심이 깊어요."

"종교심 따위는 개의치 않아." 벌레라도 씹은 표정이었다.

"교회를 다녀요."

"그것도 상관없어."

"뭐라고요?"

그녀는 어깨를 으쓱했지만 마음이 편치 않아 보였다. "교회는 본래 과격한 신을 상투적인 방법으로 섬기는 곳이야. 너무나 관습적이지. 너무 **편안해**. 뭐랄까, 교회 공동체는 낙원이 아니거든. 이미지 관리하려면 힘들어. 교인은 반듯하게 사는 것처럼 보여야 하잖아. 안 그러면 어떻게 다른 사람을 판단할 수 있겠어? 교회 다니는 인간들이 누구보다 다른 사람을 많이 판단하지. 아예 이론으로 나와 있다고." 그녀는 식탁 가장자리를 덮치듯 붙들었다. 눈빛이 거칠고 사나웠다. "그들은 다른 사람의 부족함을 은근히 좋아하는 것 같아. 그래야 한없이 거룩해야 하는 압박감이 덜어지잖아. 너무나 큰 은혜를 받은 놈들이면서도 그에 보답해 은혜를 베푸는 데는 인색하기 짝이 없지."

내 뒤의 창문 쪽으로 그녀의 눈동자가 움직였다. 나는 무엇이 그녀의 시선을 끌었는지 보려고 고개를 돌렸다. "난 이게 지겨워졌어. 네놈도." 그녀가 나를 쳐다보지 않고 말했다.

고개가 다시 돌아왔다.

"뭐요?"

"가버려. 가서 끝까지 각다귀같이 살아."

"하지만 우리 얘기는 끝나지 않았어요!"

그녀의 눈이 다시 내게 꽂혔다. "아니, 끝났어."

"하지만…… 난 이야기가 어떻게 끝나는지 몰라요!" 또 한 가지 기억나는 것이 있었다. "이 일이 나와 무슨 관련이 있는지도 몰라요. 이 이야기가 결국 내 이야기라고 했잖아요. 이것이 나와 무슨 상관이 있는 거예요?"

"이것이 나와 무슨 상관이 있는 거예요?" 그녀가 내 말을 흉내 냈다. "넌 자기 생각 말고는 할 줄 아는 게 아무것도 없어? 집에 가."

"하지만 내가 어떻게……."

"가."

"난 몰라요……."

"가버려." 그녀가 소리를 지르며 식탁 너머 내게로 돌진했다. 나는 벌떡 일어나 비틀비틀 물러났고 그 바람에 내가 앉았던 의자가 뒤로 쓰러졌다. 그녀가 다시 소리를 질렀다. **"가라니까!"**

나는 커플의 반응을 보지 못했고, 카운터 뒤 학생의 떡 벌어졌을 입도 보지 못했다. 그대로 문을 밀고 나와 줄곧 뛰어서 노픽스트리트의 모퉁이에 이르러서는 거리를 따라 아파트 쪽으로 향했다. 어지럼증이 두건처럼 나를 덮었다. 계단을 기어 올라가서 열어 놓고 나왔던 문을 곧장 통과하니 어두운 골목길의 추적자처럼 어둠이 나를 덮쳤다. 나는 아무 느낌 없이 바닥으로 쓰러지면서 이번 만남에서는 뭔가 크게 잘못되었다는 사실을 알았다.

그녀는 손목시계를 차고 있지 않았다.

29

 화이트숄더. 친할머니가 쓰시던 것과 같은 향수. 그 냄새를 기억하는 까닭은 어릴 때 그 향수병을 들고 할머니 댁 뒷마당을 누비며 고양이를 쫓아가 눈에다 그걸 뿌린 적이 있기 때문이다. 덕분에 볼기를 호되게 한 대 맞아야 했다.
 뭔가 부드럽고 북슬북슬한 것이 얼굴을 스쳤다. 잠시나마 어린 시절의 그 고양이가 꼬리로 내 코를 집적거리는가 보다 생각했다.
 "구급차를 부르는 게 낫겠어요."
 러소 부인이 모직 코트와 장갑을 끼고 내 옆에 무릎을 꿇고 있었는데, 그녀가 내 이마를 짚을 때 스카프가 내 볼을 스쳤다.
 "아주 심하게 부딪치지는 않았어요. 내가 볼 때는 그래요."

"괜찮습니다." 그렇게 말하면서 비로소 내가 바닥에 누워 있고 현관문이 활짝 열려 있음을 알게 되었다.

그녀는 뒤쪽으로 팔을 뻗어 의자를 가져다가 무릎에서 삐거덕 소리를 내며 걸터앉았다. "그래도 구급차를 부르는 게 나을 것 같아요."

"그러지 마세요." 나는 간신히 몸을 일으켜 천천히 앉았다. 몸이 뻣뻣했다. "전 괜찮습니다. 혈당이 갑자기 뚝 떨어져서 그런 겁니다. 계단을 뛰어 올라왔거든요."

그리고 그 이유가 떠올랐다.

처음 보는 루션의 무시무시한 분노. 그래서 집으로 달려왔었다. 어머니의 치마폭을 파고드는 아이처럼, 종교에 심취한 러소 부인이 살고 있는 건물의 보호 속으로 들어가려고.

아니다. 그들이 그녀를 두려워하는 이유는 종교가 아니었다. 나는 이제야 깨달았다. 교회에서 루션을 만난 날이 떠올랐다.

그것은 기도였다.

나는 자세를 바로해서 앉은 뒤 손등으로 턱에 묻은 피를 닦았다. 수염이 자랐으니 피딱지가 앉아도 보이지 않을 터였다.

"먹을 것 좀 갖고 올게요. 준비하는 동안 문 좀 열어 두세요."

나는 고개를 끄덕였고 소파로 자리를 옮겼다.

집에서 만든 누들수프 한 그릇을 비웠다. 러소 부인은 "냉장고에 들어 있긴 했지만 집에서 만든 거예요"라고 말했다. 그리고 샌드위치 하나, 쿠키 세 개를 차례로 먹어 치웠다. 그녀는 내가 먹는 모습을 지켜보며 손자가 학교 연극에서 맡았던 역할, 최근에 배워서 피아노로 칠 수 있게 된 드뷔시 곡 이야기를 했다. "아니, 안 돼요." 그녀가 아무런 주저 없이 말했다. "샌드위치까지 마저 들어요."

다 먹었다. 솔직히 말해 상태가 좋아졌다.

좋아졌고, 피곤했다.

그녀가 친절하면서도 걱정이 담긴 담갈색 눈으로 꼼꼼히 나를 살피는 동안, 그녀 눈가의 주름살이 평소보다 더 두드러져 보였다. 어찌된 일인지 그녀가 그 어느 때보다 인간적으로 느껴진다는 생각이 들었다. 그녀는 뭔가 말하고 싶어 하는 듯했지만, 나는 진짜 괜찮다고, 그저 몸이 녹초가 된 것뿐이라고 안심시켰다.

나는 뭐라도 필요한 게 있으면 가서 노크를 하겠다고 약속했다. 내가 접시들을 집어 들려고 하자 그녀는 내 손을 탁 치더니 그릇을 거두어 자기 집으로 가져갔다.

그녀는 잠시 후 돌아와 필요한 게 있으면 와서 가져가라고 말하고 문을 닫고 나갔다. 문을 잠그려 일어나면서 악마의 외침과 그 사악한 미소를 기억에서 몰아내고 싶은 마음이 간절해졌다. 루션의 기억을 송두리째 삭제하고 싶었고 내 인생의 이야기에서 그를 지워 버리고 싶었다. 몇 달 만에 처음 든 생각이었다.

나는 잠이 들었다. 샌드위치, 금발의 곱슬머리, 루션의 미소, 그 끔직한 미소, 조깅하던 여자와 그녀의 얼굴 없는 남편 꿈을 꾸었다.

깜짝 놀라 잠에서 깨었다. 새벽 3시를 훌쩍 넘은 시간이었다. 온전한 걸음으로 거실로 들어가 더듬거리며 램프를 켰다. 어둠을 몰아내고 싶었다.

책상에 앉아 노트북 컴퓨터를 깨웠다. 일정표는 넘기고 바로 네이션 사일즈를 검색하기 시작했다. 한참 후 고등학교 동창회 홈페이지 사망자란에서 마침내 그를 발견했다. 연도별 사망자 명단이 나와 있었다.

"네이션 사일즈, 1986년 졸업. 미주리 주 인디펜던스 소재 아워세이비어즈교회 청소년 담당 목사."

새벽녘까지 자지 않고 샌드위치 가게에서 있었던 대화를 종이 위에 뱉어 냈다. 작업이 끝난 후, 나는 그 부분을 기록에 추가하지 않기로 마음먹었다. 그것이 내 몸에서 빠져나갔다는 사실이 중요했다. 이제 원한다면 며칠이고 잘 수도 있었다. 새로운 일자리를 찾을 수도 있을 것이다. 그 이야기로 다시 돌아가진 말자고 다짐했다. 그것은 독극물, 현실이 된 공포물, 싸구려 B급 영화처럼 게임에 참가한 인간들을 죽이는 악마의 게임과도 같았다. 나는 그것을 떠나기로 결심했다.

그러나 그날 아침 6시까지도 나는 네이션 사일즈와 퍼블릭가든에서 조깅하던 여자에 대해 뒤늦게 알게 된 사실들, 그에 대한 나의 반응, 내게 소리치던 루션의 입 모양…… 러소 부인의 스카프와 보살핌 아래 깨어난 일, 콧구멍을 간질이던 화이트숄더 향수와 앙고라 털을 이야기에 덧붙이고 있었다.

10시가 조금 지나 책상에서 몸을 밀치고 나왔다. 부엌으로 가서 스낵 하나와 러소 부인이 냉장고에 넣어 둔 여러 주스 병 중 하나를 챙겼다. 냉장고에는 주스 외에도 칠면조고기 조각, 프로볼로네 치즈, 큰 우유 한 병이 있었다. 그리고 조리대 위에는 야채수프 여러 캔, 빵 한 덩어리, 온갖 종류의 신선한 과일이 놓여 있었다. 내가 그러지 마시라고 했지만 그녀는 막무가내로 음식을 가져왔다. 나를 섬기는 일이 자신의 특권이며 벌써 몇 달째 나에 대해 '부담'을 느껴 왔다고 했다.

먹다 만 사과를 들고 책상으로 돌아온 나는 그 자리에 멈춰서 스크린을 골똘히 쳐다보았다.

'나'라는 단어가 밖으로, 내게로 튀어나오는 것 같았다. 일인칭 내러티브. 이야기 안에 담긴 이야기.

천천히 자리에 앉는데 손은 끈적거렸고 베어 문 사과 조각에선 아무 맛도 느껴지지 않았다.

그리고 벨몬트에 있던 그날처럼 나는 그 페이지에 있는 모든 것이 해체되는 광경을 보았다. 그렇게 해서 남은 것은 나무와 금속 조각, 가구의 다리와 흙이 뒤섞인 더미가 아니라, 두 개의 갈라진 이야기였다. 루션의 이야기와……

내 이야기.

"내 이야기는 당신 이야기와 아주 긴밀하게 이어져 있어요. 내 이야기는 결국 당신 이야기에요." 그는 그렇게 말했었다.

그리고 바로 어제. "내 이야기는 네 이야기에 밀려났어."

스크린에 떠 있는 서술자 '나'와 내 모든 두려움, 믿기 어려운 놀라움, 수많은 질문들을 보면서 그의 말이 사실임을 깨달았다.

나는 이야기를 하나 썼다. 이야기의 주인공은 악마 루션이 아니라 나였다.

하루 종일 새로운 눈으로 원고를, 원고 전체를 다시 읽었다. 루션의 입에서 나온 모든 단어가 새롭고 불길한 의미로 다가왔다. 나는 그동안 루션의 이야기의 소용돌이 바깥에 떠 있다고 생각했는데, 이제 보니 그 흐름의 한복판에 딱 걸려들어 있었다.

교전 중인 두 군대 사이에.

하나씩 다시 따져 보았다. 한밤중에 걸려왔던 전화. 브리스틀 라운지에 있던 두 여자. 지하철 안의 남자. 나는 내가 이 모든 일의 관찰자라고 생각했지만, 나는 줄곧 관찰 대상이었고 나 역시 싸움 속에 있음을 알게 되었다.

루션은 그것을 '전쟁'이라고 불렀다. 사탄이 숙명의 대결을 펼치는 상대는 피조물인 인간을 사랑하는, 모든 것을 아는 하나님이었다. 내가 알지 못하는 하나님이었다.

루션이 나를 저주했던 것처럼 나도 그를 저주하고 비난하고 싶었지만, 일정표는 여전히 비어 있었다. 따로 확인할 것도 없었다. 악마는 나를 떠난 것이다.

그는 자기 목적을 달성했다. 그가 자신의 이야기를 너무나 그럴싸하게 제시하고 거미처럼 능숙하게 이야기의 그물을 짜나갔기에, 나는 그것을 벨몬트의 웅장한 저택들처럼 확고한 현실로 여기며 완전히 마음이 사로잡혔다. 그리고 그날 그 저택들이 눈앞에서 무너져 내려 폐허가 되었던 것처럼, 지금의 내 모습에는 남편, 편집자, 작가 지망생, 정직한 사람, '착한 사람' 등 한때 나를 규정하던 어떤 것도 남아 있지 않았다.

무엇보다, 나는 혼자였다. 누구에게 얘기할 수 있을까? 내 실상을 털어놓아도 미친 놈 취급하지 않을 사람이 누구일까? 나는 오브리를 잃었고 쉴라를 외면했다. 몇 달 동안 친구라는 놈들을 아무도 만나지 않았다. 여동생에게 전화를 걸 수는 있을 것이다. 그러나 어디서부터 말을 꺼내며, 설령 말을 한다 해도 여동생이 과연 내 말을 믿을 수 있을까?

러소 부인이 생각났다. 그녀는 뻔뻔한 루션도 접근하지 못하는 친절한 기도의 용사였다. 그녀에게는 말할 수 있을까?

진료 예약을 취소했다. 절박함과 두려움 사이에서 마음이 오락가락했다. 이렇게 평생을 보낼 수는 없었다. 나도 모르게 두 영적 세력 간의 전쟁터에 발을 들여놓았다 해도, 애꿎은 피해자가 되고 싶은 마음은 전혀 없었다.

온라인 성경으로 돌아가 성경 내용과 루션과의 모든 대화가 담긴 내 기록(그것이 정말 내 기록이라는 것이 이제는 보였다)을 다시 비교했다. 그러자 비로소 정리가 되었다. 루션은 질투와 복수 그리고 개연성 있는 종말에 대한 그의 이야기를 마쳤지만, 내 이야기는 아직 끝나지 않았음을, 평생 이야기를 읽으면서 살아온 사람의 감으로 알 수 있었다.

이틀 후 러소 부인의 문을 노크했다. 무슨 말을 해야 할지, 무엇을 요청해야 할지도 모르는 상태였지만, 그녀가 그것을 찾도록 도와줄 수 있을 거라고 믿었다.

그녀가 문을 열었다. 그녀는 특유의 미소와 "어머, 안녕하세요!" 하며 나를 맞는 대신 들어오라고 하고는 서둘러 부엌으로 갔다.

그녀는 가쁜 숨을 몰아쉬고 있었다. 하려던 일을 잊어버린 것처럼 두 손이 허공에서 잠시 머뭇거렸다.

그녀의 집에 들어가면 무슨 말부터 시작할지, 연세 많은 그분의 담갈색 눈을 들여다보며 어떻게 솔직하게 말할지 조마조마했는데, 당황한 듯한 그녀의 모습을 보자 마음이 요란하게 흩어졌다.

"냉장고 문을 열어요. 클레이. 상하기 쉬운 것들을 다 꺼내요. 가져가도록 하세요."

"러소 부인. 이미 음식은 많이 주셨어요. 그것만으로도 며칠은 먹을 수 있어요. 무슨 문제가 있나요?"

그녀는 침실로 들어갔다가 한 손에는 스웨터를, 다른 손에는 책 한 권을 들고 나왔다. 부엌 조리대 위에는 집에서 만든 샌드위치가 랩으로 싸인 채 놓여 있고 그 옆에 사과 하나, 물 한 병이 있었다. 그녀는 그것들을 식탁에 놓인 휴대용 가방에 쌌다.

"클레이, 저 화분들 싱크대에 놓고 물 좀 틀어 줄래요? 바닥으로 물이 나올 때까지 충분히 줘요."

"어디 멀리 가십니까?" 물으면서도 불안한 마음은 커져 갔다.

"아들애가 오늘 아침 출근길에 사고를 당했어요. 내가 손주들을 돌봐 줘야 해요."

나는 깜짝 놀라서 말했다. "정말 안됐군요. 아드님은 괜찮으신가요?"

"병원에 있어요. 내가 아들 집으로 가봐야 해요. 그래야 며느리가 병원에서 아들을 돌볼 수 있으니까. 다시 생각해 보니, 저 화분들 가지고 있을 수 있겠어요? 그리고 내가 없는 동안 신문과 우편물도 수거해 주려면 너무 수고스러울까요? 얼마나 걸릴지는 모르겠지만, 2~3주 이상 있게 되면 연락을 할게요. 고지서들을 보내 달라고 귀찮게 해야 할지도 몰라요."

나는 아무 문제도 아니라고, 도울 수 있어서 기쁘다고 그녀를 안심시켰다. 최대한 도울 마음은 있었지만, 그녀가 떠난다고 생각하니 절절한 외로움이 밀려왔다.

나는 이렇게 제안했다. "나중에 필요한 게 떠오르시면 그냥 전화 주세요. 달리 생각나시는 게 더 있으면 연락 주시구요. 저에게 키가 있으니까요."

"고마워요. 아까부터 클레이를 찾아갈 생각이었는데, 서두르면 오늘 밤에 기차를 탈 수 있겠다 싶어 준비하다 보니 깜빡했네요." 그녀는 주위를 둘러보며 잠시 멍하게 있더니, 곧 뭔가에 시선을 고정했다. 커피테이블에 놓인 닳은 성경책이었다. 그녀는 그것을 가방에 넣었다.

나는 출장을 앞두고 짐을 싸는 아버지나 어머니를 쳐다보는 아이처럼 그 자리에 서 있었다. "저, 혹시 근처에 있는 작은 교회, 가스펠룸에 가보셨어요?"

"아뇨, 못 가봤어요. 부끄러운 일이지요. 그렇게 가까운데." 그녀는 뭔가 빠뜨린 게 없는지 찾으려는 듯 주위를 둘러보았다.

내가 어색하게 말했다. "부인께서 돌아오시면 거기 같이 가봤으면 해서요."

그녀가 잠시 동작을 멈추고 궁금하다는 듯 미소를 지었다. "그거야, 그러면 정말 좋겠어요, 클레이. 그 작은 교회 정말 꼭 가보고 싶어요."

어쩐 일인지, 그 순간 나는 알았다. 내가 생각했던 대로, 그녀 안에는 루션의 지식에 맞설 지혜와 내가 무서워서 물어보지 못했던 질문들에 대한 답이 있었다.

"다녀온 다음에 주일에 함께 외출하면 좋겠네요. 그전에 손주 녀석들 때문에 내가 녹초가 되지 않는다면 말이에요." 그녀가 가볍게 웃었다.

그날 밤 나는 러소 부인이 준비해 놓은 '상하기 쉬운 것들' 중에서 양상추와 토마토를 골라 샌드위치를 만들어 먹었다.

오브리 생각이 점점 많이 났다. 한때 그랬던 것처럼 거의 매시간 그녀 생각이 났다. 그녀를 잊어버린 날들에 대해, 다른 대상에 정신이 팔려 그녀를 생각하지 못했던 날들에 대해 설명할 수 없는 죄책감이 밀려왔다. 학창 시절, 흥미로운 새 친구가 나타나 이전까지의 충실한 친구들을 하찮게 여기다가, 아니면 새로 사귄 사람에게 빠져 전부터 알던 사람들을 친숙하다는 이유로 소홀히 여기다가, 어느새 그 새 얼굴의 광채가 점점 희미해지거나, 설상가상으로 그가 새로 나타난 사람에게 심취하여 내가 홀대받는 입장이 되었을 때 옛 친구와 지인들에게 느낄 법한 감정이었다.

떠나간 쪽이 그녀였다는 건 중요하지 않았다. 있는 그대로 말하자면, 그러니까 나 자신에게 정직하게 말하자면, 그녀를 먼저 떠난 쪽은 나였다. 행동으로 옮기지 않았을 뿐, 마음은 그랬다.

이제 루션에게 버림받고 나자, 내 생각은 다시 그녀에게 돌아가고 있었다. 내 이기심을 깨닫자 스스로가 참 한심하게 느껴졌다. 그러면서도 궁금했다. 그녀는 지금 행복할까, 아니면 라디오 볼륨을 아주 크게 틀어 놓고, 포크를 들고 접시 위의 음식이 무슨 하키퍽이라도 되는 듯 여기저기 집적대고, 어떤 화제나 대화는 으레 피하려 들고, 한때는 재미있게 들렸으나 이제는 줄 달린 장난감처럼 시시해져 버린 말들만 되풀이하는 리처드에게 싫증이 났을까? 미술관에서 그녀를 본 이후 처음으로 전화하고 싶은 생각이 들었다.

그러나 나는 다시 원고로 돌아가 러소 부인과의 대화, 오브리 생각, 책 끝 부분에 나오는 괴물에 대한 두려움 등을 적어 넣었다.

30

러소 부인이 가고 나니, 무방비 상태로 노출된 듯 무서웠다. 그러나 한편으론 희망적이기도 했다.

그녀가 떠났고 '영적 잡음'이 더 이상 존재하지 않으니 루션이 내게 돌아올까? 만약 그가 나타난다면 나는 그를 환영하게 될까? 마지막 만남의 기억이 아무래도 떨쳐지지 않았다. 그가 외치는 소리를 생각하자 등골이 오싹해졌다.

내 생활로 돌아가야 한다고 다짐했다. 내가 아는 한, 삶은 여전히 나를 기다리고 있었다. 그리고 일자리를 찾아야 했다.

어느 날 밤, 나는 침대에 누워 미래를 그려 보았다. 불면과 악마들로 가득했다. 천장을 빤히 쳐다보면서 러소 부인을 생각했다.

"엘?" 나는 작은 소리로 말했다. 바보 짓 같았다. 그 다음엔 이렇게 말했다. "엘로힘?" 밤은 침묵으로 대답했다.

러소 부인이 그리웠다. 이기적인 이유들로 그녀의 아들이 빨리 낫기를 바랐다. 루션의 말이 옳았다. 나는 그리 선한 사람이 아니었다.

다음 날 나와 러소 부인에게 온 우편물을 함께 챙기다가 고지서 하나와 그녀가 구독하는 잡지 〈쿠킹라이트〉 사이에 삐죽이 나와 있는 그것을 보았다. 한쪽 구석에 보이는 큰 B를 보고 어디서 온 편지인지 알 수 있었다. 그것만 빼내어 만져 보니 종이 한 장이 들어 있었다. 읽어 볼 것도 없었다.

그러나 어쨌거나 읽어 보았다.

> 친애하는 클레이,
> 최근 우리의 결별에 비추어 볼 때, 본사는 이 시점에서 〈악마의 회고록〉을 사양하는 것이 최선이라 생각합니다. 다른 출판사에서 출간을 자유롭게 알아보시기 바랍니다.
>
> 행운을 빌며,
>
> 브룩스앤하노버출판사 편집장
> 헬렌 제나로

내 원고, 내 이야기(이제는 그것이 정말 나의 이야기임을 알았다)는 세상에 퍼뜨리는 내 진실이었다. 그것은 내 목소리였다.

그러나 이제 그 기회도 사라졌다.

다음 날 아침이 되었을 때 나는 공황 상태였다. 전날 입었던 옷을 갈아입지도 않고 컴퓨터 앞에 서둘러 앉았고, 짐작대로 일정표에 아무것도 뜨지 않자 키보드를 주먹으로 내려쳤다.

거리로 나온 나는 매사추세츠애버뉴에서 벗어나 세인트메리성당 쪽으로 걸어갔다. 성당으로 가는 건 아니었다. 성당에서 반 블록 못 미친 곳에 이르러 자그마한 가스펠룸 앞에 멈춰 섰다. 개조한 집의 구조로, 50명 이상 수용하기 힘들 듯 보였다. 거기 한참을 서 있다가 사슬로 엮은 자그마한 정문을 열고 손잡이를 돌렸다.

잠겨 있었다.

왜 하나님의 집들은 늘 잠겨 있을까?

발걸음을 돌리다가 인먼스퀘어 모퉁이에 서서 나를 지켜보는 사람을 보았다. 처음에는 기겁을 했지만 조금 지나자 화가 났다.

"뭐요?" 나는 소리를 지르며 따졌다. "당신 누구 편이야?"

짧은 재킷을 입은 남자는 그냥 거기 서 있었다.

"당신이야?" 내 목소리에는 어느 쪽인지 알 수 없는 뭔가—희망, 분노, 절박함, 무분별함—가 담겨 있었다. 나는 도로를 건너기 시작했는데 그 인물은 몸을 돌리더니 어슬렁어슬렁 사라졌다.

그가 서 있던 자세는 어딘가 낯이 익었다. 맞은편 집 현관 기둥에 기대고 있던 사람! 혹시 그 사람일까? 눈에 불을 켜고 다시 그를 좇아 모퉁이를 돌았는데 그는 사라지고 없었다.

핸드폰에 딸린 전화번호부를 스크롤해서 몇 달 동안 전화한 적이 없는 번호를 선택하고 버튼을 눌렀다. 그동안에는 전화가 오면 누군지 알기 위해, 대화할 기분이 아닐 때 전화를 받지 않기 위해 번호만 저장해 둔 것이었다.

처음으로 카트리나에게 전화를 걸었는데 신호음이 다섯 번 울리도록 받지 않자 포기하고 메시지나 남길까 했다. 그러나 그때 누군가가 전화를 받았다. 순간 나는 번호를 잘못 누른 건 줄 알았다. 내가 알던 여자의 목소리가 아니었기 때문이다.

"카트리나 씨 계세요?" 나는 그녀가 전화번호를 바꿨나 보다 생각하고 물었다.

"전데요."

"카트리나." 나는 깜짝 놀랐다. 처음에 그녀의 목소리를 알아듣지 못한 이유를 알 수 있었다. 너무나 지친 목소리였기 때문이었다.

"클레이?"

"그래요, 저. 클레이에요." 나는 더듬거리며 말했다.

"브룩스앤하노버출판사를 떠났다고 들었어요."

"그렇게 말할 수 있겠네요. 저 때문에 잠이 깬 건가요?"

"아뇨, 아뇨, 좀 지친 것뿐이에요."

카트리나 던 램프가? 지쳤다고? 말문이 탁 막혔다.

"목소리가 전혀 달라요."

"예, 그래요. 작은 종양이 있어서 치료를 받고 있어요."

카트리나가 다른 사람들처럼 자연의 변덕에 고스란히 노출되어 있다니, 전혀 뜻밖의 상황이어서 잠시 주저했다. "몰랐군요. 정말 안타깝습니다." 내 말은 진심이었다. '선한 사람들에게 왜 나쁜 일들이 벌어질까?'

'선한 사람은 없어.'

"전화해 줘서 기뻐요. 그동안 연락 못해서 미안해요. 여기저기서 며칠씩 일하는 것으로 일을 줄였어요." 전화 너머로 개 짖는 소리가 들렸다. 누군가가 개를 조용히 시키자, 그녀가 말을 덧붙였다. "일을 그만둘까 생각하고 있어요."

충격이었다. 무슨 말을 해야 할지, 무엇을 물어봐야 할지 생각나지 않았다. 명품 핸드백과 매니큐어 칠한 손톱으로 무장한 솜씨 좋은 에이전트라는 사실 외에 그녀에 대해 아는 바가 없었다. 그리고 상황은 여의치 않았지만, 함께 통화하는 순간과 그 순간의 그녀에게는 뭔가 상당한 매력이 있었다. 대단히 인간적인 매력이.

우리는 30분 가까이 대화를 나누었다. 그녀는 치료 기간에 코네티컷에 가서 몇 달간 언니와 지냈고, 쉬면서 몸도 회복하고 자신의 삶도 재평가하게 되었다고 했다.

"클레이, 말도 안 된다고 생각하겠지만, 나는 이번 경험을 통해 영성 같은 문제들에 대해 생각하게 되었어요."

그녀에게 이런 말을 듣게 되다니, 정말 상상도 못한 일이었다.

물론, 내 사정을 안다면 누구나 같은 말을 했을 것이다.

하마터면 말해 버릴 뻔했다. 그녀에게 털어놓을 뻔했다. 그러나 나는 어눌한 말투로 이렇게 말하고 말았다. "그거 정말 잘됐네요, 카트리나."

"친구들은 절 카트라고 불러요."

"카트, 정말 잘됐어요."

내 원고 이야기는 꺼내지도 않고 다음 주에 다시 전화하겠다고만 말하고서 전화를 끊었다.

그날 밤, 몇몇 지역 출판사들에 보낼 출간 신청서를 작성하다가 창문 쪽을 보며 생각했다. 그가 거기 있을까. 누구든 있을까? 내가 아는 한, 러소 부인이 없으니 루션은 언제라도 내 문 앞에 나타날 수 있었다.

그러나 일정표는 여전히 고집스럽게 비어 있었고 달 표면처럼 밝고 비정하게 느껴졌다.

31

매일 아침 커피를 마시러 나갔다. 그리고 그때마다 찾아보았다. 모퉁이의 그 인물을. 쌍으로 서 있는 사람들을. 근사한 손목시계를 차고 눈에선 지력이 번뜩이는 사람들을. 가스펠룸 앞에 섰던 날부터 3일 후 아침, 맹세컨대 금발의 극성 엄마가 동네 스타벅스 모퉁이를 돌아가는 것을 보았다. 비토리오식당에서 만났던 루션의 모습을 기억하고는 그녀를 보려고 허겁지겁 달렸지만 그녀는 어느새 한 블록 앞에서 사라져 버렸다. 이틀 후에는 할로윈 가면들을 보던 날 교회에서 만났던 흑인을 본 것 같았다. 그러나 그가 도로를 건너자마자 차들이 밀려오는 바람에 놓치고 말았다.

러소 부인이 손주들을 돌보기 위해 떠난 후 한 주와 또 한 주의 절반이 지나갔다. 그녀는 전화하지 않았다. 롱아일랜드에 사는 그들을 찾아가 볼 수도 있었지만, 연락이 없는 것을 그녀가 바쁘다는 뜻으로 받아들이고 그냥 있기로 했다. 그동안 나는 계속 그녀의 화분에 물을 주었고 그녀의 우편물을 챙겼다. 그녀가 주고 간 상하기 쉬운 음식들을 다 먹었고, 수프와 그날의 특식을 사러 생협에 정기적으로 들렀다. 내 생활과 정신은 허물어지고 있었지만, 몸만은 다시 건강하게 돌려놓기로 마음먹었다. 진료 예약도 다시 잡았다. 생활습관을 개선했는데도 어지럼증이 계속 나를 괴롭혔기 때문이다.

규칙적인 일상 비슷한 것을 몇 가지 회복하긴 했지만, 이전 생활의 몇몇 흔적들은 영원히 사라져 버렸다. 도로에서 값비싼 차가 지나가는 것이나 가정용품점 '보울앤보드' 진열창에 놓인 새로운 상품을 볼 때면 늘 파편 더미가 떠올랐다. 그런 것들을 전혀 원하지 않고 그 모두에 전혀 매력을 느끼지 못하는 내 모습을 발견했다.

카트리나와 두 번째 대화를 나누었는데 짤막한 통화였다. 그날 그녀가 몸이 좋지 않아서 얘기를 길게 할 수 없었다. 나는 그녀가 기력을 되찾으면 보여 줄 게 하나 있다고 했다. 하지만 그녀를 기다리는 기존 작가들이 이미 많다는 걸 알기에 큰 기대는 하지 않았다. 고맙게도 그녀는 나중에 상의해 보자고 말해 주었다. 그녀의 건강을 생각하면 이게 무슨 짓인가 싶기도 했다. 하지만 할 수만 있으면 원고를 팔아야 했다. 브리스틀라운지에서 인터뷰를 하거나 〈패리스리뷰〉에 실리기를 바라서가 아니라, 브룩스앤하노버출판사에서 마지막 급료를 이미 받았고 출간 제안서를 여러 군데 보냈지만 아무런 연락도 받지 못했기 때문이었다.

한때 루션의 이야기였으나 이제 완전히 내 것이 된 이야기의 끝 부분에서 나는 깜빡이는 커서를 계속 빤히 쳐다보았다.

나흘 후 모닝커피를 마시고 돌아오는 길에, 커먼공원에서 봤던 펑크족 소년이 상점에서 나오는 모습을 본 것 같았다. 도로를 건너던 내가 반 블록 정도 위쪽에 있었다. 나는 그를 소리쳐 불렀지만 앞서 극성 엄마와 흑인의 경우처럼, 그리고 바로 어제 길거리 어느 모퉁이에 승객을 내려놓고 나의 외침을 외면한 채 급히 출발해 버린 택시 운전사처럼, 그는 돌아보지 않았다. 혹시 내가 《꿈꾸는 회상록》의 저자는 아닐까, 이 모든 만남이 다 나의 환각은 아닐까, 하는 생각이 들었다. 그러면서도 루션이 걸쳤던 여러 사람의 모습과, 맞은편 집 현관 기둥에 기대고 있었고 며칠 후 인먼스퀘어에서 사라졌던 사람이 있는지 매일 찾았다.

그날 아파트에 도착해 보니 러소 부인의 집 문이 열려 있었다. 깜짝 놀라 심장이 두근거렸다. 두려움이 아닌 희망 때문에 놀라고 조마조마한 것이 도대체 얼마 만인지 기억도 나지 않았다.

"러소 부인?" 나는 그녀를 부르며 집 안으로 들어섰다. 안쪽에서 소리가 들려왔다. 뭔가를 종이로 싸는 듯 바스락거리는 소리였다. "러소 부인?"

아이들을 데리고 어머니를 자주 찾았던 러소 부인의 딸 사만다가 침실에서 나왔다. 얼굴이 초췌했고 눈은 부었고 눈가가 충혈되어 있었다.

나는 멈칫했다.

"클레이 씨." 그녀가 가벼운 미소를 지으며 말했다. 그녀의 입이 금세 일그러졌다. 그녀는 한 손을 눈으로 가져가더니 흘러내린 머리카락을 뒤로 쓸어 올렸다.

나는 그녀를 빤히 바라보았다. 침실에서 누군가 일하는 소리가 들렸다. 그녀의 남편 케빈인 듯했다. 심장이 불규칙하게 뛰기 시작했다.

"뇌졸중이었어요." 그 말은 새된 소리로 터져 나왔다. 그녀의 뒤쪽 침실에서 케빈이 나왔다.

"안 돼, 안 돼." 그렇게 말하면서도 그것이 그녀를 위한 것인지 나를 위한 것인지, 아니면 돌덩이처럼 나를 짓누르는 이상한 죄책감 때문인지 알 수 없었다. 케빈은 한 팔로 아내의 어깨를 감싸고 다른 손을 뻗어 차가운 내 손을 잡고 인사했다.

"하지만 뉴욕으로 가셨잖아요." 나는 케빈의 손을 쥐고 멍하게 흔들면서 말했다. 하나같이 말이 안 되는 상황이었다.

"병원으로 모셨지만 의식을 회복하지 못하셨어요." 케빈이 말했다.

"그게 무슨 뜻입니까? 무슨 일이 있었습니까?" 양손이 떨리기 시작했다. 그녀의 죽음이 어떤 식으로건 나와 관련이 있을까?

나도 모르는 사이 몇 달 동안 기도하는 그녀의 그늘 아래 피해 있었던 것이 그녀에게 과도한 관심이 쏠리게 한 걸까?

사만다가 내 팔에 손을 얹었다. 나를 위로하는 듯했다. "하나님이 엄마를 불러 가셨다는 뜻이에요." 그녀가 잔잔한 미소를 지으며 말했다.

"왜요?" 나는 어린아이가 된 것 같았다.

그 순간 사만다의 미소는 러소 부인의 미소와 너무나 비슷했다. 그녀가 고통 가운데 누리는 평온함을 엿볼 수 있었다. "엄마가 아주 멀리 가셨으면 좋겠어요?"

'하지만 난 러소 부인이 여기서 필요하다구요!' 나는 그렇게 소리치고 싶었다. 내 주위에서 아파트가, 화분들이, 새 컴퓨터가, 계단이 허물어져 쓰레기 더미로, 무의미한 상태로 바뀌고 있었다. 사만다가 내 어깨를 꽉 눌렀다. "하지만 엄마는 클레이 씨를 사랑하신 게 분명해요. 지난 번 저희 집에 오셨을 때, 교회에서 클레이 씨 이름을 내놓고 기도 요청을 했어요. 엄마는 클레이 씨를 마음에 품고 계셨어요." 그녀의 볼에서 눈물이 흘러내렸.

그녀는 결국 손으로 얼굴을 가리고 돌아섰다. 나는 한 걸음 뒤로 물러섰다. 그 상황을 받아들일 수 없었다. 러소 부인이 돌아오지 않는다니, 나와 함께 그 작은 가스펠룸으로 가서 내가 알아야 할 내용들을 말해 줄 수 없다니, 믿을 수가 없었다.

"어머님의 화분을 가지고 있습니다." 나는 힘없이 어눌하게 말했다.

"어머니 물건을 어떻게 해야 할지 모르겠어요. 오빠가 아직 회복 중이거든요. 혹시라도 갖고 있기가 불편하시면……."

"아뇨, 아뇨, 전 괜찮습니다." 그렇게 말하고 러소 부인의 집을 둘러보았다. 그녀는 저기 식탁에서 휴대용 가방을 쌌고, 여기 부엌에 서서 자신의 상하기 쉬운 음식들을 내게 주었고, 바닥으로 새어 나올 때까지 화분에 물을 주라고 말했었다.

"안타깝습니다. 제가 도울 일이 있다면 알려 주세요." 그 말이 그들을 위한 것인지 나를 위한 것인지 알 수 없었다.

집으로 들어온 나는 비틀거리며 식탁 의자의 등받이, 식탁, 벽을 차례로 붙들었다. 책상으로 급히 걸어가 수백 쪽에 이르는 짝이 안 맞는 원고 더미에서 위쪽의 한 더미를 집어 긴 동작으로 한번에 쫙 찢어 버렸다. 떨어져 나가는 절반은 버려두고 남은 절반 중 일부를 잡아 다시 절반으로 찢었다. 원고 더미를 한 움큼 더 집어 찢고는 그 조각을 붙잡아 찢고 또 찢었다.

"넌 네 회고록이 출간되기를 원했어. 나는 내가 할 수 있는 모든 일을 다 했어. 모든 걸 희생했다고! 살인자! 살인범!" 아만다와 케빈이 내 목소리를 들었을 것이다. 내 말을 듣는 사람은 누구나 나를 미친놈으로 생각할 것이다. 그래. 나 미쳤어. 나는 원고 더미를 또 한 움큼 쥐었지만, 그것들을 조각조각 찢기 전에 팔이 멈추었다. 종이에 있는 단어들이 내게로 튀어나왔다. '나'라는 나무로 가득한 숲, 그리고 내 손에 든 페이지에 실린 질문이 눈에 들어왔다. "이것이 나와 무슨 상관이 있나요?"

나는 책상 옆의 바닥에 쓰러져 흐느꼈다. 절반 혹은 사분의 일로 찢어진 종이들이 책상 가장자리에서 미끄러져, 불이 난 후 하늘에서 떠내려 오는 재처럼 내 주위로 떨어져 내렸다. 나는 두 눈을 가렸다. 왈칵 터져 나오는 울음에 어깨가 들썩거렸다. 나는 존재 여부조차 확신하지 못하는 하나님에게 부르짖었다. 그, 그녀, 그것—무엇이 되었든 상관없었다. 하나님만이 심연으로 변해 버린 나의 세계를 바라보며 토해 내는 나의 애곡哀哭을 이해할 수 있을 것 같았다.

그 상태로 오랫동안 있었다. 울음이 잦아들고 나자 몸이 한없이 노곤해져서, 퉁퉁 부어 잘 떠지지도 않는 눈을 닦을 힘도 없었다.

이전에도 나는 루션에게서 달아날 수 없었다. 그가 나를 버린 지금도 여전히 그랬다. 이것은 연옥이었다.

아니, 지옥이었다.

32

한때 아늑하다고 생각했던 아파트 건물이 하룻밤 사이 기숙사 같고 조악해 보였다. 계단 층계참에 깔린 산업용 카펫은 차가워 보이고 더러웠고, 우편함은 라벨 제조기로 찍어 낸 명찰이 붙어 있는데도 인간미가 없어 보였다.

모닝커피는 잊었다. 러소 부인의 집 문을 빤히 바라보았다. 이제 그곳에는 커피케이크도, 초콜릿칩쿠키 냄새도, 가스펠음악과 방문자들의 소리도 없었다. 전의 그 이메일을 찾아내어, 위험을 무릅쓰고라도 Light1에게 또 다른 메시지를 보내고, 결과가 어떻게 되건 그를 불러내 보면 어떨까 생각했다. 블로그에 이런 글을 올릴 생각도 했다. "악마를 만나 보셨나요? 악마와 이야기해 봤습니까? 그의 이름이 루션이었습니까?"

그러나 나는 어느 것도 하지 않았다. 다만, 내 정신에 아무 문제가 없다고 생각하면서도, 사흘 뒤 의사의 진료를 받을 때 정신과의사를 추천해 달라고 하기로 했다.

항불안제 처방도 요청할 참이었다.

잠을 자면 온갖 악몽에 시달렸다. 여러 모습의 사람 얼굴들이 나타나 차례로 나를 비웃었다. 검은 고무 뿔 달린 가면들이 나타났는데, 그 눈은 나를 똑바로 쳐다봤다. 두 거울 사이에서 영원히 비추어지는 영상처럼 얼굴 안에 얼굴이 끝없이 들어 있는 시계도 나타났고, 귀 바로 옆에서 울리는 종소리처럼 요란한 초침의 재깍거림도 들렸다.

깨어나 보니 파크스트리트교회 뾰족탑에서 나오는 것 같은 종소리가 막 울린 뒤였다. 거의 사흘 동안 침대에 누워 있었다. 책상으로 가서 컴퓨터 전원을 켰다.

내 원고, 끝나지 않은 내 이야기가 담긴 파일을 응시했다. 내 모든 에너지, 내 생명을 쏟아 부은 회고록이었다.

파일을 선택했다.

삭제 버튼을 클릭하기 직전, 모퉁이에 안내문이 나타났다.

오후 5:00.

L.

그날 오후, 나는 영영 다이얼을 누를 일이 없을 줄 알았던 번호로 전화를 걸었다.

전화를 받는 목소리는 놀란 듯했지만 적대적이지는 않았다.

"너무 뜻밖이네요."

"어떻게 지내는가 싶어 그냥 전화한 거야."

"괜찮아요. 아주 잘 지내요. 전화받고 놀랐어요." 오브리가 말했다. "무슨 일 있어요? 괜찮아요? 목소리가 피곤하게 들려요."

"당신도 그렇군."

"네, 요즘 좀 그러네요. 미술관에서 봤던 그 여자분 아직도 만나고 있어요?"

나는 머뭇거렸다. "아니. 안 만나."

"그래도 된다는 거 알잖아요, 클레이. 당신은 그럴 자격 있어요. 행복할 자격이 있어요." 그녀의 말을 듣자 루션이 샌드위치 가게에서 했던 말이 그대로 떠올랐다.

'모두가 행복을 누릴 자격이 있다고 생각하지.'

"궁금한 게 있는데, 쉴라와 얘기해 봤어?"

"쉴라가 이사한 후로는 한 번밖에 못해 봤어요. 말수가 많이 줄었어요. 당신이 그랬던 것과 비슷한 것 같아요."

"쉴라가 떠나기 전에 전화했었어. 내가 제대로 응대를 못한 것 같아. 아니, 난 무례했어."

"쉴라가 얘기해 줬어요. 그녀는 당신이 도와줄 수 있을 거라고 생각했대요. 나보다 더." 그녀가 뭔가 작은 소리를 냈는데, 웃음소린 아니었다.

"왜 그렇게 생각했을까?" 그녀가 내 사무실에 들어오던 날과,

카보 산 루카스의 호텔 방에 걸려온 전화가 생각났다.

"헤어지게 된 이유를 말해 주지 않던가요?"

"별로…… 아니. 많은 말을 듣지는 못했어."

"댄이 그녀를 떠났어요, 클레이."

시선을 들어 침실 쪽을 바라보았지만 침실이나 다른 가재 도구는 눈에 들어오지 않았다. 그날 내 사무실에 와서 남편과 얘기해 줄 수 있는지 물으며 양손을 꼭 쥐던 그녀의 얼굴만 아른거렸다. 꼭 자기 깃털을 뽑으려는 새처럼 느껴졌었다. 기분이 좋지 않았다.

"그래. 하지만……."

"쉴라가 저녁에 몇 번 우리 집에 들렀어요. 남편이 다른 사람을 만나는 것 같다고 염려하더군요. 난 그녀에게 좋은 친구 노릇을 못했어요, 클레이. 그녀의 말이 모두 타당하다고 말하지 못했어요. 나 자신이 너무 부끄러웠거든요. 댄도 그랬어요. 그도 직장에서 알게 된 사람과 사귀고 있었죠. 사무실 여직원 중 한 명이 쉴라에게 이메일을 보내와 이야기 좀 나눌 수 있겠느냐고 했대요. 그녀가 모든 것을 말해 줬어요."

쉴라가 친구 집에서 내 문자에 답신을 보냈던 저녁. 그녀의 컴퓨터 화면에 떠 있던 "꼭 만나야겠어요"라는 이메일. 루션은 은근하게 그녀의 불륜을 암시했었고, 내가 그렇게 믿었을 때 굳이 부인하지 않았다.

'악마!' 소름끼친다는 말로는 부족했다. 책임감이 밀려왔다.

"쉴라에게 전화를 해야겠어, 오브리. 번호 좀 알려 줘."

번호를 받아 적으면서도 언제 전화하게 될지, 뭐라고 해야 할지 알 수 없었다.

통화 막바지에 내가 말했다. "오브리? 당신에게 뭐가 부족했던 거야? 돈이었나? 내 직업이었나?"

"그러지 말아요." 그녀의 목소리가 떨렸다. "그러지 말아요. 당신 잘못한 거 없어요."

"다 잘못했지."

"아뇨, 잘못한 거 없어요. 당신은 좋은 사람이에요."

그 말이 싫었다. 그 말을 듣는 게 싫었다. 좋은 사람이 되어서 얻은 게 무엇인가? 루션의 말이 내 머리와 전화선 사이 어딘가에서 메아리쳤다.

'내가 하나 물어보지, 선하다는 게 뭐야, 클레이?'

나는 답을 알았다. 선한 걸로는 충분하지 않았다.

하지만 어쨌거나 그녀가 좋은 뜻으로 한 말임을 알았기에 고맙다고 했고, 몸은 괜찮으냐고 다시 물었다.

"괜찮아요. 그리고 나 임신했어요."

그 말과 함께 그녀가 돌이킬 수 없이 내게 멀어지는 것이 느껴졌다. 내가 품었던 모든 희망, 스스로도 차마 인정하기 두려웠던 희망이 하수구에 빠진 동전처럼 사라져 버렸다.

"그거 잘됐네, 오브리. 정말 좋은 일이야." 내 목소리는 공허했다. 한두 마디 덕담을 더한 뒤 우리는 전화를 끊었다.

너무 불공평하게 느껴졌다. 그녀는 내가 그녀와 공유하기 원했던 멋진 집에서 아이들을 기르며 근사하게 살아갈 것이다. 나와 상관없이. 내가 겪은 일을 겪을 일이 없을 테고, 내가 지난 몇 달을 어떻게 보냈는지도 모를 것이다.

불공평했다. 하지만 나는 그 상황에 너무 오랫동안 매여 있었다. 현실적이건 아니건, 우리는 각자 나름의 이유와 기대들이 있었는데, 그녀가 나를 배반하고 버린 것만큼이나 나도 그녀를 실망시킨 부분이 분명히 있었다. 나는 좋은 사람이었지만 그녀보다 나을 것도 없었다.

나는 그녀를 용서했다.

루션과 만난 첫 번째 날 저녁 이후 에사드의 식당에 간 적이 없었다. 유리문에 매달린 종에서 소리가 났다. 날카로운 금속성 소리가 지나치게 요란했다. 그릴과 치킨과 버거와 자이로 냄새가 콧구멍으로 밀려들었고, 나는 다시 한 번 10월의 그날 저녁으로 돌아갔다.

그러나 오늘 저녁, 나는 다른 사람이었다.

지중해 출신의 낯선 남자가 거기, 같은 식탁에 앉아 있었다. 이번에는 그가 나를 부를 때까지 기다리지 않고 곧장 그의 식탁으로 걸어가 앉았다.

"당신은 내가 거짓을 믿게 했어요." 내가 말했다. 그의 머리는 이전처럼 이마 위에서 구불거렸지만, 이번에는 그의 외모가 그리 부럽지 않았다. 그의 모직 바지를 봐도 코냑, 요트, 코히바 시가가 떠오르지 않았다.

스테인리스스틸 재질의 묵직하고 값비싼 그의 손목시계 또한 내 관심을 끌지 못했다.

그는 나를 꼼꼼히 살폈고, 책을 읽는 것처럼 내 얼굴을 훑었다. 그리고 희미하게 미소를 지었다. "하지만 거짓말은 하지 않았어." 그는 슬랙스와 캐시미어 스웨터의 소맷부리에 묻은 먼지를 떼어 냈다. 그 모습이 리처드를 연상케 했는데, 까다롭고 꾸민 듯한 느낌을 주었다.

"그리고 러소 부인은?"

"그게 너하고 무슨 상관이야?"

그의 말이 옳았다. 그건 그녀와 그녀의 신 사이에서 해결할 문제였다. 어쨌거나 이제는 루션이 내가 묻는 대로 답할 거라 기대하지도 않았다. 물어본다고 해서 그녀가 다시 돌아오거나, 복수할 수 있거나, 내게 도움이 되는 것도 아니었다.

악마가 딴 곳을 쳐다보면서 내 시선을 피했다.

"이야기가 끝나지 않았어요." 내가 말했다.

"아, 그놈의 이야기." 그가 싸늘하게 말했다. 생각하는 척 턱을 두드리다가 의자 깊숙이 등을 기대더니 그리 심하지 않은 매부리코 너머로 나를 바라보았다. "이거 한번 들어 봐. 며칠 전 밤에 내가 꿈을 꿨어. 악마의 꿈이 진짜 꿈인지는 몰라. 하여간 꿈속에서 나는 거대한 거울 앞에 서 있었어. 그 거울은 내가 아름답다고 생각했던 모든 것의 모습을 왜곡시키고 흉측한 모양으로 보여 주고, 속으로만 짐작하고 있던 추한 모습으로 나를 비춰 주는 거야. 거울에 비친 루시퍼의 모습은 너무나 기괴했어. 그의 눈과 친숙한 존재감이 아니었다면 알아보지 못할 뻔했어. 깨어 있는 상태에서 꾸는 이상한 꿈에서 벗어나고 보니, 내가 거울을 바라본 게 아니라 모든 사물의 모습을 있는 그대로 본 거라는 생각이 들었어. 모든 것은 진리의 거울에 대고 그 참된 빛 안에서 봐야 하는 법이거든."

"그게 이번 일과 무슨 관련이 있어요?" 나는 분노, 슬픔, 격분이 일시에 끓어올랐다.

그의 입이 일직선을 이루었다. "며칠 전에 루시퍼를 보았어. 여전히 빛나는 나의 군주. 여전히 아름다웠어. 예전처럼 그렇게 놀라운 정도는 아닐지 몰라. 수천 년의 세월이 미친 영향이 마침내 나타나고 있는 거겠지. 골동품을 윤이 나게 닦는 천이 마침내 해어지듯, 신자들의 입맞춤에 성상의 금박이 벗겨지듯 말이야. 하지만 그는 여전히 아름다워." 그의 눈이 섬뜩하게 빛났다. "옛날, 첫 번째 에덴의 그 기나긴 전원 풍경 속의 그를 기억하는 건 지금도 감당하기 힘들어. 이후 벌어진 온갖 일을 받아들인 지 이미 오래 되었는데도 그래. 지금 그를 바라봐도 여전히 놀랍지만 이전처럼 완벽한 피조물이 아니야. 다시는 그럴 수 없겠지. 따지고 보면 이전과 똑같은 존재는 없어. 너도 마찬가지야, 클레이."

그는 기대에 찬 눈으로 나를 바라보았다.

내가 신랄하게 물었다. "그렇게 말하면 기분이 더 좋아집니까? 미래가 정해져 있고 그것에 대해 아무것도 할 수 없으면서, 자신의 생애를 자꾸만 되새기는 것이 좋아요? 그렇게 과거 속에서 살고 싶어요? 당신이 루시퍼를 봤건 말건 난 개의치 않아요! 이야기가 어떻게 끝나는지만 말해요. 이야기는 아직 끝나지 않았어요!"

사악한 미소가 가시더니 무시무시한 눈이 나를 노려보았다. **"하지만 내 이야기는 끝났어.** 내 관심사는 그것뿐이야. 난 질려버렸어, 클레이. 오고 싶어서 네게 돌아온 게 아니야. 다른 도리가 없어서 온 거지. 내가 너와 게임을 벌였으니, 그 게임이 끝나려면 내가 마무리를 해야 하거든. 그래서 온 거야. 이것이 내가 네게 줄 수 있는 전부, 네놈이 내게 받을 수 있는 전부야. 나는 내 이야기가 어떻게 끝날지 잘 알거든. 아, 네 이야기는 더 있지. 약간 더 남았다구. 하지만 너와 나에 대해서라면 이것이 끝이야. 내 이야기는 너의 이야기에 밀려났어. 그게 안 보여? 아직도 눈이 멀었어, 이 멍청한 인간아? 내가 줄곧 말했잖아. 이건 언제나 너에 대한 이야기였어."

내 감정은 걷잡을 수 없는 분노로 격해지고 있었다. "이것이 나와 무슨 관련이 있는지 전혀 모르겠습니다. 그걸 모르면, 결말이 없는 거예요. 결말 없는 책은 절대 출간될 수 없어요. 그러니 이건 당신과도 관련이 있어요!"

"그건 중요하지 않아."

"중요하지 않다니, 그게 무슨 말입니까? 처음부터 그게 당신의 목표였잖아요!"

"아니야." 그의 입 끝이 올라가면서 하얀 이빨이 드러났다. "아니었어. 내가 말했잖아. 네게 내 이야기를 해야 한다고. 그래, 난 네가 그걸 글로 쓸 줄 알았지. 너의 자아가 그런 기회를 거부할 수 없으리란 것도 알았어. 하지만 처음부터 내 목표는 너에게 내 이야기를 하는 것이었어."

"그냥 들으라고? 그냥 내 인생을 망치려고?" 몸이 부들부들 떨렸다.

"얼마나 오래 살 거라고 생각하지, 클레이?"

"뭐요?"

"난 그리 길지 않기를 바라고 있어."

내 심장이 불규칙하게 뛰고 있었다. 내 몸을 꿰뚫어 볼 수 있을 것처럼 그가 내 가슴께를 쳐다보았다.

"네 심장은 그걸 싸는 심막보다 커져 버렸어. 벌써 오래 전에 벌어진 일이야. 이틀 후에 의사 보러갈 거 아냐. 의사는 아마 제대로 진단을 못할 거야. 하지만 내게 그 정도는 아무것도 아니야. 이별의 선물을 주지. 제한성 심근증이야."

얼굴에서 핏기가 가시는 게 느껴졌다. "뭐요? 그게 뭡니까?"

"찾아봐. 찾는 건 잘하잖아. 의사에게 꼭 말해야 돼. 안 그러면 놓치거나, 불안장애 증상 정도로 여길 거야. 찾아낸다 해도 뾰족한 수는 없어. 지금으로선 그나마 심장이식이 유일한 희망이야."

스웨터 안 옆구리로 땀이 흘러내렸다. "왜죠? 왜 이렇게 만든 겁니까?"

"이것이 너의 생명이거든, 클레이. 덧없고 일시적이고, 하찮기 그지없지. 그걸 특별하게 만든 건 하나뿐이야. 엘의 사랑. 그런데 넌 그걸 놓쳤어. 몽땅, 철저히 놓쳤지. 자, 널 봐. 식은땀을 흘리는군. 제 목숨을, 자기 이야기를 염려하고 있어. 영원히 살 줄 알았나? 어떤 식이 되었건, 이런 날이 올 줄 생각도 못했나? 난 너에게 특혜를 베푼 거야!"

"무슨 특혜요?" 나는 충격에 휩싸인 채 따져 물었다.

"아직도 눈이 멀었군!" 그가 소리쳤다. 그의 눈에선 끔찍하고도 그만큼 끔찍하게 매혹적인 악의가 번뜩였다. "주위를 둘러봐! 눈을 떠! 난 너에 대한 진실을 말해 줬어. 그것을 너처럼 분명하게 들은 사람은 아무도 없어. 나는 네가 줄곧 선택의 기로에 서 있었음을 보여 준 거야. 하지만 글렀어. 지금도 넌 그것을 보지 못하고 있잖아."

"무슨 선택요?" 악마는 샌드위치 가게에서도 격노한 적이 있지만, 지금 여기, 이 순간 내 앞에 있는 것은 우주에서 가장 지독한 증오였다. 그것이 나를 겨냥하고 있었다.

"진실이야, 클레이! 결국, 난 너에게 진실을 말해 줬어. 내 말까지 들었으니 이제 넌 두 배로 책임이 있어. 그래, 네가 만약 그들 중 하나, 그 빛나는 영혼들 중 하나가 된다면 내가 그것에 대해 뭘 어쩔 수 있겠어? 하지만 진실을 거부해. 결정하길 거부하는 것도 마찬가지야. 그러면 네게 합당한 결과를 거두게 될 거야. 내 말 들었어? 그것이 책임이라는 거야. 지옥이 너를 요구하며 울부짖고 있어. 그런 터무니없이 과분한 선물을 눈앞에 두고도 거절한 너에겐 한 번도 그런 제안을 받지 못한 자들보다 더 큰 저주가 기다릴 거야." 그의 입이 활짝 벌어지면서 이가 드러났다. "그러니까 나에게 유일한 위로, 씁쓸한 위로는 남아 있는 거로군. 얼마 못 가서 네가 죽으면 말이야. 그때가 되면 엘의 소중한 진흙 인간 중 적어도 하나는 나보다 더 큰 지옥의 저주를 받았다는 것을 알게 되겠지."

내가 입을 딱 벌리는데 그가 일어섰다. 이번에는 내가 그의 손목을 잡았다. 그러나 그는 벌레라도 되는 양 내 손을 털어 냈다.

나는 뒤로 물러섰다. "어디 가는 겁니까?"

"약속이 있어." 그가 으르렁거렸다. 그는 성큼성큼 걸어 나가 어두운 밤 속으로 들어갔다. 푸르스름한 달빛이 그의 머리에 비쳤다.

비틀거리며 집으로 돌아왔다. 정말로 심장이 아팠다. 그가 옳았다는 걸 알 수 있었다.

그러나 이제 내가 무엇을 해야 하는지도 알 수 있었다.

이야기의 끝에 이르러서야 이것이 이야기가 아님을 알게 되었다. 내가 어릴 때 접한 신화는 이야기가 아니라 살아 숨 쉬는 현실이었다. 그리고 분명 괴물이 하나 있었다.

그것의 정체가 내가 생각했던 것과 달랐을 뿐이었다.

에필로그

카트.

여기 있습니다. 이것이 전부입니다. 이 이야기가 사실이라는 것을 믿으셔야 합니다. 사실이고 양날 검과 같지요. 이 원고를 읽고 나면 갈림길에서 어느 한쪽 길을 선택할 수밖에 없을 것입니다. 그것을 알고 원고를 읽으세요. 이 원고를 손에 들기 전부터 당신 앞에 줄곧 놓여 있던 선택의 갈림길이지요.

당신이 다 읽고 나면 이야기를 나눠 보고 싶네요. 혹시 그 무렵 내게 무슨 일이 벌어진다면, 원고는 묻어 버리세요. 태워 버려도 돼요. 출간해도 되고. 마음대로 하세요. 상관없습니다. 말했다시피, 다른 사람들이 이 원고를 읽건 읽지 않건 다들 선택의 기로에 서 있습니다.

무엇이 더 파괴적인 것인지 모르겠네요. 루션의 이야기인지, 그것에 대한 나의 집착인지, 나의 흔들리는 믿음인지, 아니면 루션인지.

그는 갔습니다. 자신이 왔던 목적을 이루고 갔어요. 나로서는 생각하고 결정을 내릴 시간이 필요합니다. 그런데 불행히도, 시간이 별로 없군요.

건강하세요, 카트. 당신을 좀더 잘 알았으면 좋았겠다는 생각이 듭니다.

클레이

부록

 독자 가이드

1. 책의 첫 부분에 나오는 클레이를 어떤 사람으로 묘사할 수 있을까요? 끝부분에서는 어떻습니까? 그에 대해 어느 정도나 공감이 갑니까? 그 이유는 무엇입니까?

2. 루션은 당신이 생각하던 악마의 모습과 일치하나요?

3. 루션이 인간들을 미워하는 이유가 설득력 있게 다가옵니까? 그에게 동정심이 느껴집니까, 그렇지 않습니까? 그 이유는 무엇입니까?

4. 클레이는 이야기 자체에 빠져들면서 그 이야기를 둘러싼 더 큰 맥락을 놓치기 시작합니다. 어떤 상황이나 욕망에 너무 집중한 나머지 큰 그림을 놓쳤던 경험이 있습니까? 왜 클레이는 그렇게 쉽게 전체 맥락을 놓쳤을까요? 당신의 경우는 또 왜 그랬을까요?

5. 클레이가 보는 세상은 오브리에 대한 감정으로 채색되어 있습니다. 한 가지 사건이나 상처, 혹은 사람이 당신의 시각에 그렇게 큰 영향을 끼친 적이 있습니까?

6. 클레이는 리처드를 만나고 나서 실망합니다. 머릿속에서 계속 그렸던 상상의 대상이 현실에선 생각했던 것과 달라 실망하거나 안도한 적이 있습니까?

7. 절대로 하지 않을 거라고 생각했거나 장담했던 일을 하게 된 적이 있습니까? 그 일을 설명해 보세요.

8. 당신의 러소 부인은 누구입니까?

9. 마침내 드러난 진실이 생각했던 것과 달랐던 적이 있습니까? 언제 그런 일이 있었습니까?

10. 자신이 내린 결정이나 취한 행동이 돌이킬 수 없다고 느껴져서 두려웠던 적이 있습니까? 과연 인생의 어떤 행동과 결정이 참으로 돌이킬 수 없는 것일까요?

11. 몇 달밖에 살 수 없다면, 남은 시간 동안 어떤 변화를 꾀하시겠습니까? 그런 변화 중 하나를 지금 생활에 담아낼 방법은 없을까요? 그렇게 생각하고 삶을 바라볼 때, 더 이상 중요하지 않게 느껴질 것들은 무엇일까요? (그중 어떤 것을 벗어 버릴 수 있을까요?)

12. 소설이 끝난 후 클레이에게 어떤 일이 벌어졌을 거라고 생각하십니까?

저자 후기

타락 이전의 지복 상태에 대한 루션의 이야기는, 모두가 받아들이지는 않지만 상당히 인정받고 있는 에스겔 28장 11-19절에 대한 해석에 근거해서 썼다. 이 대목을 현재의 레바논에 해당하는 페니키아의 부유한 도시 두로의 통치자에 대한 애가 또는 예언이라고 보는 주석가들도 있다. 반면, 이 예언이 두로의 왕좌에 힘을 실어 준 세력, 루시퍼에 대한 예언이라고 믿는 주석가들도 있다. 두 번째 해석의 지지자들은 이 단락의 주인공이 에덴에 거했고, 기름 부음을 받은 게루빔이고, 창조되었으며(태어난 것이 아니라), 지음을 받던 날부터 완전했다는 사실을 지적한다. 나는 이 두 번째 해석을 받아들여 타락 이전의 루시퍼를 상상하는 소설을 써나갔다.

루시퍼의 타락을 상상하면서 나는 이사야 14장 12-14절에 대한 유사한 해석을 또 다른 근거로 삼았다. 이 구절에서 "아침의 아들"은 "내가 …… 하리라"로 이루어지는 다섯 번의 유명한 선언으로 하늘에 올라가려는 포부를 밝힌다. (표면적으로는 이사야 선지자 시대의 이교도였던 바벨론 왕의 몰락을 예언한 구절이지만) 이것 역시 모두가 받아들이지는 않으나 상당한 지지를 확보한 해석이다.

고대 근동 지방에서 게루빔은 동물의 몸(대개 사자나 황소)에 날개가 달리고 인간의 머리를 한 존재로 그려졌다. 거대한 게루빔 동상들이 고대 이교 신전들을 지키는 경우가 많았다. 성경에서 게루빔은 에덴동산을 지키는 존재(창 3:24 참조), 언약궤 뚜껑을 장식하는 황금상의 모습(출 25:17-22 참조), 또는 하나님의 보좌를 떠받치는 존재(겔 1:4-28, 10:1-22 참조)로 등장한다.

이 이야기에서는 게루빔, 세라핌, 천사와 천사장들만 언급했지만, 성경은 영적 세력들의 중요한 계급도 밝히고 있다. 구체적인 명칭은 번역본마다 차이가 있지만 왕권, 주권자, 통치자, 권세자 등으로 나온다(골 1:16, 엡 1:21, 3:10, 3:16, 6:12). 상급 (천사) 계급을 압도하는 유일한 권세는 엘로힘이다. 유다서 9절을 보면 천사장 미가엘도 루시퍼를 대적하기 전에 하나님의 권위를 힘입어야 했다.

나는 루시퍼가 반역하기 전에 살았던, 에스겔 28장 13절의 바위 동산이 창세기의 에덴보다 물리적으로 먼저 존재했고 그것이 창세기 1장 1절에 언급된 (손상되지 않은) 땅이라고 가정했다. 이야기 전개상 루시퍼의 첫 번째 동산이 무너져 생겨난 혼란스러운 폐허가 바로 창세기 1장 2절에 나오는, 형태가 없고 어두웠던 에덴이라고 설정했다.

에스겔은 애가의 대상이 "하나님의 성산"(겔 28:14)에 거했다고 말한다. "하나님의 성산"이라는 표현은 성경의 다른 곳에는 나오지 않는다. 다만 하나님이 그분의 전殿에 거하시는 예루살

렘을 "거룩한 산"이라 부르는 경우는 있다(시 99:9, 사 56:7). 이 이야기를 쓰기 위해, 나는 하나님의 하늘의 처소가 장엄한 영적 산, 즉 물리적이고도 비유적인 그 무엇이라고 상상했다. 우리의 물질계가 해나 달이 창조되기 이전의 완전한 에덴에서 영적 존재들이 누리던 것과 동일한 물리법칙과 논리 위에 세워져 있다고 생각할 수 없었기 때문이다. 하나님의 산이 통치 구역을 나타내는 표현으로 등장하는 다른 성경구절로는 이사야 2장 2절과 다니엘 2장 34-35절, 44-45절이 있다.

성경은 타락한 천사들과 타락하지 않은, 택하심을 받은 천사들을 구분한다(딤전 5:21). 성경 기자들은 범죄한 천사들에 대한 심판과 그들의 운명에 대해 분명히 밝히고 있다(벧후 2:4, 유 6절). 타락한 천사들이 구원의 신비를 살펴보고 싶은 마음이 아무리 간절하다 해도(벧전 1:12), 그들을 위해 메시아가 온다는 말은 성경에 일체 등장하지 않는다. 나는 이것을 루션이 품은 증오의 근거로 삼았다.

루시퍼의 이름은 이사야 14장 12절에서 유래했다. 이 구절에 나오는 히브리어는 '빛남'(천체의 경우처럼)을 뜻하는 '헬렐'이다. 여기에서 '아침의 아들', 또는 현대어성경의 '새벽별'이라는 번역이 나왔다. 중세 시대에 줄곧 사용된 라틴어 불가타판에서는 '헬렐'을 라틴어 단어 '루시페르'로 번역했는데, 이 단어는 '빛을 가져오는 자'나 '샛별'을 뜻했다. 샛별(금성)은 가장 밝은 '별'로 여겨지는 것으로 보아(어떤 사람들은 하나님이 욥기 38장 7절에서 천사들을 '

별들'이라 불렸다고 주장한다), 루시퍼가 모든 피조물 중에서도 가장 빛나는 존재였다고 생각할 수 있다. 신약성경 기자들은 천사들을 빛나는 존재라 부르고(마 28:2-3; 계 10:1), 바울은 루시퍼도 빛의 천사로 가장하고 다닌다고 썼다(고후 11:14 참조).

'사탄Satan'이라는 이름은 욥기 1장 6절에 처음 등장한다. 법정에서 '고발자'나 '대적'을 뜻하는 히브리 단어이다. 사탄은 인간 대적을 뜻할 수도 있지만, 욥기와 스가랴에서는 신실한 자들을 고발하는 자와 대적 역할을 하는 영적 존재로 나온다(욥 1-2장, 슥 3:1 참조).

예수께서는 사탄이 하늘에서 번개처럼 떨어진다는 말씀(눅 10:18 참조, 겔 28:17과 비교)으로 사탄과 루시퍼를 연결시키신다. 바울은 마귀가 교만 때문에 타락했다고 말한다(딤전 3:6 참조, 사 14장과 비교). 신약성경은 사탄 혹은 루시퍼에게 다른 여러 이름을 부여하는데, '이 세상의 신'(고후 4:4), '공중의 권세 잡은 자'(엡 2:2), '이 세상의 왕'(요 14:30; 마 4:8; 눅 4:5-7) 등이 그것이다.

루션이 인간의 모습으로 나타나는 장면은 성경 곳곳에서 천사들이 인간으로 등장하는 많은 성경구절을 참고했다. 욥기에 따르면, 사탄은 질병을 일으키고(욥 2:7 참조), 자연력을 제어하고(욥 1:16, 19 참조), 낙심과 의심, 실망을 불러일으킨다(욥 3:1-10, 7:11, 10:1-18 참조). 욥기는 사탄이 하나님의 보호를 받는 사람들에게 해를 끼칠 수 없다고 분명히 밝히고 있다. 에베소서 6장 10-18절은 하나님의 자녀들이 사탄의 공격을 이겨 낼 수단들을 갖고 있다고 말한다.

H. 라번 셰퍼의 저작《사탄, 외부의 적Satan: The Enemy Without》(1996, Schafer), 많은 주석서와 색인, 그리고 빌리 그레이엄의《천사 이야기Angels》같은 책들의 도움을 많이 받았음을 밝혀야겠다.

끝으로, 나름대로 조사를 하긴 했지만 하나님과 영적 존재들과의 관계가 어떤 의미가 있는지와, 에스겔 28장과 이사야 14장 같은 성경 본문들에 담긴 세세한 뉘앙스까지 다 이해했다고 생각하지는 않는다. 해당 본문들에 대한 특정한 해석을 선택한 이유는 그것이 타당하게 받아들여졌고 이야기를 엮어 나가기에도 좋았기 때문이다. 내 접근 방식을 독자들이 가진 분별력의 체로 걸러 본 후, 이 주제를 살펴보기 위한 나름의 도약대로 삼길 바란다.

 감사의 글

이 이야기에 사로잡혀 한껏 써댄 글을 편집해 주고 나를 격려하고 힘을 준 분들께 특히 감사를 전하고 싶습니다. 에이전트인 조이스 하트는 내 곁을 충실히 지키며 함께 울어 주었습니다. 나를 끌어 주고 지지해 준 제프 저키, 함께 도랑을 건너 준 캐런 리-쏘프, 원고가 엉망일 때 꼼꼼히 살펴봐 준 댄 뮐러, 원고의 부족한 부분을 찾아내도록 도와준 레이건 리드, 초기 원고들을 읽고 격려해 준 돈 호킨스와 그레그 스티어, 원고의 수많은 초기 버전들을 읽고 좀비 상태에 빠진 앤지 브링, 에이미 리 박사, 로라 몬크리프, 그리고 앨리스 윤. 내게 H. 라번 셰퍼의 책을 소개해 준 페기 맬재커, 괴상하고 부적절한 질문들을 다 받아준 코난 셰퍼, 나를 위해 일터에서 귀찮은 일을 맡아 준 팀 하지스, 그리고 네브프레스 직원들. 여러분을 알게 되어 얼마나 감사한지 모릅니다.

내게 정서적, 물리적, 영적 양식을 먹여 준 분들에게도 깊은 감사를 드립니다. 부모님이신 상 리와 조이스 리, 로라 몬크리프, 스티븐 도너, 그리고 내 유대인 엄마 수잔 재스콜카, 내가 아는 가장 유능한 여자인 여동생 에이미 박사, 누구보다 나를 잘 격려해 주는 데비 앤스타인, 나를 믿어 주는 트레비스 윌리엄스,

브래드 밀스, 존 재노비 3세, 크리스토퍼 퍼디, 줄리 힐먼, 그리고 이름을 다 댈 수 없을 만큼 많은 여러 친구들, 그리고 소그룹 식구들.

스캇 볼스에게 특히나 많은 사랑과 감사의 빚을 지고 있습니다. 그는 나를 붙들어 주고 먹여 주었고, 나와 함께 읽고 꿈을 꾸었습니다. 스캇, 이 책을 당신에게 바칩니다.

무엇보다 내게 큰일들을 보여 주시는 나의 하나님, 엘로힘에게 더없는 감사를 바칩니다.

 역자 후기

하나, 말도 안 되는 은혜에 대하여

"심판하시는 하나님이라는 개념 자체가 기분 나빠요." 그녀가 말했다.

"그럼 용서하시는 하나님 개념은 어째서 기분이 안 나쁘지요?" 내 말을 듣고 그녀는 어리둥절한 표정을 지었다.

"서구인들은 기독교의 가르침에서 지옥 교리를 불편해하지만, 한쪽 뺨을 맞으면 다른 뺨도 대주라, 원수를 용서하라 같은 성경의 가르침에는 호감을 갖지요. 하지만 다른 문화권에서 자란 사람의 입장에서 생각해 보세요. 다른 뺨도 대주라, 원수를 용서하라는 가르침은 불쾌하기 그지없는 부당한 명령이지요. 당한 대로 갚아 주는 것, 보응의 정의를 믿는 사람들에게 하나님의 심판 교리야말로 지당한 말씀이에요."

티머시 켈러의 《살아 있는 신》(베가북스 역간)의 일부분을 살짝 풀어 쓰고 재구성한 것이다. 많은 사람들이 사랑의 신, 용서하는 하나님을 자연스럽게 여긴다. '당연하게' 여긴다. 그것을 속임수와 미끼로 여기는 사람들도 그것이 미끼가 될 만한 주장이라는 점은 인정하는 것 같다. 그래서인지 하나님이 심판하신다고 하면 분노하며 정당성을 따지고 든다. 그런 하나님이라면 못 믿겠다고 팻대를 높인다. 티머시 켈러는 그런 반응이 보편타당한 것이 아니라 대단히 서구적이고 현대적인 것임을 지적한다. 오히려 용서하시는 하나님이야말로 부당하고 도저히 참을 수 없는 일이라고 생각하는 사람들도 있다.

우리가 용서받는 것은 고맙고 자연스러운 일이지만, '그놈'이 용서받는다고 하면 생각이 달라진다. 도저히 용서받아선 안 될 '그놈'이 있지 않은가. 그놈이 가는 천국이라면 나 안 간다고 말하고 싶어지는 사람 말이다. (내가 누군가에게는 '그놈'일 가능성도 무시할 수 없다.) 영화 〈밀양〉을 생각해 보라. 그것은 회개의 참 의미를 깨닫지 못한 몹쓸 살인범만의 문제가 아니다. 용서의 본질이 그런 것이다. 용서는 부당하다. 지독히 부당하다. 그리고 그런 터무니없는 은혜가 아니면 구원받을 수 없는 것이 인간이다.

이렇게 말하면 되게 딱딱하고 재미없다. 그런데 이 책의 작가는 악마의 목소리를 빌려 이 얘기를 실감나게 풀어 간다. 악마의 관점에서 풀어 가는 《놀라운 하나님의 은혜》라고 할까? 이 소설을 보고 있으면 인간인 우리가 받은 것이 얼마나 귀한 것인지, 얼마나 얼토당토않은 은혜인지, 얼마나 부당한 은혜인지 실감하게 된다. 이 책을 제대로 읽은 사람이라면, 루션을 따라 보스턴의 거리를 누빈 사람이라면, 주인공 클레이처럼 자신도 선택의 기로에 서 있음을 깨닫게 될 것이다.

둘. 악마와의 거래에 대하여

악마가 나타난다면, 그래서 내가 도무지 거절할 수 없는 조건을 제시한다면?

이런 설정은 낯설지 않다. 당장 파우스트의 메피스토텔레스가 떠오르고, 영화 〈데블스 에드버킷〉에서 알 파치노가 연기했던 세련된 악마, 존 밀턴도 떠오른다.

옛날 책에 나오는 악마들은 대놓고 영혼을 내놔라, 그렇게 촌스럽게 접근하지만 〈데블스 에드버킷〉의 존 밀턴도 그렇고 이 책의 루션도 그렇게 말하지 않는다.(루션은 신학적으로 건전한(?) 악마다. 자신은 물론 사탄도 하나님의 숙적이 아니라, 인간과 동일한 피조물이자 경쟁자임을 명확히 인식하고 있다. 자신이 심판의 대상임을 알고 있다.) 그냥 키아누 리브스에게, 클레이에게 그들이 가장 원하는 것을 주겠다고 나선다. 물론 이 책에서 악마 루션은 클레이가 도저히 빠져나갈 수 없도록 온갖 초자연적인 재주를 부리고 있지만, 악마의 제안을 놓고 보자면 클레이가 손해 볼 것은 없을 것 같다. 그야말로 윈윈의 상황인 것 같다. 그리고 클레이는 루션이 제안한 것을 얻고자 하나둘씩 원칙들과 타협하고 중요한 것들을 외면하게 된다. 클레이는 선택을 내렸다. 방해가 되는 사람을 아무렇지도 않게 죽이는 무리의 일원, 신에 저항하는 악마인 줄 알면서도 그를 적극적으로 찾아다녔다. 원하는 것을 얻기 위해. 자신은 구경꾼이니 안전하다고 생각하고. 자신은 신을 믿지 않고 악마도 믿지 않는다고 자위하면서.

클레이가 루션과의 거래에 동의하는 과정은 극적이고 섬뜩한 만남들을 통해 이루어지지만, 눈에 보이는 악마와 마주칠 일은 없을 것 같은 보통 사람들의 상황도 그리 다른 것 같지 않다. 우리가 그 의미를, 그 파장을 다 헤아리지 못해서 그렇지, 우리는 우리 영혼은 물론이고 한 가정과 조직의 생사가 달린 결정을 늘 내리고 사는 것일 게다. 지금 내가 혹시 그런 제안을 받고 있진 않을까. 너무나 일상적인 겉모습을 하고 나타났기에 그 영적인 의미를 미처 헤아리지 못한 것뿐이지 않을까. 생각이 이렇게 흘러가다 보니, 맥락은 좀 다르지만 루이스가 〈내부 패거리〉에서 말한 내용이 떠올랐다.

여러분 가운데 십중팔구는 여러분이 악당이 되도록 이끄는 선택의 순간을 맞게 될 것입니다. 그 순간은 극적인 총천연색으로 등장하지 않을 것입니다. 나쁜 사람처럼 보이는 이들이 눈에 보이는 방식으로 위협하거나 뇌물을 주는 상황은 아닐 것입니다. 그보다는 음료수나 커피 한 잔을 들면서, 농담 중간에 슬쩍 끼워져서 아무것도 아닌 얘기처럼 찾아올 것입니다. 여러분이 최근에 더 잘 알게 되었거나 더 잘 알고 싶은 남자나 여자의 입을 통해, 여러분이 미숙하거나 순진하거나 건방지게 보이지 않으려고 너무나 안달하는 그 순간에 암시가 주어질 것입니다. ……만약 여러분이 끌려 들어간다면, 다음 주에는 규칙에서 조금 더 멀리 떨어진 일이, 다음 해에는 더 멀리 떨어진 일이, 더없이 유쾌하고 다정한 분위기에서 벌어질 것입니다. 이 일은 파산, 추문, 징역살이로 비참하게 끝날 수도 있고, 수백만 달러의 수입, 귀족 작위, 모교에 장학금을 기증하는 근사한 모습으로 마무리될 수도 있습니다. 하지만 어느 쪽이건 여러분은 악당이 되어 있을 것입니다.

셋. 기독교 소설의 약진을 기대하며

몇 달 전, 가끔 만나는 번역가들에게 이 책을 번역하고 있다는 이야기를 했다. 악마가 나타나 편집자에게 회고록을 써달라고 한다는 이야기라고 하니 다들 흥미를 보였다. 그 얘기를 시작으로 기독교 소설 시장 전반으로 화제가 넘어갔다. 미국이나 영국에는 기독교에 호의적인 내용이건 적대적인 내용이건, 기독교 소설이 초대형 베스트셀러가 되는 경우가 드물지 않고, 기본적으로 그런 시장이 명확히 존재하고 있는데 왜 우리 기독교 출판계에서는 기독교 소설이 도통 기를 펴지 못할까 하는 의문이 제기되었다.

누군가는 그 원인을 문화적 토양에서 찾았다. 미국이나 영국의 경우 기독교 국가라고 할 정도로 기독교가 사회 전체에 큰 영향을 끼쳤고 지금도 도저히 무시할 수 없는 문화의 한 축을 이루고 있다. 그런 역사적 과정을 거치면서 두터운 독자층과 풍부한 콘텐츠를 갖추게 되었다는 것이다. 합당한 지적이다. 그럼 우리 사회가 그런 문화를 갖춘 곳으로 성장해 가도록 열심히 도우면 되겠구나, 10년이 걸릴지, 100년이 걸릴지 모르는 일이지만, 씨를 뿌리고 물을 주고 잡초를 뽑는 작업을 꾸준히 도와야겠구나. 이런 극히 교과서적인 생각이 따라왔다.

나는 〈해리 포터〉 이야기를 꺼냈다. 〈해리 포터〉 시리즈가 나오면서 수준 낮은 하급 장르 정도로 취급되던 마법판타지의 전성시대가 찾아왔다. 우리나라의 경우 〈만화 그리스로마신화〉가 나오면서 학습만화 시장 규모가 몇 배나 커졌다. 시장 자체를 키워 놓을 블록버스터의 부재. 나는 그것을 원인으로 꼽았다. 그렇다면 그런 작품이 나오기를 기대하며 여러 좋은 작품들을 콘텐츠로 축적해 나가는 수밖에 없으리라. 그런 과정에서 언젠가 흐름을 통째로 바꿔 놓는 대작이 나오기를 기대하면서.

《데몬: 악마의 회고록》이 두 가지 측면에서 어떤 기여를 하게 될까. 시간이 말해 줄 것이다. 하지만 독자는 개인적으로 먼저 그것을 가늠해 볼 기회를 붙잡은 사람이다. 즐겁게 읽으시고 직접 판단해 보시길.

옮긴이 **홍종락**

서울대학교 언어학과를 졸업하고, 한국사랑의집짓기운동연합회에서 일했다. 지금은 전문 번역가로 일하고 있으며, 번역하며 배운 내용을 자기 글로 풀어낼 궁리를 하고 산다. 저서로《나니아 나라를 찾아서》(정영훈 공저, 홍성사)가 있고,《피고석의 하나님》,《성령을 아는 지식》,《소설 마르틴 루터》,《루이스와 잭》,《꿈꾸는 인생》,《용서없이 미래없다》,《영광의 무게》,《구멍 난 복음》(이상 홍성사),《로빈슨크루소》(생명의말씀사),《존재하는 신》(청림출판) 등 여러 책을 번역했다. 〈2009 CTK(크리스채너티투데이 한국판) 번역가 대상〉을 수상했다.

데몬: 악마의 회고록

지은이 토스카 리
옮긴이 홍종락
펴낸이 정애주

편집 송승호 이현주 한미영 황교진 김기민 김준표 오은숙
미술 김진성 문정인 송하현 최혜영
제작 윤태웅 유진실
영업 오민택 차길환 국효숙 박상신 송민영
총무 마명진 김은오 윤진숙

펴낸날 2011. 11. 10. 초판 1쇄 인쇄
       2011. 11. 17. 초판 1쇄 발행

펴낸곳 주식회사 홍성사
1977. 8. 1. 등록 / 제 1-499호
121-897 서울시 마포구 합정동 369-43
TEL. 02) 333-5161 FAX. 02) 333-5165
http://www.hsbooks.com E-mail: hsbooks@hsbooks.com

ⓒ 홍성사, 2011

ISBN 978-89-365-0890-6

값 12,000원 ※잘못된 책은 바꿔 드립니다.